教育无止境

克拉玛依市教育局 编

克拉玛依市教育转型变革
优秀论文集锦

上海教育出版社
SHANGHAI EDUCATIONAL
PUBLISHING HOUSE

本书编委会

主　编　李国莲

副主编　李学礼

编　委　吴立平　程　妍　孙玉红　王天文　房新江

目　录

　　彭建伟，克拉玛依市委教育工委原副书记，市教育局原党组书记、局长。"十二五"以来，坚持以"创办适合每一位学生发展的教育"为价值引领，带领克拉玛依市教育转型变革，改变了一方教育生态，其成果被中央电视台、《中国教育报》等多家媒体刊载报道，广受赞誉。

克拉玛依市推进教育转型变革的实践与思考

克拉玛依市教育局　彭建伟

新疆克拉玛依市是一座经历了"荒原—矿区—现代化城市"华丽蜕变的现代化新型工业城市,也是全国教育管办评分离改革的试点地区。进入"十二五"以来,克拉玛依市全方位推进教育领域综合改革,引进国内外优质教育资源,尤其是与北京市十一学校开展合作办学,开启了克拉玛依市教育转型变革的新征程,推动克拉玛依市第一中学等 11 所学校实施了"选课走班,分层教学"育人模式的实践创新,优化了区域教育生态,从根本上提升了教育的内涵和品质。

一、时代的迫切需要:育人方式改革更为深入

教育要适应时代和经济社会发展的需要,要满足人民对美好生活的向往。当前,我国基础教育面临四个方面的发展任务:一是实现从传统教育向现代教育转型,主要包括教育体制、教师管理、教育评价等方面;二是进一步深化以管理体制和办学机制改革为重点的教育领域综合改革,其核心是构建现代学校制度,实施政校分开、管办分离,推进学校去行政化;三是加速培育和扩大优质教育资源,在促进教育公平的基础上,提升基础教育的发展质量;四是加速推进教育现代化的进程。

基础教育在国民教育体系中处于基础性、先导性地位,必须把握好定位,全面贯彻落实党的教育方针,从多方面采取措施,努力把我国的基础教育越办越好。2018 年,党中央召开了新时代第一次全国教育大会,为加速中国教育现代化谋篇布局。2019 年,《中共中央 国务院关于深化教育教学改革全面提高义务教育质

量的意见》《国务院办公厅关于新时代推进普通高中育人方式改革的指导意见》等文件,为深化新时代基础教育改革指明了方向。教育领域综合改革深度推进,重点领域和关键环节育人方式改革更加深入。

二、教育的价值选择:创办适合每一位学生发展的教育

从 2004 年起,克拉玛依市坚持政府主导,加大财政投入力度,坚持"规模、结构、质量和效益相统一"的原则,把促进教育均衡发展作为实现教育公平和关注民生的重点工程加以实施,制定出台《克拉玛依市中小学校办学标准纲要》,对全市所有中小学校进行了高标准的改扩建。2006 年至 2012 年的 6 年间,克拉玛依市对教育的经费投入总计达 79.13 亿元。2013 年,克拉玛依市四个区均以优秀等级一次性通过了国家义务教育均衡发展督导评估验收。这都为推进教育转型变革、加速教育现代化进程奠定了坚实的基础。

义务教育高位均衡发展目标取得突破之后,新的问题又接踵而至,如克拉玛依市每年近 200 名优秀初中毕业生流失,优质生源"流失"的背后是老百姓对教育变革的强烈呼唤。人民对高质量教育的需求与优质教育资源供给不足的矛盾越发突出,这也倒逼克拉玛依市教育行政部门必须调整教育发展策略,优化办学格局。为此,克拉玛依市从办学体制机制上创新,吸纳并引进了国内外先进教育理念,打破了以往由政府办学的单一格局。2011 年,克拉玛依市与北京师范大学合作开办了北京师范大学克拉玛依附属学校;2012 年,与加拿大新斯科舍省派特森教育集团合作开办"加拿大高中校";2013 年,委托北京市十一学校托管克拉玛依市第一中学,全方位引进北京市十一学校的办学模式、课程体系和管理机制,并逐步在全市范围内推广实施。克拉玛依市的基础教育从"优质均衡"进入"高质量、有特色、多样化、可选择"的新阶段,从更高的起点上满足了社会对多样化优质教育资源的强烈需求。

2011 年,克拉玛依市以现代学校制度建设作为出发点和着力点,开启了全面推进教育转型的变革之路。2012 年,克拉玛依市人民政府与北京市十一学校签

署合作办学协议。随着与北京市十一学校的深度合作,包括克拉玛依市第一中学在内的11所学校探索实施了"选课走班,分层教学"及"全课程"育人模式的实践创新,克拉玛依市教育转型全面发力、多点突破、纵深推进,支撑教育改革发展的政策有序落实,各学校结合校本实际,攻坚克难,创新实践,在文化价值培育、组织结构优化、课程教学变革、育人模式创新等方面取得了富有实效的探索和实践成果,有力地促进了区域教育生态和教育品质内涵的改善和提升。2015年,经中国教育科学研究院两年的监测评价,克拉玛依市在新疆乃至全国率先基本实现了教育现代化。克拉玛依市教育进入了"加速转型、优化结构、提升品质,全面实现教育现代化"的历史新阶段,教育转型将立足于提供个性化、多样化、选择性的教育,满足学生全面而有个性的成长需要。

思想变革是教育改革的先导和基础,要让卓有成效的变革方案平稳落地,先要有价值和理念的引领,建立并培育属于自己的教育文化,让转型变革植根于共同认可的价值观上。克拉玛依市在推进区域教育改革的历程中,不断完善并总结凝练了教育发展的使命和愿景:创办适合每一位学生发展的教育;让所有的孩子接受更好的教育,让所有的孩子享受幸福的人生;崇尚一流,追求卓越;培养担当复兴大任的时代新人;建设一流的教育和具有国际竞争力的人才培养高地。

"创办适合每一位学生发展的教育"是遵循教育规律和人才成长规律的必然要求,也是基于教育的原理和对学生禀赋差异的尊重,是克拉玛依市教育文化的核心所在;"让所有的孩子接受更好的教育,让所有的孩子享受幸福的人生"是基础教育普惠性和公平性的本质要求,是基于对教育伦理的认识——教育不仅关注当下学生的生命质量,更要指向人类的未来;"崇尚一流,追求卓越"是驱动教育持续创新的动力源泉;随着时代进步和社会发展,教育被赋予了"培养担当复兴大任的时代新人"的新使命;"建设一流的教育和具有国际竞争力的人才培养高地"的教育愿景是引领教育发展的目标和方向,体现了克拉玛依市教育事业以更加开放的姿态面向未来。

三、变革的实践路径：发动变革—推动变革—巩固提升

在"创办适合每一位学生发展的教育"的价值观引领下，纵观克拉玛依市教育转型变革的实践路径，其依据勒温的组织变革模型系统设计、整体推进，经历了"发动变革—推动变革—巩固提升"三个阶段，通过十余年的艰难探索和不懈努力，成就了基础教育的"克拉玛依市现象"。

第一阶段：发动变革（2010—2012 年）。随着《国家中长期教育改革和发展规划纲要（2010—2020 年）》的颁布实施，克拉玛依市单一的办学格局难以满足多样化的教育需求。办"高质量、有特色、多样化、可选择"教育的使命担当，促使克拉玛依市发动了这场"静悄悄的革命"。转型不是在原有的基础上做增量，而是要寻求且专注于根本的变革，更是对学校存在的目的、功能和性质的再思考、再定位。

2011 年，克拉玛依市把学校章程建设作为现代学校制度建设的突破口，制定了《克拉玛依市中小学制定学校章程的指导意见》，随后印发《克拉玛依市中小学建立校务管理委员会的实施意见》，并组织开展现代学校制度建设培训班、学校转型实践专题研讨班等，指导学校完善内部治理结构。各学校积极落实现代学校管理理念，成立了校务管理委员会，完善了教职工代表大会、家长委员会、学术委员会等机构的职能，逐渐打破了传统的"科层管理"模式，多元主体参与的学校治理机制基本健全，"依法办学、自主管理、民主监督、社会参与"的现代学校管理新格局逐步构建。

第二阶段：推动变革（2012—2018 年）。从传统的教育中突围，开启教育转型变革的破冰之旅，其关键一步就是深化课程和育人模式改革，克拉玛依市教育界同人走过了"目睹、感受、参与"的历程。

2012 年 9 月，克拉玛依市先后选派 138 名教师和 50 余名学生赴北京市十一学校进行深度学习和实践，寻求师生对变革的认同和支持。2013 年 3 月，我们聘请了北京市十一学校副校长担任克拉玛依市第一中学校长，全程引领陪伴教育转型变革。2014 年，多所学校逐步进入育人模式的变革，教育转型变革在全市多点

开花,平稳落地。2016年,基础教育国家级教学成果奖特等奖推广会在克拉玛依市成功举办,进一步增强了全市深入推动变革的信心和决心。为建立一支适应教育转型变革需要的校长队伍,2017年克拉玛依市委在全市范围内启动实施校(园)长职级制改革,破除了校内"金字塔"的管理模式,在学校内部实施"扁平化、分布式、制衡型"的管理模式。同时,兼顾校内外实施"去行政化",打破制约学校发展的体制机制的瓶颈,服务一线教学的组织机制初步建立,进一步为学校的发展赋能,有效地激活了教职工的积极性和主动性,教育转型变革取得了阶段性的成果。

2018年,各转型学校以选课走班为主的新教学组织形式基本形成,实现学生一人一张课表;全员导师育人的机制基本建立;学校在教师双向聘任、职级评定、薪酬分配、绩效考核、人才激励等现代学校制度方面的配套措施基本到位。

第三阶段:巩固提升(2019年至今)。随着教育转型变革进入深水区、攻坚期,我们把2019年确定为"教育转型巩固提升年",从2019年起把巩固提升成果、深化育人重点领域和关键环节改革作为重点任务,坚持"反思、实践、巩固、提升"是推进教育转型变革的总体要求,深入推进学校课程体系建设和课堂教学的改革,加速推进教育转型变革,巩固提升育人成果。

课程是学校实现育人目标的重要载体,课程的质量决定学校培养的人才的质量。学校课程的顶层设计不是对国家课程、地方课程和校本课程的简单叠加,而是优化课程实施,强化国家课程校本化的设计和实施。2019年,克拉玛依市各转型学校分层、分类、综合、特需的课程体系基本建立,通过实施"小班化""个别化"的教学策略,使转型变革在课堂教学的微观层面上更加深入,以更好地服务每一位学生全面而有个性的发展。

教育转型变革的最大风险来自学校管理者,提升管理者领导力的变革是深化教育转型、巩固提升成果的关键所在。我们实施从"管理"到"治理"的组织结构变革,塑造无边界组织,由原有"制度文化"向"价值追求"转变,引导学校提升主动变革的意识和课程开发能力,充分激发和调动一线教师的积极性和创造性,让教师在变革中找到附着在职业背后更深层次的责任和高尚的使命，让变革发生在"民间"，这也成为推动教育转型、巩固提升转型成果的重要推动力量。

四、教育转型的实施策略：从战略思路到教育文化的培育

教育转型是一项全方位的系统改革，需要政府、学校和社会等主体的深度参与，其实施策略的选择直接关系到转型能否顺利推进。克拉玛依市在推进教育转型变革的实践探索中，提炼并不断丰富完善了推进教育变革的"五大转型策略"。

一是战略思路转型，聚焦教育长远发展。人类社会的每一次技术革命都将引发一场深刻的教育变革，教育的发展必须面向未来，并积极应对时代挑战，解答时代对教育提出的问题。

新疆是"一带一路"的核心功能区，克拉玛依市是丝绸之路核心区的区域中心城市和关键节点城市。作为丝路经济带核心区能源中心，克拉玛依市抢抓丝路经济带核心功能区建设的有利机遇，从战略思路上主动融入核心功能区科教文化中心的建设，建设一流的教育和具有国际竞争力的人才培养高地，承担起新时代肩负的责任。

二是领导能力转型，提升教育变革领导能力。当前中国基础教育改革普遍面临最大的问题之一，就是学校管理者缺乏管理学校的关键技术，其核心就指向了课程教学领导力。课程领导能力的转型，是随着转型变革的深入推进，基于对课程及育人品质的认识深化而采取的一项长期策略。教育部新颁布的普通高中课程标准已经付诸实施，这对学校管理者的课程教学领导力提出了新的挑战。创办适合每一位学生发展的教育，要有可选择、高质量、有特色的课程体系为支撑，供每一位学生去选择，从而提升学校管理者的课程教学领导力。我们认为，教育转型变革领导能力主要包括引领力和创新力，首先是方向和价值的引领，其次是学校课程教学的领导力，在学校课程设计和课堂教学上有效地解决教和学的矛盾，以促进教师教学和学生学习方式的深度变革。

三是组织机制转型，提升办学的生机活力。组织机制的调整是一个动态向前

推进的过程。选课走班带来了教学组织形式的变革,也对学校的组织机制提出了新的要求。传统学校普遍存在着管理过度和领导不足的问题,现代学校以"扁平化、分布式、制衡型"为主要特征,将管理中心下移,分权分责,让级部成为学校管理的实体;学校组织结构需要从封闭走向开放,实现从管理到治理,提高学校的管理效能,这为新的育人模式的有效运行提供保障,确保现代学校整体转型。

四是实施学校差异化发展,实现教育价值创新。关注人的发展是教育的伦理底线,教育转型就是要从过度追求分数和升学率转变为关注人的全面而有个性的发展,始终把学生的发展放在最高位置。克拉玛依市在推进教育转型变革的过程中,树立"全市教育一盘棋"的思想,不断优化教育发展格局,引导学校实施差异化发展,摒弃校际的无效竞争,实现"创办适合每一位学生发展的教育"价值最大化,为每一位学生的发展提供"个性化、多样化、选择性"的教育,满足每位学生全面而有个性的发展。

五是促进文化变革,培育先进教育文化。如果传统的教育价值观并没有改变,即使变革的策略、方式和技术发生了改变,教育仍然会在原有的轨道上运行。教育转型变革归根结底是文化的深层次变革,克拉玛依市在转型之初就提出"让文化成为战略的催化剂",并逐步构建了引领教育发展的教育愿景和使命。在教育转型变革的推进过程中,也产生过一些质疑、争论,其最主要的原因是,价值认同上还没有达到高度统一。因此,培育共同认可的教育文化,如价值观、使命等,是转型变革得以持续的根基。让教育文化引领转型变革,并将变革的基因植入组织文化中,成为转型变革不可逆转的持续动力。

五、教育转型的宝贵经验:多方协调,区域治理

克拉玛依市推进教育转型变革的巩固提升期,恰逢国家全方位实施新一轮教育改革发展的关键时期,教育被赋予了"国之大计、党之大计"的新历史定位,基础教育在重点领域和关键环节的育人方式改革更加深入。这为克拉玛依市后期深入推进教育转型变革提供了有利的外部环境。

克拉玛依市推进教育转型的探索实践,是多方协调、区域治理的结果。独特的经济社会文化环境、积极的教育发展政策为克拉玛依市的教育变革提供了先决条件,而先进的教育理念与充满生机的体制机制则让这场教育转型在曲折中逐步推进。因此,总结其教育转型的宝贵经验及实践价值颇有必要。

一是积极的教育发展政策。克拉玛依市历届党委、政府高度重视教育发展,优先发展教育事业,围绕"办好人民满意的一流教育"的目标,把教育作为关注民生的首要工程和高品质城市建设的核心品牌,立足于国际视野和一流标准,制定出台了一系列有力支持教育发展的政策文件,全面提升了全市教育的软硬件实力和服务水平,为教育转型变革发展奠定了坚实基础。

二是大力推进基础教育优质均衡发展。均衡配置教育资源,促进全市教育优质均衡发展,为所有适龄青少年提供了落差最小的公平的入学机会。这也为克拉玛依市推进教育转型变革提供了基本条件。

三是经济社会发展对教育转型变革提出了紧迫要求。城市的高水平发展、全社会对优质教育资源的强烈呼唤,是推动教育转型变革、不断提升教育品质的外在动力,也是顺应克拉玛依市经济社会快速发展对教育提出的必然要求。

四是宽阔的视野和高瞻远瞩的教育发展战略成为教育转型变革的重要推动力。克拉玛依市紧跟国家教育改革发展步伐,以开放的心态、超前的思维和创新的精神规划教育改革发展,教育系统内部发展优质教育的社会责任感和使命感,为教育转型变革提供了强大的内在动力。

五是注重人才培养工作。在教育转型变革的历程中,克拉玛依市不遗余力地加强队伍建设,注重教育人才的培养工作,培养和造就了一批理念先进、视野开阔,具有共同的教育发展愿景与价值追求的管理者和教师队伍。这为教育改革发展提供了强大的智力支持和人才保障。

六是达成愿景共识。在推进教育转型变革的历程中,凝练形成了克拉玛依市的教育愿景和使命,创造了全新的教育文化。新的教育文化成为全市教育工作者共同的价值追求,也浸润了全市教育创新的肥沃土壤,构建了推进教育转型变革的良好生态。这为教育改革发展提供了持久动力和精神引领。

总结这些年的实践经验，克拉玛依市教育转型变革契合国家教育改革的发展方向，整体构建了育人方式的改革，重建了课程与教学制度，推动治理体系从管理向治理转变，实现了由制度管理向价值引领的转变。克拉玛依市"创办适合每一位学生发展的教育"转型变革还将永远在路上，也将一往无前，深入推进。

我们希望能为中国基础教育改革发展提供"克拉玛依市方案"，这或许就是克拉玛依市教育转型变革的时代价值所在。

　　秦建云，北京市十一学校副校长，克拉玛依市第一中学校长，兼任课程研究院院长，荣获北京市先进工作者等称号。2013—2016 年担任克拉玛依市第一中学校长，秉持创建适合学生发展的多样化、可选择的课程体系的育人理念，通过引入北京市十一学校的课程与教学方式，给克拉玛依市第一中学的办学带来了翻天覆地的变化。

非常理想，特别现实

克拉玛依市第一中学　秦建云

2013 年，我带着李希贵校长"非常理想，特别现实"的嘱咐，受希贵校长的推荐，接受新疆克拉玛依市人民政府的聘任，担任克拉玛依市第一中学（以下简称一中）校长。从拿到聘书的那一天起，我就意识到自己的工作变了。在这之前总是希贵校长来谋划，我做的都是一件件非常具体的事：数学该分几层；教材到底该怎么编；如何把我们的课程体系可视化地写在课程手册里……我觉得工作具体、充实、不慌。但是现在一切都变了，我现在是校长的身份，并且还是到祖国的边陲城市去当校长。在这之前我并没有当校长的经历，因此我有些紧张。当务之急是我必须找到我作为校长的不可替代的工作。因为我过去熟悉的工作必须交给其他同志去做，所以我必须快速找到我该做的事。怎么办呢？我只能与在北京市十一学校（以下简称十一学校）参访的外地校长大量地沟通、交流，听听他们怎么说，看看他们处理事情的反应，从而猜测和摸索并且寻找到我作为一个校长必须完成的工作的最重要的方面。我接触了很多的校长，最后发现所有的校长进入十一学校后都高度地认同，并且不约而同地说这是他们理想中的教育，但是每当他们离开的时候，都表现出了行为上的绝对谨慎。为什么会这样？我必须把它搞清楚，如果搞不清楚，我可能就成为他们了，可能就无法陪伴老师们去完成这所学校的转型工作了。

在与各地校长的沟通过程中，我发现有这样几种说法：

1. 学生质量不行。当大家到了十一学校，接触了学生之后，都觉得十一学校的学生太优秀了，这样优秀的学生用这种模式一定行，他们的学生不行。

2. 教师专业水平不行。大家到了十一学校一看，学校有那么多的博士，那么多的特级教师，而在他们自己的学校里，特级教师不多，而博士更是寥寥无几，所以就感觉师资不行，无法进行这种改革。

3. 场地不够。十一学校有那么多的场地可供学生选课走班，而他们的场地不够。稍微算一下，他们有多少场地就规划相应数量的教室，拿目前这么多的教室来做选课走班，场地远远不够。

4. 政策扶持不够。十一学校有会考自主权，而他们没有，也申请不下来。十一学校是北京中考改革实验校，在各方面都有很大的自主权，而他们没有，得不到政策的支持。

5. 经费不足。到十一学校一看，大大小小的场馆和设备，一下子就凸显了强大的经费支撑，而他们的经费远远不足。

类似这样的说法不胜枚举。但当我把各位校长说的话写在纸上仔细分析之后，我忽然间发现不对劲，他们没有一个人说校长的事，说的都是环境，都没有说作为校长有什么困难。如果我掌握不了校长面临的真实困难，我的工作可能就不着要点。

面对这样的问题，我做了大量的分析，最后终于搞明白了在校长们内心深处没有说出来的话。关键的难言之隐，就是不自信。校长们自身极其不自信，不确定是否能带领大家做好这件事。为什么会有这么多的担忧？源于不信任。不相信我们的教师能够把这件事做好，不相信我们的学生具备巨大的潜能，不相信在获得不了政策扶持的时候，我们一样能够很好地为学生做一些事情。到了这个时候，我忽然间意识到，我到克拉玛依市去一定要帮克拉玛依市的教师和学生找回自信。没有自信，我们就不敢做事。一定要让大家明白，没有信任就没有合作，没有信任，教育就无从谈起。到这里我终于明白了，我来这里的不可替代的作用就是帮大家找回自信，建立信任。我相信只要我做好了这件事情，那么，依靠大家的力量，我们一定能把这件事情干起来。也许我们会干得不顺畅，但我们一定能够一步一步地前行。如果没有了这个基础，我们可能就会徘徊不前。那么问题清楚了,就要有应对的办法,怎么去帮助大家找回自信呢？通过在十一学校的工作,我明白了一个道理:自信不是被鼓励出来的,而是做出来的。一定要让大家从"纠结地想"到"放手去干"。与其想那么多,不如着手去干一件事。我们每成功地完成一件事情,就会多增加一点自信。自信是通过工作一点一滴积累起来的。要完成的工作有很多,但我们必须选择去干一些对建立自信非常有效的工作。

为了帮助一中的教师建立自信,我们选择去做的第一件事情就是不建分校。当初我跟希贵校长表达我的想法时,希贵校长就非常赞同坚决不建分校。我们最初想的是把这所学校更名为北京十一学校克拉玛依市分校。但是经过仔细推敲之后,我发现虽然更名是一件小事,但是一旦更名之后,老师们是否会有一种错觉:这是十一学校,不再是一中了;这是十一学校的发展,而不是一中的变革。我们必须让全体同人明白,这就是我们一中的变革,而不是别人的,我们更应该是一个参与者而不是一个旁观者。我们要做的是一中自身发展历程中的一件事,而不是十一学校发展历程中的一件事。所以,最终我们决定对一中的校名不做更改。

第二件事情就是自己决定是否要改革。按照办学的协议,一中完全嫁接十一学校的教育教学模式是完全合理合法的,但是希贵校长一再鼓励我一定要让老师们自己去决定是否要改革。为此,假期时我提前来到了一中,并和教职工代表进行了沟通,最终确定由教职工代表大会表决我们是否要进行一系列的改革。说实话,当初我非常忐忑,一旦通不过怎么办？我有很多顾虑。在这个关键时期,我跟希贵校长通了电话,希贵校长跟我说不要紧,通不过可以缓到明年再做。有了他的这个鼓励,我忽然间明白了什么叫"特别现实"。我在接下来的几天中和教职工代表进行了大量的沟通和交流。几天之后召开了教职工代表大会,会上对一中教育教学改革的一系列核心文件进行了表决。投完票后,我在房间里面根本就待不住,于是一直在校园里走,一直等到监票人告诉我全部通过,这个时候我心里的一块大石头才终于落了下来。我第一时间就给希贵校长打了电话,希贵校长只说了三个字:太好了。这件事情尽管存在巨大的风险,但是它进一步推动了克拉玛依人教育改革的自觉,使克拉玛依人走在了自己构建学科课程的道路上。2013 年的时候，十一学校的课程也基本上有了一个完整的结构，我们完全可以把它直接拿来，略作调整就加以使用，但是我们没有这么做。我们要求一中的老师们一定要聚集在一起，根据一中的具体情况去编写真正适合克拉玛依市孩子使用的教材。我们能不能把十一学校的课程手册拿来改改就直接用？一定是不可以的，每一个字都要由我们自己编写。我们现在的李国莲校长当时是课程研究院院长，她要求可以借鉴，但绝对不能照搬。课程手册里的每一个字都必须有我们自己的独立思考，必须建构一中自己的课程体系。我们可以借鉴十一学校课程体系的思想、方法甚至个别内容，但一定要有我们自己的思考。

第三件事情就是让一中的教师队伍走在前面。给我印象特别深的是有 33 个学生到十一学校游学将近一学期，最早是决定由十一学校的教师给这些学生授课，后来发现不行，这是一次绝佳的培养教师的机会，应该让克拉玛依市的教师自己授课，就在十一学校授课。只有他们自己授课，才能够真正掌握这些学生的情况。如果是十一学校的老师授课，那在课程结束后我们的老师仍然只是旁观者。当孩子们和老师一下飞机来到十一学校的时候，我们向老师宣布了由他们来授课。所有的老师都在摇头，他们向我提出，能不能先由十一学校的老师上课，他们跟在后面慢慢学，等到学得差不多了再换。我后来告诉他们，学得差不多了你就换不了了，而且你永远不可能学得差不多，一定要在做中学。最后我就逼他们，上也得上，不上也得上。当家长们得知不是十一学校的老师授课而是一中的老师授课的时候，有些家长当着我的面就哭了，表示反对。这一件件的事情刺激着我，让我觉得一定要逼着老师们树立自信，因为我们的老师很缺乏自信。当我来到这里的时候，我也跟希贵校长申请过，能不能带几个人过来，通过我带来的人协助我去做一些具体的工作，这样是否更稳妥一些。但是最后我想通了，就我一个人来，谁也不带。如果带了，那么走在前面的永远是我带来的这几个人。我们必须让一中的教师队伍走在前面，所以我就自己来了，尽管很孤独，但我必须选择这种孤独，为的就是要展示我们的自信。

最后一件事情就是敢于放弃一些政策上的需求。客观上讲，我们的课程体系和我们现在的学考是不对应的。在北京，为了支持十一学校的中考改革，所以十一学校有会考自主权。可是到了克拉玛依市，我们并没有获得这方面的批准。有一段时期，因为这件事我去找陈市长，让陈市长帮我呼吁，一定要把这个政策拿到。为此我还去找了李希贵校长，跟他谈了这个事情。因为这个政策对于我们实施这样的课程来说是有巨大帮助的。但是随着时间的推移，最后我决定不再申请。难道我们面对这样实际的问题就不能做吗？最后我们还是做了，不打折扣地做了。那学考怎么办？最后的事实证明，高二的学生两个星期就能克服学考。当学生有了自我规划、自主学习的能力后，两个星期便足够了。当初我作出这个决定的时候，有一位老师和我打了一个赌，告诉我说，不及格的学生会有两位数，我说不会的。最后，他输了，只有一个孩子没及格，而且是把答题卡涂错了。所以当我后面回来的时候，他说："秦校长，我输了，我请你吃饭。"我说："这顿饭我不吃，我要让你永远欠我这顿饭，记一辈子。"这件事情，记一辈子，太有价值了。现在这届新的高二，有老师又和我谈："秦校长，为了安全起见，能不能留出三个星期的时间准备学考？"我的答复是，实践证明，两个星期都有点略长，可能还用不了这么长的时间。我们对这些政策的过多的苛求，恰恰有时候禁锢了我们的思想。我们对政策的依赖过重，就不易去做事。所以我就选择了这么几件事，让老师们明白我们必须自信。

校长们内心深处没有说出来的另一关键词是信任。我个人认为信任是能传递的，是激励自己的。怎么来帮助老师们建立信任呢？第一是分权分责。让干部们独立地开展工作，相信他们能干得比你更好。刚刚来的时候，我也紧张。当我看见原有的管理时，我也担心把更多的权力给了教师，他们是否能做好。我也在不断地领悟。但是后来我发现，你必须放权，你不放是有断层的。一是你管理不过来，二是你也不一定能管得好，所以要坚决地分权分责。最终分到什么程度？包括我这个校长分管的财务，我都分下去，由专人去管理。由于我彻底把自己的权力分掉了，我就腾出了大量的时间，去陪伴老师们。如果我不把这些权力分出去，我就会埋在这些具体事务中，谁来陪伴老师们呢？由于我分权分责了，逼着大家去干，每一个人都在想办法，而不是我一个人在想办法。当每一个人都在想办法的时候，才会办法比困难多；如果我一个人想办法，永远是办法比困难少，所以要坚定地做好分权分责。尽管我明白，让他们去具体干的时候，可能会干出一些事情来，也会犯一些错误，但没关系，从错误中总结教训，认真反思，就可以把事情做好。

第二是取消行政班，让学生帮助教师找到信任。来了这里之后很多人也和我聊，能不能让行政班班主任和导师同步存在，这样会安全一点。他们还给我举了很多例子，说在江浙一带，很多学校是两者并存的，所以觉得这样可能更安全。但是我想不行。这说明什么？说明我们不相信学生。我们需要把学生暂时给老师，让老师看一看有没有问题。所以我就劝说大家，坚决不设行政班，一定要把学生放开。我们的老师认为一把学生放开就乱了，最后发现，放开后没乱，学生表现得很好。这一点，就让老师们建立起了对学生的信任，是学生帮助老师找回了信任。

第三是把课时降下来，注重自主答疑交流。我到了之后，看了课表，也进班看过，一天九节课，全部在上课，效率太低了。教师根本不需要讲这么多课。能不能把我们的课时压下来，把课时还给学生，让学生真正有时间去自主学习，有机会去自主规划？当我提到这件事情的时候，老师们都在劝我，说："秦校长你要想好了，我们的学生基础差，讲少了不行的，就这样我们还觉得考不好呢，你再降低课时，不是要命吗？"面对这样的情况，客观地说，我也很害怕。但是我想，我作为校长，必须担着。没办法，我和老师们说："砍——出了问题，我校长担责，与大家无关。"老师们听到我这句话之后，不再问我要课时了，而是努力地去把自己的课上好，因为他们有善良的想法，不能让校长担太大的责任。当我们把课时减下来了，学生就有真正的成长机会了，我们就能看到学生的成长。当老师们看到学生一节一节的自习课，规划得是那么好，学习是那么有效，这股信任就更加强化了。

第四是放弃对教师的评价，这个问题太直接了。我来了，也面临着一个问题，就是有些领导会和我说这个学校的张老师、李老师过去不好好工作，怎么怎么样，后来我和大家谈了我的看法，我希望所有这些话都不要和我说。我来到这个学校，一切都是全新的，我希望每一个老师留给我的都是美好的印象。我不想总是去评价过去而忽视了现在的改变，我只想带着老师们走向未来。我们能不能不严格地去管老师们？能不能放弃对老师们的评价？其实我们应该做的是坦诚地和老师们交流。如果说这个老师上课确实有一些问题，我们不妨坦诚地去和他交流，帮助他改变。如果说这个老师确实没有把学生放在心上，我们不妨坦诚地告诫他，如果他再这样我们将不予聘任，因为我们聘的是真正为学生服务的人，必须要把学生放在心上。就这样，一次又一次坦诚的交流打动了一个又一个老师。他们告诉我他们找到了做教师的尊严，他们开始信任学校的领导，不再认为领导就是使劲地管他们、限制他们，而是来帮助他们的，于是就有了更多的合作。他们也开始坦诚地和我交流他们的忐忑，甚至是他们的抵触。我也会坦诚地和他们交流，我们不追求达成一致，我们追求的是相互理解与合作。经历了这样一件件事情，这所学校的每位教职工都逐渐找回了自信，建立了信任，形成了合作。由此一来，这所学校就建立在一种良好的文化当中，就有了一点积淀。

我始终陪着老师们，每天都是用一张充满自信的脸来面对老师们，每个老师看到我都觉得我好像特别有主意，似乎我能够解决一切问题。说实话，我也明白我需要自信。那么我的自信从哪里来？不怕大家笑话，我刚来的第一个学期不敢有自己的办公室，因为一旦有了办公室我就得坐下来，一坐下来我就会紧张。我只有一条出路，就是走到老师中间去，去和一个又一个老师聊，在工作中去寻找自信。所以就有了这样的场景：一个学期内，我每天的上班状态就是拎着一个包，里面装一个水杯，从一楼的第一间教室转起，一间一间地转，转到下班回家吃饭，第二天上班就又继续这样转。就在这样不断深入地和老师们交流的过程中，我逐渐找到了自信。我经常会这样，走到一个教室后，往里面探探头，看有没有课，看老师忙不忙。如果人家没课，不那么忙，我就进去和人家聊聊天。通过聊天，我帮他找回了自信，建立了他对我的信任；通过聊天，我自己也找回了自信，建立了我对他的信任。不管在哪里，只要有机会，我就和老师们聊天。有时候我在楼道里看见老师就简单和他们聊几句，有时候我走到教室里跟一个老师深入交谈。聊天的时候，老师们觉得我很轻松，实际上我很紧张。我不仅要和老师们聊，我还要跟孩子们聊。通过和师生的聊天，我逐渐感受到了他们的变化，这让我越来越自信，我相信自己完全可以陪着他们顺利地走完这三年的变革之路。每到周末，大家都休息了，我却更加紧张，因为我没有了陪伴。怎么办呢？我就像片子里所说的那样，到山里去找黄羊，去观察它们；我就到沙漠里去，去体验沙漠的浩瀚；我就在水边待一整天……我为什么这样做呢？就是为了让自己不那么紧张，就是为了让自己的身心舒缓下来。等再回到工作中，我就又能有一个自信的状态来陪伴大家了。

三年过去了，我的感触很大，以校长的身份参与这场变革对我来说是一次全新的挑战。在一中工作的这段经历再一次让我相信了教育的力量。在我最年轻的时候，我相信教育的力量；随着年龄的增长，我逐渐怀疑教育真的有那么大的力量吗……这三年的经历再一次让我明白，教育是有力量的，教育是完全可以改变一个国家的未来的。教育的改变才是国家、未来的改变。教育不变革，这个国家的未来是堪忧的。通过这段经历，我意识到每一个学生、每一个老师身上都有无限的潜能和智慧，只要我们能够把大家的潜能和智慧激发出来，它就是一股无穷的力量，是我们做好教育的源泉。一中的经历也让我学会了如何走出一条"非常理想，特别现实"的学校变革之路。今天站在这里，我对希贵校长的这八个字有了更加深刻的理解。我觉得要做好这八个字，我们完全可以更大范围、更深刻地去变革我们的教育。

我永远不会离开这里，因为这里有我无法忘记的人，这里有我终身关注的事业！最后，我祝愿克拉玛依市的教育越办越好！

李国莲，克拉玛依市教育局党组副书记、局长，特级教师，全国课改优秀校长。自 2012 年 9 月深度参与北京市十一学校普通高中育人模式创新及学校转型在新疆克拉玛依市第一中学的改革，与教职工们一起以担当奉献的精神状态，以追求卓越的工作风貌，突破传统思想与体制的束缚，务实推进学校全面而系统的教育转型，在一定程度上提升了克拉玛依市教育在新疆乃至全国的吸引力。

现代学校制度的构建与实践探索

——以克拉玛依市第一中学教育转型为例

克拉玛依市教育局　李国莲

在当前教育管办评分离管理理念的大背景下,克拉玛依市第一中学围绕与北京市十一学校合作办学的目标任务,开展了现代学校制度的构建与实践,大力推进扁平化的学校管理体制、薪随岗变的人事制度、丰富多元的课程体制,并在学校进行人才培养模式的突破。

2012 年 10 月 31 日,克拉玛依市人民政府与北京市十一学校签署了《克拉玛依市人民政府与北京市十一学校合作办学协议书》,克拉玛依市第一中学与北京市十一学校联合办学,全面引进十一学校的育人理念与管理模式,开启了克拉玛依市教育向现代教育变革的转型之路。管办评分离,简而言之,就是"政府管教育,学校办教育,社会评教育"。早在 2010 年,《国家中长期教育改革和发展规划纲要(2010—2020 年)》便提出"政校分开、管办分离",要求建设现代学校制度、落实和扩大学校办学自主权、深化办学体制改革思路。党的十八大报告首次提出"管办评分离"这一概念,即处理好政府、学校、社会之间的关系,建成政府适度管教育、学校规范办教育、社会科学评教育的和谐健康发展的新环境。2013 年《中共中央关于全面深化改革若干重大问题的决定》明确指出:"深入推进管办评分离,扩大省级政府教育统筹权和学校办学自主权……"随后,江苏、上海等地的一些区域率先进行了探索实验,并发展形成了专业教育评估机构,开展相关评估及服务工作。管办评分离,管是关键,办是根本,评是保障。"管"和"评"是为"办"提供引导、条件、保障和服务的,最终要落实到"办好学、育好人"这个根本上来。从这个意义上说,管办评分离,已无可争议地将我们的学校推到了深化教育综合改革的最前沿。管办评分离,对学校的基本要求就是建设"依法办学、自主管理、民主监督、社会参与"的现代学校制度,致力于学校内部治理体系和治理能力现代化。这种办学思路逐渐成为现代学校制度构建的基本保障。克拉玛依市作为教育部确定的全国教育管办评分离改革综合试点单位,于2014年开始在管理体制、办学机制及人才培养模式创新等方面进行积极探索和实践。

一、实施扁平化的管理模式

(一)扁平化管理模式的特点

管理大师彼得·德鲁克早就预言:未来的企业管理组织,将不再是一种金字塔式的等级制结构,而会逐步向扁平化结构演进。现代学校的管理模式正是借助了企业的运行理念,全面实践扁平化管理模式。扁平化管理模式,就是在校长负责制的前提下,减少学校对师生的干预和制衡,让权力下放,实施以副校长担任学部主任,学部主任为学部教学、德育第一责任人,其他部门均为教学和育人服务的管理模式。这与传统的学校运行模式有着较大区别,学校管理方式由过去"校长—副校长—中层领导—年级主任—教师—学生"自上而下集权式的管理转变成为以"扁平化、分布式、制衡型"为特征的现代教育管理模式,学生被放在学校全部工作的核心,学校领导直接兼任学部领导,减少中间环节,能够第一时间了解教师和学生的需求,减少因中间环节过多而造成的服务功能损耗,构建了服务型的领导团队。

(二)第一中学扁平化管理模式的实践

克拉玛依市第一中学实行党总支领导下的校长负责制,实施去行政化管理和全员聘任制。学校对内部组织机构设置、人员(岗位、职级)聘任、教师薪酬分配、课程开发、招生等拥有自主权。

首先,学校组织机构发生改变。如图1所示,学校的最高权力机构为党总支、学术委员会、校务委员会和教代会,其次才是书记和校长,各学部直接对校长负责,其他中层如课程与教学研究院、教导处、工会等均为教学服务,是师生教学的有力保障。扁平化的管理体制构建了服务型的领导团队,团队内部实施分权分责,有利于工作效率的提高。扁平化的管理体制有相应的权力制衡机制,学校坚持民主管理,以党总支、校务委员会、教代会、学术委员会制衡干部权力,坚持重大问题集体讨论,保证集体决策、民主管理的有效落实。

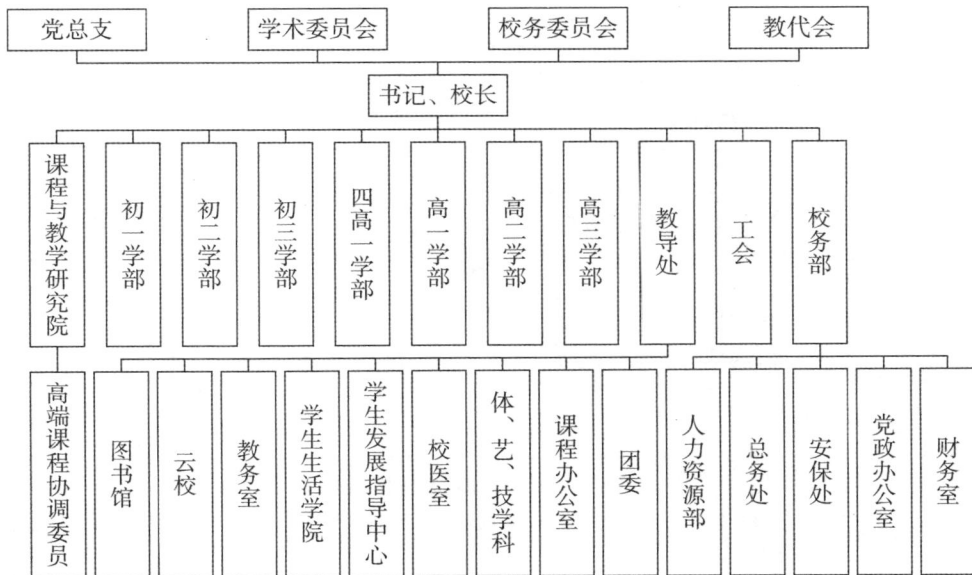

图 1 学校组织机构图

其次,学校各部门的权力与责任发生变化。在扁平化的管理模式下,各部门的职能进行了重新划分。如表 1 所示,学部成为学校的运营核心和事业部门,学部主任是学部教育教学质量的第一责任人,代表校务委员督导学部工作,全面领导学部教育教学教研工作、督导课程实施及教学落实、负责师资的管理和培训。学校每学年末组织教职工双向聘任,学部教师由学部主任根据工作态度、教育教学诊断结果、合作精神等进行聘任,学部确定聘任教师职级薪酬并报校务委员会通过执行。学校执行预、决算制度,年初学部主任做全年预算明细表(即详细的工作计划),经校务委员会审核通过后,日常财务执行由学部主任决定预算内经费的使用。同时,学校构建学部与学科共同对教育教学质量负责的机制,在矩阵管理结构中,每一个人都对事业负责,而不是仅仅对某一位领导负责,每一个人都将有利于学校大局、有利于把事情办好作为工作的出发点和落脚点。

表 1 学校分权结构

	教育教学	人事	财务
校长	规划课程,明确教育教学主旨,确定评价方案	招聘教职工;聘任中层及以上干部;确定各年级部门的编制、薪酬总量	领导编制并批准年度预算,对预算外项目进行审批
副校级兼学部主任	全面领导学部教育教学工作	聘任本学部教职工,确定聘任教职工的级别与薪酬	决定本学部预算内经费的使用
处室主任	对学部工作相关方面进行协调、汇总与发布信息,提供职能规定的服务	聘任本部门员工并确定其级别与薪酬	决定本处室预算内经费的使用
学科主任	领导本学科的教学工作	确定本学科招聘的初步人选,对学部聘任工作提出建议及行使对各学部的一次否决权	决定本学科预算内经费的使用

再次,使现代学校走向健康的运行模式。传统的学校组织是一种"高层决策—中层控制—底层负责执行"的中央控制式模型,这会造成学校政府化、组织官僚化,部门之间彼此内耗。传统学校转型、现代学校制度的构建必须先同步完成组织升级和再造,以这种"扁平化、分布式、制衡型"的领导团队,朝着一个目标共同努力。不是由上而下发布行政指令的方式,告诉你必须走同一条路,而是朝着生态化的组织形态演进;走向"协同",而不是"协调"。

(三)实施扁平化管理模式的启示

通过第一中学扁平化管理模式的实践,我们可以发现,现代学校转型过程中要想取得好的突破，除了在组织机构、运行模式上有力保障之外，还应当注重对领导的服务意识进行有效监督。学校坚持每年一度的校长信任投票制度、民主评议学校中层及以上干部制度。学校明确规定，对校长进行无记名信任投票，如果校长的信任票低于70%，教代会可直接罢免校长。同时，学校还制定了教师仲裁委员会、教师申诉制度、学生申诉制度等细则，实现了学校管理的科学化、民主化、法治化。

在机制的保障下，现代学校应当重视营造和引领学校文化。扁平化的管理机制逐步形成了学校以师生为导向的管理文化。学校组织结构的构建以师生为导向，有利于简化程序，快速响应师生教育与学习的需求；有利于创造"以学生为本、以教育教学为中心、以质量为目标"的文化。学校尽可能压缩组织结构层级，减少无效劳动，让师生的需求以最快的速度得到反应；学校通过调整组织结构，使各层级的管理跨度处于一个合理的范围。

二、架构满足学生个性化需求的课程体系

（一）以突出学生个性化需求为主的办学机制的特点

在学校的转型过程中，我们必须对学校进行准确的定位。作为学校，其核心就是为学生提供最大化的服务。每一所学校都应当用科学的管理体系为学校定位，确立科学的办学理念、办学目标，将学校的核心功能定位于服务学生，以制度来确保"以人为本"的学校文化的落实，使切实保证和不断改进对学生的服务成为学校的核心功能。众所周知，每个学生都存在着多样化的差异，其需求也是个性化的，真正好的教育应当是满足学生的这种需求，从课程改革入手，提供满足学生不同层次、不同兴趣、不同未来发展需要的课程，真正做到"创办适合每一位学生发展的教育"，并借助一定的机制保障，使这种课程体系得以最大化地实现。

1. 第一中学满足学生个性化需求的具体实践

（1）设置满足学生个性化需求的课程体系

课程是学校育人目标、办学理念的载体，为了满足学生的个性成长和为选择

提供多种可能,第一中学已经开设了 200 余门学科课程、20 余门综合实践课程(见表 2)。

表 2　课程设置

分类课程	分层课程	综合课程	新增领域课程
语文(基础、补弱、提升、小语种) 外语(基础、补弱、提升、第二外语) 思想政治Ⅰ和Ⅱ 历史Ⅰ和Ⅱ 地理Ⅰ和Ⅱ 体育(运动项目)	数学 5 级(数学Ⅰ、Ⅱ、Ⅲ,竞赛拓展,大学先修) 物理 5 级(物理Ⅰ、Ⅱ、Ⅲ,竞赛拓展,大学先修) 化学 5 级(化学Ⅰ、Ⅱ、Ⅲ,竞赛拓展,大学先修) 生物 4 级(高中生物Ⅰ、Ⅱ、Ⅲ,竞赛拓展)	技术 艺术 综合实践课程	商学 经济学 援助课程 特种体育

从大的层面来说,课程体系包括分类课程、分层课程、综合课程和新增领域课程四个方面。其中语文、外语、政史地、体育学科根据学生的层次,开设分类课程:如语文、外语在基础课程的基础上,开设"阅读""写作"等专项训练的提升和补弱课程;政史地根据学生需求和学业考试的安排开设不同的类别;体育课以学生的身体素质和个体兴趣为主,可选择不同的类别。

分层课程主要针对数理化生学科,针对学生个体程度的差异,可分别选择一、二、三层,以满足高考的需求。在此基础上,有能力的学生可以选择竞赛拓展课程和大学先修课程。竞赛拓展课程涉及数学、物理、化学、生物等领域,主要面向高考前希望参加自主招生、高中奥林匹克竞赛的学生,利用周六以及部分节假日、假期上课,由感兴趣的学生自主选修,课程开班后将会根据学生的学习情况进行分层教学。该课程将从学生入校后的第一学段开始,持续学习到学生进入高三参加自主招生考试前。

综合课程主要是针对文化课之外,满足学生动手操作的需要和个别化兴趣的需求。如热爱艺术的学生可以选择"民乐""话剧"等,热爱技术的学生可以选择"网页设计""机器人"等课程,喜欢综合实践课程的学生可以选择"园艺""玉石鉴赏"等。在这里,学生的个性得以满足,在某一自己感兴趣的领域会得到提高。

新增领域课程中的商学、经济学课程是面向全体高中学生开设的自选课程,不纳入毕业学分要求,学习优秀的学生将获得商学与经济学课程的荣誉证书。选课不是传统理解上的分尖子班、平行班,而是最大限度地满足每一位学生的学习需求,实现了一位学生一张课表。通过选课,课程与每一位学生联系起来,构建起每一位学生自己的学习系统。

（2）提供选课走班、优化重建师资的保障

为了使这种课程体系被最大化地实施,必须通过一定的机制进行保障。选课走班,使课程体系落实到每一节课,落实到每一个学习过程和每一个时间点上。根据学生不同的需求和能力差异,几乎全校每位学生的课表都不相同。这种形式导致传统的师生关系也发生相应的改变,由过去的教师主导转变为学生选择,加大受教育者的选择权,进而倒逼教师群体改变,也让学生在实行走班制之后收获到个性的张扬与成长的快乐。

丰富多元的课程设置满足了学生不同发展方向的需求,同时也让学校深入思考教师队伍结构的优化与重建问题。政府简政放权的核心是权力下放,重要的表现之一就是教师招聘权的下放。第一中学按照建立课程体系、做好增加课程过渡到明确人才需求从而提前储备,最终做到课程服务学生、改变队伍结构的路径,三年来在领军人才和骨干教师的选聘与培养方面进行了卓有成效的实践。合理评估学校在特色发展、课程建设中对专业人才的需求来储备人才,从而应对教育改革和学校转型的潜在风险。

自从将人事聘任权下放后,学校可根据课程体系的具体需求,自主招聘教师,重构师资队伍结构,以此满足学生更丰富更多元的个性化需求。根据学校课程架构的需要,三年来,第一中学共招聘大学本科、硕士毕业生43名,从内地和疆内周边地区招聘在职骨干教师13名。所有应聘者都必须先通过学科专业组严格的笔试检测、讲课面试,然后由主管教学和人力资源的副校长审核,再报校长审核、党总支批准。副校长、校长只拥有否决权。临聘实施同工同酬,和"雇员制"异曲同工。

2. 全员育人,从学科教学到学科教育

转型后的学生管理实行全员德育、人人有责,从学部到学科,都承担起教育学生的职责,力争将学科教学向学科教育转化。

年级层面:每个学部都设有分布式管理项目组,由任课教师根据自己的专长,主动承担。学部的每一位教师都是导师,分别负责10余名学生的心理疏导和学业指导,帮助学生适应校园生活。

学科层面:每一位教师都从学科教学走向了学科教育,他们不仅要负责学科的教学,还要关注学生的心理、情绪和人际交往;全体教师的办公室分散到每一个学科教室,也加大了学校监控的范围,让教育活动处处存在。当每一位教师都是教育者时,学校就实现了全员育人。

学校层面:学校的学生发展中心设有教导员,负责对学生的行为进行监督,及时提醒、纠正学生的行为习惯,促进学生形成自律的好习惯。

自主管理:全员育人还要与学生的自主管理能力结合起来,才能构成一张和谐的网络。每个学部都设有学生自主管理学院,设置了不同的岗位,并把具有不同潜质和能力、特长的学生挖掘出来,发挥优秀学生的引领作用;同时对学部的各项事务设置必修和选修学分,让每一位学生都能参与其中,在给予学生最大限度的选择权和自主发展权的同时,使学生在体验中形成规则意识。

(二) 收获及启示

1. 个性化的课程培养个性化的学生

学校架构满足个性化需求的课程体系,就是为了培养有思想、个性鲜明的不一样的人才。"良好的师生关系应该亲情如父母子女,友情如同伴朋友,严而有格,爱而不纵。"这是《克拉玛依市第一中学行动纲要》中关于师生关系的定位。学生只要不违法违纪,不违反校纪校规,就有充分的自由。每一位教师都会放下身段、敞开心扉,以具有责任感的长者或同伴朋友的身份与孩子们平等对话、沟通、合作,共同成长。

学校注重对学生规划意识的培养。学生刚入学到校,导师就可能每天都在强调制订规划、协助修改规划、检查落实规划,把课堂上、自习课、自主活动时段的安排、周末的安排都纳入规划之中,不求尽善尽美,只为把一个个想法变成可执行的指导,逐渐培养学生的规划能力,长期训练,以达到从学业规划转为人生规划的目标。

在课改三年后,学生创建了20余门活动课程,几乎每周都有两三场不同类型的活动。学生自行组成团队,通过头脑风暴想创意,招募学生分工合作,现场指挥执行。在这些活动课程开展的过程之中,策划执行的学生锤炼了自己的领导力、执行力、想象力,参加活动的学生享受到了更多更符合自身需求的教育服务。

2. 教师在新的课程体系下转变教学方式

学校调整了教学关系,建设新的课堂文化。我们将课堂定位于"课堂是学生成长的地方,是学生自主发展的舞台",减少讲和听,增加说与做。引导学生学会用学习资源,学会自学,让学生了解教师的教学计划,带着学生做好学习规划,将教师的教学计划转变为学生的学习计划。教师由领着学转变成学习的引导者、陪伴者,不是要教会学生,而是要让学生自己学会,充分调动学生学习的主动性。

随着教育改革的深入推进,学校的教师不再是传统意义上的教书匠,而是具有研究探索精神的研究型教师。如今,一线教师已经全员参与分层分类资源的研发。统计显示,目前各学科已经组织研发了教材、细目、前测、后测、诊断等多种分层分类教学资源,语文、数学、外语每个学科研发的资源200多本,其他学科100多本。在研发的过程中,我们的分层分类资源得以不断完善,教师的专业素养也在一场场讨论、一遍遍修订、一次次修改过程中得以快速提升。

3. 需要不断优化教师队伍,适应转型变革

学校现有教师队伍适应转型变革的突出问题便是结构不合理,具体表现为:第一,专业水准结构不合理。绝大部分教师可以应对原有立足学生高考的课程体系,但面对大学先修、竞赛拓展等高端课程时捉襟见肘,短期也很难提升。应对策略是,一方面到高校招聘学科专业过硬且热爱教育的毕业生,另一方面建立名师工作室,推动拔尖人才的培养,将个别高水平教师推选到大学进修,提高专业水平。第二,专业门类不合理。相比之前只有语数外、理化生、体艺技等课程,如今

在基础教育阶段还需要更多丰富的职业体验课程,帮助学生发现自己的潜能和兴趣,确定自己的大学专业及未来的职业规划。应对策略是,根据课程设置及学生发展需求,扩大教师招聘的学校及专业门类,从综合类院校招聘戏剧、动漫、服装设计与制作、园艺、玉石雕刻、职业规划、商学、经济学等专业毕业生从事学科教育。第三,各学科人员匹配不合理。无论是当前各学科的正常教学,还是应对2019年的高考改革,都存在学科之间的人员配置不匹配。应对策略是,一方面协调各学校盘活各学科现有的人力资源,另一方面根据上海、浙江三年高考改革试点的数据做好前期统筹规划。

三、建立学校人事制度盘活机制

(一)第一中学人事制度改革实践

为了适应学校转型的需求,更好地优化学校运行机制,安排岗位,合理统筹,第一中学运用科学的管理体系和人力资源管理方法。学校通过召开教代会,讨论并通过了《克拉玛依市第一中学组织结构、人员编制、岗位职责》《克拉玛依市第一中学人事聘任及职级管理办法》《克拉玛依市第一中学薪酬制度实施方案》《克拉玛依市第一中学教师职称晋升推荐办法》《克拉玛依市第一中学毕业年级教师教育教学绩效评价方案》等,实行教职工与学部、部门双向选择的聘任机制,以达到人力资源的优化组合,尽可能让不同的教职工找到适合自己的工作岗位,坚持按劳分配、按岗取酬、绩优酬高、薪随岗变的分配机制。

2013年7月第一中学管理干部封闭培训时,讨论得最久的是修订后的薪酬制度实施方案。面临整体移植北京市十一学校课程体系,实施分层分类、选课走班、小班化教学的需求,为稳定和优化教师队伍,形成有效的竞争激励机制,进一步增强学校的办学活力,提高教职工的工作积极性和教育教学质量,学校非常坚定地明确了薪酬分配原则:以岗定薪、薪随岗变、绩优酬高、先岗后人。

校内职级是指学校按岗位难度、工作水平、工作绩效确定基础、骨干、学带或特级的岗位和职级,岗位工资与绩效因岗位和职级而不同。每年6月由学部或部门提出一定比例的职级晋升名额,实现了不论资排辈而以业绩和能力为导向的分配机制。从近三年的聘任情况来看,部分专业水平高、学生认可、有突出贡献的年轻教师有机会晋升校内职级,确实进一步增强了学校的办学活力,提高了教职工的工作积极性,从而保证了教育教学的质量。

(二) 第一中学人事制度改革带来的启示

人事制度改革的核心就是强化监督、检测、考评机制,为教职工建立明确的工作、价值、利益导向机制,实现人力资源的科学化管理,保障学校管理流程的顺畅、管理目标的实现。

对照转型之前的传统学校的薪酬分配方案,不难发现,传统学校的人事制度存在明显不足:一是工作量与薪酬数量不匹配。某学科教师带一个班和两个班的薪酬差异不明显,其实是鼓励少干,无法真正形成竞争激励机制。二是工作质量与薪酬分配不匹配。同一学科带两层的和带三层的在一节课的准备时间、专业要求、承担压力上是不一样的,如果给相同的薪酬则无法保证高端课程的品质。转型之后的应对策略是完善以业绩和能力为导向的分配机制,学校实施校内职级评定、人事双向聘任、薪酬分配新方案。

在学校里流行一句话:聘任是最好的评价。每年一次的全校聘任实现了学校去行政化管理,校长对学校内部组织机构设置、干部聘任、职称晋升拥有自主权,副校级、中层干部由学校聘任,报市教育局备案;教职工与学部或部门经过双向聘任,确定每人的教学或教辅工作岗位。通过聘任改变了工作作风,激发了每一位教职工的积极性。

在管办评分离思想的指导下,现代学校制度的构建有了更大的自由度和灵活度,也肩负着更大的责任和使命。克拉玛依市第一中学作为学校转型与变革的领军者,作为现代学校制度的构建者,通过实践扁平化的管理体制、架构满足学生个性化需求的课程体系、改革人事制度,通过全员德育,有效地改善了师生关系;通过创设多样化的活动,满足了学生多样化的体验,取得了一定的成效。在学校转型的路径上,我们不断探索,一路前行。

傅学宏，克拉玛依市人民政府教育督导室主任，自治区人民政府督学。从事教育行政管理工作20多年，在教育政策、中小学管理、教育教学评价、教育督导等领域有较深的研究。

立足管办评分离改革，推进基础教育治理体系的现代化

克拉玛依市教育局　傅学宏

多年来，在克拉玛依市委、市政府的正确领导下，克拉玛依市教育界积极践行"创办适合每一位学生发展的教育"的核心价值观，深化教育领域综合改革，大力推进教育转型变革，在完善学校内部治理结构、建设现代学校制度、简政放权推进教育管办评分离等方面进行了积极的探索实践，努力构建"政府管教育、学校办教育、社会评教育"的新格局，取得了显著的成就，形成了基础教育的"克拉玛依现象"。

"十二五"以来，克拉玛依市所辖四区高质量通过了国家义务教育均衡发展评估认定，基础教育课程和课堂教学改革不断深化，特色学校文化建设深入推进。克拉玛依市教育局被教育部确定为"教育管办评分离改革"试点单位后，紧紧围绕"以落实学校办学主体地位、激发学校办学活力为核心任务，健全学校自主发展、自我约束的运行机制；进一步简政放权、改进教育管理方式，提升法治水平和服务能力，主动开拓为学校、教师和学生服务的新形式、新途径"的指导思想，稳步推进教育管办评分离改革。

一、加强组织领导，统筹协调教育管办评分离改革试点工作

克拉玛依市委、市政府高度重视教育管办评分离改革试点工作，并将其作为全面深化改革的重点工作，列入社会事业领域综合改革项目。市政府分管领导先后三次组织召开由相关部门及各区政府分管领导参加的"实施方案"专题研讨会，经市委全面深化改革领导小组会议审议通过并印发《克拉玛依市关于推进教育管

办评分离改革的实施意见》，确立了改革试点的指导思想、总体思路和目标、主要举措，成立了以政府分管领导为组长的领导小组，明确了各成员单位的主要职责，建立了推进管办评分离改革的工作机制。

二、完善学校法人治理结构，加速推进现代学校制度建设

（一）完善学校章程建设，推进依法依章办学

克拉玛依市把制定和落实章程作为建设现代学校制度的切入点和突破口，制定下发了《克拉玛依市中小学制定学校章程的指导意见》，规范了学校章程制定的原则、基本结构和主要内容，以及章程起草、通过和修订的程序，建立了推进章程建设和实施的工作机制。全市中小学、幼儿园实现了"一校一章程"的格局，"依章办学"成为学校依法办学和治校的重要依据，也促进了内涵和特色的发展。

（二）变革学校内部治理结构，更好地服务教育教学

克拉玛依市在第一中学等学校实行了校长和教师聘任制，采用去行政化管理，校长对学校内部组织机构设置、人员（岗位、职级）聘任、薪酬分配等方面拥有自主权。学校管理结构体现了扁平化、分布式、制衡型，实现了分权分责，使管理直接服务于一线教师和学生，改变了层级管理的弊端；落实人事聘任和校内职级管理办法，实行以岗定薪、绩优酬高的薪酬制度，充分调动了教职工的积极性和主动性，管理及育人模式成效凸显，师生教与学的状态得到极大改善，在学校转型变革方面起到了很好的引领示范效应。全市已有11所中小学探索实施了学校转型变革、建设现代学校制度的实践。

（三）探索实践多元主体参与的学校治理机制

为推动多元主体参与学校治理，完善学校内部治理结构，克拉玛依市教育局先后制定下发了《克拉玛依市中小学建立校务管理委员会的实施意见》《关于进一步完善中小学幼儿园家长委员会的实施意见》《克拉玛依市学校教职工代表大会实施办法》等文件。全市中小学均建立了校务管理委员会、家长委员会和学术委员会，教职工代表大会的职能得到充分发挥，进一步规范和完善了中小学管理机

制，初步形成多元主体参与的学校治理体系，"依法办学、自主管理、民主监督、社会参与"的现代学校制度逐步完善。

三、简政放权，扩大和落实学校办学自主权

（一）进一步简政放权，激发学校办学活力

为切实转变政府管理职能，理顺政校关系，克拉玛依市教育局制定下发《关于进一步简政放权的实施意见》，将涉及学校人、财、物等9个方面的30项权力下放到学校，但在具体实施过程中，涉及人、财、物等方面的自主权下放落实得并不到位，市委、市政府办公室印发了《关于进一步下放中小学办学自主权的实施意见》，进一步下放了学校用人自主权、薪酬分配和经费使用自主权等。在学校用人自主权方面，建立由学校负责的教师招聘机制，多层次引进优秀人才。采取"带编制"和"雇员制"两种招聘方式，其中"雇员制"教师实行不低于同类正式在编教师的协议工资，其他待遇按正式在编教师执行；对骨干人才、高端人才的引进也进行了明确。

（二）实施中小学校长职级制，构建校长专业化发展的阶梯

近些年来，克拉玛依市教育局一直在积极争取实施中小学校长职级制，实行专业化归口管理，但由于体制机制方面的各种原因，与各相关部门一直难以达成共识。借助推进教育管办评分离改革试点的契机，在主要领导的关心支持下，我们制定印发了《克拉玛依市中小学校长职级制实施意见》及其配套制度。

实施的中小学校长职级制，坚持党管干部的原则，贯彻落实党组织领导下的校长负责制，坚持党组织的领导和政治核心地位。校长全面负责学校的教育教学和行政管理工作，构建校长专业化发展的阶梯，实现校长队伍的专业化、职业化，着力形成教育家办学、专家治校的良好教育生态。形成校长职级认定、晋升（调任）、待遇、考核、绩效等系列配套制度，建立中小学党（总）支部书记与校长职级的对应标准，建立校长任职资格和培养培训制度，实施校长职级及考核评价制度，实行校长绩效工资制度。2018年8月完成校长职级的首次认定工作，摘掉了校长

的"官帽子",评定出 15 名高级校长(书记)、34 名中级校长(书记)、25 名初级校长(书记),2019 年 10 月进行了年度考核。

四、建立教育行政权责清单制度,推行清单管理方式

(一)梳理建立市教育局权责清单制度

按照"法无授权不可为,法定职责必须为"的总体要求,依据教育法律法规和政策文件,系统梳理出教育行政 6 大类 20 项权责清单,包括行政许可(3 项)、行政处罚(7 项)、行政给付(1 项)、行政检查(1 项)、行政奖励(1 项)、其他权力(7 项)。通过对权责清单的梳理,优化了权力运行流程,减少了办事环节,简化了办事程序,压缩了审批时限,进一步健全了教育管理的权力运行制约和监督机制,增强了依法行政的意识,使"加强宏观管理、减少微观管理"得到有效落实。

同时,完善市教育局内部控制机制。研究制定了《克拉玛依市教育局内部控制规范手册》和《克拉玛依市教育局内部控制流程手册》,明确了内部控制体系的组织结构与职责,建立了风险评估目标、机制和管理办法,列示了流程及流程风险点,形成 135 个末端流程,排查出 243 个风险点,制定了 249 项控制措施,形成 99 项制度,强化了对内部权力运行的制约,建立健全科学高效的制约和监督体系。

(二)试点实施学校管理权限清单制度

以《中华人民共和国教育法》等法律法规为依据,明确学校包括教育教学管理、学生管理、教师管理、财产财务管理等权限,研究编制了《学校管理权限清单目录》(共 34 项),在 25 所中小学试点实施。试点学校对照"清单目录",结合本校管理实际,科学设置列入清单管理的学校事项,并逐项梳理办理依据、条件和工作流程,明确办理机构和职责,审核后在学校网站上公开,进一步增强学校依法自主办学的能力和水平。

五、建立涉校检查归口审核、审批机制

为严格控制针对各级各类学校的项目评审、教育评估、人才评价和检查事项

（简称"三评一查"），整合减少了各类涉校检查考核项目。按照依法检查、精简整合的原则，克拉玛依市制定印发了《关于进一步规范中小学幼儿园检查评估考核工作的意见》，明确了实行"归口管理、年度报批、公示、公告、事后备案"等制度，由教育督导部门按照整合、精简原则统筹协调检查项目，于每年1月份向社会及有关学校公示、公告。

六、探索实施"第三方评价"机制

一是充分发挥教育督导职能，坚持以督学为本。克拉玛依市建立了较为完善的学校督导评估机制，明确规定中小学、幼儿园三年内在认真自查自评的基础上，必须接受一次综合督导评估。克拉玛依市实施的学校自主发展性督导评估机制，以关注学校的纵向发展和过程评估为原则，建立了学校自查自评与督导评估相结合的评价机制，形成了"用不同尺子衡量不同学校"的发展性评价格局，不断提升学校依法办学、自主发展的能力。

二是与中国教育科学研究院合作，开展教育现代化水平监测。我们与中国教育科学研究院合作，研制开发了"克拉玛依市教育现代化水平监测指标体系"（"5维10化"44个监测点），对全市教育现代化水平进行了两次监测，监测对比范围覆盖全国27个省会城市、沿海部分副省级中心城市以及克拉玛依市周边地区。两次监测报告呈现的结果说明：克拉玛依市的教育现代化水平已处于全国地域中的高位，与OECD成员国的平均水平基本持平，超过了国家2020年的规划目标，处于各省会城市的领先地位，在各副省级中心城市中居首位，处于克拉玛依市周边的领先地位，在新疆率先基本实现教育现代化的目标。

三是定期开展教育满意度调查，拓宽学生、家长和社会公众参与学校治理的渠道。组织开展"家长评学校，社会评教育"教育满意度网上问卷调查活动，了解社会公众的教育期望值，为教育发展决策和提高教育服务能力提供依据。在教育满意度调查中，全市中小学、幼儿园57744名家长和1109名社会各界人士参与了调查，统计显示：家长对中小学办学综合满意率为96.84%，幼儿园的综合满意率为 98.84%，社会各界人士对教育总体发展的满意率达到 95.94%，形成了综合分析报告，并向社会公布教育满意度调查结果。

四是定期组织开展教育质量监测工作。克拉玛依市成立了基础教育质量评价监测中心，科学设置教育质量评价指标，研制了测量工具，通过学科测试工具、学生问卷工具、教师问卷工具等进行质量监测。学科测试工具不仅包括基础知识、基本技能，还包括学生搜集处理信息、自主学习能力、分析解决问题、交流合作等综合素养的测评；学生问卷工具包括学生行为习惯认知和判断、规则意识、健康生活方式、师生关系、学习时间、课业负担、学习压力等方面，教师问卷工具主要包括教育教学方法、职业压力、教育理念、专业发展、学校课程建设等问题，并运用了SPSS 22.0 统计分析软件进行项目、信度分析，运用了 Mplus 7 统计建模软件进行效度与关联效度分析。

七、承办自治区义务教育管办评分离改革现场推进会

自治区教育厅在克拉玛依市召开了"自治区义务教育管办评分离改革现场推进会"，市教育局通过海报展示与信息化互动、分组交流研讨、大会交流、专家引领、实地参观考察五大板块向来自全疆各地的教育同人汇报交流了"教育管办评分离改革"试点的探索实践成果，得到了教育厅领导、专家和各地教育同人的高度认可。

八、改革试点工作存在的困难、问题和面临的挑战

（一）协同推进教育管办评分离改革的有效机制尚未建立

教育管办评分离改革是一项综合系统工程，改革的目的是满足人民群众多元化的公共教育需求，解决公共教育产品短缺和公共教育服务不到位等问题。这要求我们必须从治理的视角重新思考政府在公共教育产品与服务中的角色和作用，运用治理的理念变革公共教育服务体制，实现公共教育服务供给主体的多元化、公共教育治理权力的多中心化和公共教育服务结构的多样化。

(二) 须建立多元主体参与的"第三方评价"机制

在建立多元主体参与的"第三方评价"方面，由于克拉玛依市地处祖国西部边疆，又缺乏高校和教育科研机构的支撑，专业教育评价资源严重匮乏，第三方教育评估等社会组织也很难培育，向沿海发达地区购买专业服务的成本很高，因此迫切地需要发达地区专业人才的指导和帮助支持。

(三) 教育管办评分离，管是关键，办是根本，评是保障

尽管克拉玛依市推进教育管办评分离改革试点工作取得了一定的进展和成效，但对照《教育部关于深入推进教育管办评分离 促进政府职能转变的若干意见》和改革试点的目标任务，按照"简政放权、放管结合、优化服务"以及"释放教育活力、提高教育质量"的要求，我们的改革工作仅仅是刚刚起步，试点改革的任务依然十分艰巨，同时面临着严峻的困难和挑战。

我们将紧紧围绕推进教育治理体系和治理能力现代化的总目标，以落实学校办学主体地位、激发学校办学活力为核心任务，加快健全学校自主发展、自我约束的运行机制；以进一步简政放权、改进管理方式为前提，着力提升法治水平和服务能力，主动开拓为学校、教师和学生服务的新形式、新途径；以推进科学、规范的教育评价为突破口，建立健全政府、学校、专业机构和社会组织等多元参与的教育评价体系，扎实稳妥地推进改革进程，为"创办适合每一位学生发展的教育"营造良好的环境，办好人民满意的教育。

　　冯祥杰，克拉玛依市教育研究所党支部书记、副所长，正高级教师，特级教师，克拉玛依市领军人才。2014 年被人力资源和社会保障部、教育部授予"全国模范教师"荣誉称号，2016 年荣获自治区先进工作者称号。

在教育转型中遇到的三个困惑

克拉玛依市教育研究所　冯祥杰

随着克拉玛依市教育交流的多元化,我出差学习的机会多了,接触散布在全国各地的历届毕业生的次数也随之增加。在交流中发现,很多当时老师眼中的"不守规矩、不务正业"者,入职社会后,无论是适应性、事业发展,还是家庭收入、生活幸福指数等,都非常不错;一些中学时让老师为之骄傲的优秀生,事业发展和生活满意度却并不高。这样的情形见多了,我对自己以往带出高分优秀学生所积淀的成功感就越来越怀疑。以简单的应试训练考取高分,把孩子推入高校就是我们的价值体现吗?我也就产生了对自己从事教育以来的第一次否定性困惑:教育的原点在哪儿?教育者最该帮助孩子的到底是什么?什么才是我们能提供给孩子持续发展的关键要素?

为此我开始有心关注各地教育发展的动态,也在自己的课堂中积极尝试了一些改变。凡是教育局安排的教改实践,只要有条件我都积极参与,杨浦、洋思、杜郎口……经过一段时间的努力和尝试,我产生了第二次困惑:教育其实不缺少理念和经验,为什么我们的教育却越来越得不到社会和家长的认可?社会上很多问题的根源,如果深究的话,似乎都可以归因于教育。面对以分数论成败的社会现实及评价标准,仅凭教师自己的努力又能改变什么呢?慢慢地,我所追求的"分数不应该是孩子学习的全部,教育应该承担起帮助孩子规划未来的幸福人生的责任",就化作了一种我所向往的教育理想而暗藏于心。

2012 年 8 月,我首次听到教育局酝酿与北京市十一学校开展教育转型的合作,并先后抽调各校教师及管理干部赴十一学校开始轮训。曾去过十一学校且有过克拉玛依市教育改革亲身体验的我的第一反应是：克拉玛依市的教育还经得起再一次折腾吗？这样的合作办学能解决当前社会、家长对我市教育的质疑和不信任吗？能遏制本地优秀生源外流的问题吗？克拉玛依市的教育到底怎么了？我为之困惑。

2016 年 6 月，原北京 8 班的高中生活画上了句号。三年半的守望，在我 23 年的教学生涯里，好像只是一次简单的教学轮次循环。但在与这批孩子朝夕相伴的生活中，他们用自己成长中的变化和优秀表现，印证了自己的与众不同，也帮助我实现了教学高原平台期的一次升华和蜕变。回想由被动参与到坦然接受，直至主动求变的经历，以及孩子们一路走来磕磕绊绊的成长表现，在 1200 多天的时间里，孩子们实现了破茧化蝶的华丽蜕变，也帮助我建立起正确的教育价值观，坚定了我追求理想化教育的信心。

一、在困惑中启程

起初，我本想以局外人的身份静观其变，结果被组织委以重任。在很多人眼中本已功成名就的我，被动地进入了这次教育转型实践。2013 年 1 月中旬，我接到指令，赴十一学校学习交流。经过一周大信息量的头脑风暴洗礼，我初步了解到十一学校这次变革带给基础教育变化的本质。回想起 2010 年在京参加国培时首次参观十一学校的情形，一所学校能在这样短的时间内，让课程架构、课堂形式、教师、学生发生如此明显的改变，我感到既震撼又兴奋。尤为可贵的是，停留在我理想中的教育应该"鼓励并帮助孩子成为自己想成为的、有思想和独立人格的人"的理念真实地发生了。然而进一步了解到发生这场变革的成本和代价后，我又轻轻摇了摇头，这是十一学校为自身定制的一场特有的教育变革，美好但不可复制，对我们来说只能是理想。

意外一件接着一件，时隔不久，我再次接到指令，要我陪伴一批孩子在十一学校完成一个学期的教育教学转型实践。经过激烈的思想斗争之后，尽管心存疑惑，并不看好此事，我还是服从组织安排，接受了对自我职业生涯的再一次挑战。

2013年2月20日,我和33名孩子进入十一学校校园时,我知道我将从一名观望者变为探路者,克拉玛依市与十一学校合作办学的教育转型实践在我的困惑与质疑中即将拉开序幕。

二、痛苦纠结中的思变

2月21日,我有幸赶上参加十一学校开学前的教育年会"发现森林中那棵树"。十一学校的老师们提出"教育尊重个性化""个别化对每位学生个体成长的重要性""每一位孩子都是教育守望者应该关注的全部"等,一系列让人震撼而又心悦诚服的教育观点不断地冲击着我的大脑,我开始憧憬着克拉玛依市美好的教育未来。

开课前,秦校长强调了我们在教学中先要注意并改变的一点:要少讲,学会放手,大胆鼓励孩子们走自主学习的路。这对于善于讲授、以讲为主走到今天,自认为经验丰富的我,无异于一次自我颠覆,原有的优势瞬间尽失,我开始有些彷徨。

邯郸学步式地带着孩子们进行了一段时间的学习之后,学生的表现和诊断结果让我接近崩溃,几次全军覆没,满眼三四十分的成绩是我从教以来从未经历过的。随之而来的是家长电话中的质问、指责甚至怒骂,认为我耽误了这些优秀的孩子。我陷入了深深的痛苦和内疚,一遍遍责问自己:我来十一学校的目的是什么?原有经验不管用的情况下,我能带好这批孩子吗?

在退缩与坚持的纠结中,我几次在秦校长的办公室前徘徊,但始终没敢推开那扇门。偶然的一次碰面,秦校长看出了我的纠结,一番沟通之后,他向我提出两个问题:

1. 你认为这样的教育变革方向如何?对此我持肯定观点,并且平心而论这也是我所追求的教育。

2. 既然方向没有问题,那说明现在遇到的只是困难,逃避是解决困难的最好办法吗?建议你多和十一学校的老师聊聊,多看看、多听听。十一学校的很多老师也有过与你类似的体验,以你的经验和能力肯定能找到解决问题的办法。

一席话激起了生性不服输的我身上的那股倔强,我开始放下包袱,主动求变。

三、峰回路转中的蜕变

通过仔细梳理学生的学习行为,反思自己的教学过程,问题渐渐明晰起来。

学生的主要问题:

(1)以前没有独立阅读数学文本的体验,没有自主学习的习惯,无法有效进行文字语言和数学符号、图形语言之间的灵活转换,结果每天只是看例题,模仿例题做习题,不能从本质上理解概念和原理,理不出知识脉络和结构。

(2)在优秀生的光环下,看到别人不问老师,自己也就不主动求助,对学习中遇到的困难解决不了也死扛着。

(3)与十一学校的学生对比后,普遍自卑,认为自己做不了十一学校的学生做的事,遇到困难容易退缩。

家长的主要问题:

(1)很多家长听说孩子的部分课程没有让十一学校的教师任教后,反应激烈,认为孩子是被欺骗到十一学校的,质疑、指责声不断。

(2)对任教的克拉玛依教师极度不信任,并且直接将这种不信任传递给自己的孩子。

(3)将孩子遇到的各种困难,全部归因于在十一学校陪伴的教师出了问题,提出各种不合理的要求,甚至提出将孩子带回克拉玛依。

教师的主要问题:

(1)过于相信经验,疏于对学生进行阅读和学习方法上的及时指导和帮助。

(2)没有意识到我们的学生和十一学校的学生的实际差异,困难预见不准、不足。

(3)在课时减少的情况下,没有结合学情及时调整进度。

(4)缺少对学生个别化、个性化的指导,教学方法单一。

梳理之后,问题的核心集中在三个方面:适应性、心态、方法。这样一来,调整策略不难找到：主动沟通、增加陪伴时间、适当放慢进度、丰富学习任务的落实方式、增加答疑次数、鼓励孩子与十一学校学生建立伙伴交流等。从那时起，我的课余时间几乎都留在了教室，目的只有一个：只要孩子们需要，随时可以在教室里找到我。一段时间之后，和谐的师生关系逐步建立起来，在全方位的陪伴中，孩子们的自信心也慢慢得以恢复。随着成绩的提升，学习的效果日益凸显，哭泣、自卑的孩子少了，理解和支持我们的家长慢慢多了。

在经过学习生涯中第一次小学段的状态调整之后，无论是教师还是学生，在面对问题时，都显得越来越淡定。到十一学校半年的学习生活结束时，33 个孩子大多能够合理规划自己的任务，合理安排时间，找到了自主学习的感觉，并且初步形成了自己的高中奋斗目标。

四、结语

只有在游泳中才能学会游泳，正是亲身经历的体验和不断调整，让师生在蜕变中华丽转身。9 月的新一中，原来担心的这批生源会大量流失的现象没有发生。当看到北京 8 班三十多个孩子出现在教室的那一刻，我的眼眶湿润了。孩子们相信了我们，选择了我们。

三年半走来，我亲眼见证了这批孩子成长过程中的历次磨炼及巨大变化。我真正意识到只有适合的教育才会激发孩子无限发展的空间和可能性，我们有理由相信这批学生未来的人生一定会更加丰富多彩。

看着家长群里一句句对学校、对老师们感谢的话语，我回想起三年来我们承载的压力和责任，所经历的风风雨雨、酸甜苦辣，在此刻全部化为一个字涌上心头，那就是这场转型的参与——值！

　　杨红君，克拉玛依市第一中学原党委书记，特级教师。曾荣获自治区优秀教育工作者、市优秀教师、优秀班主任等称号。作为学校的骨干力量，为克拉玛依市第一中学创新育人方式的顺利实施付出了巨大努力，为后续的教育转型奠定了坚实的基础。

成就学生，超越自己，让每一个学生因教育而美好

克拉玛依市第一中学　杨红君

　　我从教已经有 28 年了，在这么长的教育生涯中，我尽心尽力地从事着教育教学工作。因为曾经的我数学课讲得很好，而且可以把学生教育管理好，还可以让学生在考试时得高分，我自然就成了学生、家长和同事们心目中的好老师。我身边有许多像我这样的优秀教师，我也为此欣欣然。在过去很长的时间里，我一直享受着我已经习惯了的教学环境、思维方式、工作方式，对于今天大家都知道的关于未来教育的高深话题，当时的我感觉离我还有一段距离。然而时光如川浪淘沙，未来说来就来，就在我悠然自得之时，我一直工作的学校踏上了教育变革的快车道，瞬间大量的教育新名词进入我的世界，适应教育发展的各项变革呈现在我的面前。我也曾一度焦虑，因为我要改变自己一直熟悉的教学模式和思维方式，要离开自己的舒适区，要从传统的教育环境中跳出来，要在新的、更契合未来的教育模式下重新出发。我相信这对谁来说，刚开始都并非易事。我意识到改变是压力，也是挑战。我慢慢静下心来，对自己所从事的教书育人工作再次思考，期盼能在自己的舒适区和熟练技能之外找到一种能够触动我的感觉、影响我的思维、改变我的行为的力量。一切都在继续，不知不觉间，我留意到了学校氛围的变化：教师专注于课堂教育教学的设计，相互合作分享，渴求提升专业水平；管理干部踏实谦和、各尽其责，采取专业服务教学的工作方式；学生充满自信、自由、大气、阳光的精神面貌；部门决策快捷，少了厚重的部门墙，少了层层汇报。我感觉到了一种说不清的力量，还是在一中这个校园，还是作为一中的老师。这些变化或许和制度的改变有关，但是我确信这一切绝不是简单的制度规定可以轻松做到的。

　　石墨在最初只是用来制作铅笔，但是当它遇到了安德烈·盖姆和康斯坦

丁·诺沃肖洛夫,却成为石墨烯——一种改变世界的新奇材料。当时的一中人也不知道自己的努力奋斗会创造出什么奇迹,仅仅是踏实安静地将学生的学习和发展放在内心深处。有了这样一种简单朴素的追求,任何困难都不可能阻碍石墨变成石墨烯的决心与意志。时至今日我才意识到,一中的教育转型上下求索走到今天,其背后是教育文化力量的支撑。文化的背后,其实质是学校的教育价值观的集中体现。学校的教育价值观就是学校师生共同的理想信念和行为准则,而理想信念并不是一蹴而就的,它需要一个长期的养成过程,更需要一批为了教育理想而坚持、倡导、坚守、践行的同行人。

很庆幸,我经历了这场教育变革,亲身感受到了育人模式的变化带来的师生改变,更深刻地感受到了学校教育文化的改变带来的巨大力量。许多原来认为不可能的事情都慢慢地变成了可能,许多原来坚不可摧的都慢慢地在改变中变得越来越好。

我开始反思过去,也不由得对未来产生了更多思考。身为教师,关注每一个学生的发展应该是我们的天职。我也曾自诩是一个优秀的教师,因为我教出了许多优秀的学生,也获得了许多的荣誉。但是我现在也常想,我真的是一个优秀的教师吗?在我的数学课堂上,一茬一茬的高中学生,那些天资聪颖、接受能力强的学生,我是否给了他们宝贵而充足的时间和空间,使他们能够将自己的一些新奇的想法付诸行动,而不是无奈地跟随我的步伐亦步亦趋?那些在课堂上想好好学习,但却因为数学有难度而听不懂、跟不上的学生,我有恰当的办法吗?当时的学生无法选择,这些学生就这样成了"好学生"的陪读生,被我们"教"成了差生,家长在责备孩子不努力,孩子也在自责自己愚笨。那些在画画、打球、唱歌方面有点小能力的孩子,因为考试不优秀就会被我们贴上"不务正业"的标签。我们一直在利用我们作为班主任的强势去管理学生,尽管管理的能力、智慧不同,但我们曾经都以一样的标准去管理学生,因为我们都希望学生按照我们的意志行动并成为我们所期待的某一种人。这就是我们曾经非常熟悉的教育场景。当毕业多年的孩子回想起他的学生生涯都是排名、竞争、听话时,他们是否还会有一种心有余悸的紧张,是否心里还会存在一点小小的遗憾或憋屈?

　　我想起了一个小故事。有两个人沿着海岸步行，他们注意到一种奇怪的现象：沙滩上到处都是被海水冲上岸的海星，不少已经死亡。烈日将它们窒息在泥泞的沙滩上。剩下的海星还在用它们的臂膀拨开灼热的沙子，以延缓无可逃避的死亡。一个人说："可怕的景象，但这就是自然界。"这时，他的朋友已经弯下身，小心地察看着一个海星，并把它捡了起来。"你在干什么？"第一个人问，"你不觉得这样无济于事吗？你只帮助一个那是没有用的！""但对这一个来说是有用的。"他的朋友说，并且不断地把海星捡起来送回大海。这个小故事的寓意不言自明。

　　由于学生的禀赋差异、兴趣爱好各不相同，为了每一个学生的个性发展，学校是否应该给学生提供多样化的、丰富的、个性化的、可选择的课程？作为教育工作者，我们是否应该去思考当孩子离开我们，走向他们自己的世界时，他们能否继续健康快乐地成长？这是我们应该思考的问题。在今天的教育发展中，当眼花缭乱的教育现象让我们每一个教育者的心变得并不平静时，我想分享李希贵校长说过的一句话：只有为了学生，才经得住所有的追问，而且会寻找到更多的通道，整个世界都会为你让路；从人出发的教育和为了人的教育，才是教育的终极价值的追求。2020年1月，《教育部关于在部分高校开展基础学科招生改革试点工作的意见》给学校教育带来了新的思考。当前，在外部不确定因素增多、科技和人才竞争日趋激烈的新形势下，真心感觉到人才争夺是关键，有人才才有未来。强基计划就是要选拔培养国家关键领域的高精尖人才。我们的育人模式和课程理念与强基计划的本源是契合的，我们开设的高端课程、大学先修课程，就是为有天赋、学有余力、学有所长的学生提供选择，我们有责任给在学科领域具有过人天赋和特别热爱的学生提供学习和探究的机会，为其成为优秀拔尖人才打下坚实基础。这就是我们的使命和责任。

　　一中从2013年的教育转型开始，始终把学生的全面发展、个性发展进而实现终身发展作为学校的办学理念。这份坚守让一中的孩子具有了巨大的可持续发展的潜质和动力。毕业的学生所展现出的良好素质和获得的成就，给了我们一中教师最大的信心和决心，也让我们一中教师在面对教育转型的领跑再出发时多了从容和淡定。走到今天，面对教育转型就像登山，一个人要登上一座山很容易，但要带一群人去登一座山那就不容易了,因为此时会有各种声音。有人会问你:为什么要登那座山?为什么要选那条路?为什么要走那么快?或许有人就喜欢步行,为什么要坐缆车?而另一些人可能会提出完全相反的问题。今天此时,作为教育转型的先行者、引领者的一中人,可以非常坚定地给出答案:那座山就是我们的愿景、我们的使命、我们的培养目标、我们的办学目标。我们的愿景就是建设一流的教育和具有国际竞争力的人才培养高地,我们的使命就是培养担当复兴大任的时代新人。那条路就是我们的核心价值观——创办适合每一位学生发展的教育,让所有的孩子接受更好的教育,让所有的孩子享受幸福的人生。核心价值观是扎根于我们内心深处的理想信念,是我们走到今天的内在动力,更是我们面向未来的共同承诺。

今天一中的核心竞争力就是对克拉玛依市教育文化的价值观、使命、愿景的理解、坚信、坚守。信念的坚定、价值观的明晰,使我们有了行动的自觉。我们不会因为成功才去坚守,也不会遇到低潮就退缩放弃,这就是真正的信念的力量。一中全体同人已将克拉玛依市的教育文化变成了我们的思维和行为习惯,这是我们核心竞争力的关键。我们践行教育文化,认同教育文化。没有文化的认同,就没有思想的高度;没有思想的高度,就没有行动的自觉。

我为克拉玛依市教育走在了全疆甚至全国教育的前列而自豪,我为克拉玛依市第一中学教育转型的每一个变化而骄傲,我期盼克拉玛依市的每一个学生因教育而幸福美好。

心中有梦,逐梦前行。让我们携起手来,崇尚一流,追求卓越,用行动推动行动,用行动诠释一切。展望克拉玛依市未来的教育,我们充满期待,也充满信心。

　　牛伟，克拉玛依市高级中学党委书记，正高级教师。曾获得全国讲课大赛一等奖、市级骨干教师、优秀共产党员、自治区级优秀党务工作者等荣誉和称号。在学校德育工作及学校党建方面多有建树，带领学校先后获得"自治区教育系统先进集体""自治区文明校园""自治区网络安全教育基地""自治区中小学党建标杆示范培育校"等荣誉。

新时期学校德育中落实立德树人根本任务的探索与研究

克拉玛依市高级中学　牛　伟

中小学教育是国民教育体系的基础,担负着培养德智体美劳全面发展的社会主义建设者和接班人的重要使命。在党的十九大报告中,强调建设教育强国是中华民族伟大复兴的基础工程,要求全面贯彻党的教育方针,落实立德树人根本任务。学校的中心工作是教育教学工作,中小学校党组织作为党的基层组织,是党在中小学校全部工作和战斗力的基础,发挥着领导核心作用。党组织如何围绕学校教育教学的中心工作,担负起把方向、管大局、作决策、抓班子、带队伍、保落实的领导职责? 加强党建与教育教学工作的有机融合无疑是一个有效的抓手和途径。而所谓"一融两做",即把学校的党建工作融入学校教育教学工作的全过程,一方面以党建思维做教育,为学校发展举旗定向,提供动力,另一方面用教育思维做党建,搭建好载体平台,构建起党建与教育教学工作"双向对接、融合发展"的工作体系,从而使学校的发展上升到一个新的台阶。

一、学校的办学思想与党组织的政治建设相融合

学校的办学思想是指导学校教育行为的思想观念和最高目标,是全校师生在教育教学活动中共同信守的价值取向。有了清晰明确的办学思想,才能够保证学校的办学品质和快速发展,而其中离不开党的政治建设工作。党组织的政治建设要求始终贯彻党的教育方针,坚持社会主义办学方向,坚持为党育人、为国育才。有了党的政治建设,在教育教学工作中旗帜鲜明地讲政治,坚持把正确的政治方向、价值引领贯穿到办学治校、育人育才的全过程,就能够保证学校的办学思想、

理念和特色等符合国家意志,符合立德树人的需要。在教育教学过程中培养出德智体美劳全面发展的社会主义建设者和接班人,是党的教育方针,也是各级各类学校的共同使命。所以,将学校的办学思想与党组织的政治建设结合起来,支持学校依法治校,监督广大教师依法执教,保证了学校的方向和大局符合党和国家的需要,遵守国家法律法规,从而为学校的举旗定向和健康发展保驾护航。

二、学校的组织机制变革与党组织的组织力建设相融合

学校的组织机制变革是指在学校内外部环境发生变化时,对学校组织的结构、职能、权限、执行等进行重组设计,改革调整,以达到提升组织效能,顺应学校发展需要的过程。在如今紧跟新时代全国教育改革发展步伐的重要举措中,学校组织机制的调整与变革是一项源头性、基础性的工作。为了切合国家教育改革方向和育人方式的改变,学校需要推动组织机制变革,建立"依法办学、自主管理、民主监督、社会参与"的现代学校制度,推动学校治理体系从管理向治理转变。推进学校组织机制变革,离不开党组织的政治保证和组织保证。在办学的实践中,能否把党组织基层组织力建设同推进学校组织机制变革很好地融合起来,是检验党建工作水平高低、能力强弱和成效大小的试金石。

一是学校实施党组织领导下的校长负责制,构建党政协调运行机制。

2022年,中共中央办公厅印发的《关于建立中小学校党组织领导的校长负责制的意见(试行)》中指出,实行中小学校党组织领导的校长负责制。党组织领导的校长负责制是集党组织集体领导和校长行政负责两个优势于一体,在党组织的集体领导下充分发挥校长积极性的领导体制,是做好新形势下学校工作的根本保障。如何不断优化党组织领导的校长负责制?首先,需要明确职责。党组织主要负责把方向、管大局、作决策、抓班子、带队伍和保落实,主抓党建和思想政治工作,决定学校重大问题事项,监督重大决议执行,同时支持校长依法独立负责地做好行政管理工作;校长则全面负责学校教学、科研和行政管理工作,具有人事权、财务权等,以及制订和实施发展规划,组织教学科研活动等职权。其次,党组织领

导和校长负责制是一个有机的整体。校长作为党组织的主要成员参与决策，又要在党组织的领导下做好重大决策的执行。所以，校长在党组织中地位的体现和作用的发挥是"党组织领导"与"校长负责"能否成为有机整体的关键。最后，在党政协调机制运行过程中要坚持民主集中制原则，落实"三重一大"决策制度，按照"集体领导、民主集中、个别酝酿、会议决定"的要求，对涉及学校发展规划、干部任免、人才使用、大额资金使用等重大事项进行集体决议。通过把握以上三个方面，就可以推动党政协调运行机制的落地。

二是学校实施"扁平化、分布式、网格状"的组织结构变革，确保党组织的作用发挥到教育教学一线。

为了更好地确保现代学校整体转型，提升学校治理效能，深入推进教育的"去行政化"，充分激发和释放办学活力，学校实施了"扁平化、分布式、网格状"的组织机构变革，赋予分校、学科组、教研组和一线教师更多的自主权，在人财物及评价激励考核等方面更多地赋能一线。按照与教育管理体制相适应、管党建与管业务相结合的原则，按照有利于开展党的活动、加强党员管理、发挥党员作用的原则，学校也建立了党组织"纵横联动"的扁平化管理机制，如建立"党委—党支部—党小组"的纵向网格化结构，同时实施党建引领下的"校管"二级管理机制，推动支部扁平化改革，建立了三个教学组织党支部和一个行政后勤党支部，形成了"一党委、四支部"的学校横向党组织机构。在涉及"三重一大"的事项上除由校党委集体决策外，在与分校、学科横向交叉方面，加大了党支部书记的参与力度，如谈心谈话、双向聘任、师德认定、评优选先等方面，同时通过"一支部一特色"的组织建设，把涉及党建工作的思想政治、群众工作、意识形态工作和师德师风等工作责任落实到支部，与部门、分校、学科之间形成工作联动机制。这样就把党组织的工作推到学科建设的一线，与教育教学工作相融合，实现了学校党的组织、党的领导、党的作用、党的工作、党的活动、党的优势、党的力量壮大"七个全覆盖"。

三是搭建制度建设平台，提升党组织推动履职、监督、执纪的制度化落实的能力。

增强学校工作的执行力，需要用制度规范领导行为。学校建立了以校园文化建设、干部队伍建设、奖励制度、财务管理、评优评先等系列制度建设为主要内容的民主管理体系，增加了各项工作的透明度，同时建立了以党务公开、校务公开、党代会、教代会以及团代会等为主要内容的民主监督机制，更好地调动了各个方面工作的积极性。例如将校务公开与党务公开制度相结合。校务公开制度是当学校遇到重大决策以及教职工自身利益问题时，需要通过教代会在法律法规允许的范围内，规范地向学校全体教职工以及社会公布的有关基层民主政治建设的一种制度。党务公开的主要内容包括凡属《中国共产党党内监督条例》和其他党内法规要求公开的内容，凡是本单位党员、群众关注的重大事项和热点问题，只要不涉及党内秘密，都应当最大限度地向全体党员和群众公开，这与校务公开的内容基本一致。将校务公开和党务公开相融合，可以维护学校教职工的基本权利，进一步发挥党组织民主监督的作用，从而提高学校依法治校的水平。

三、师德师风建设工作与党风廉政建设相融合

教师承载着教书育人的重大责任。党的二十大报告强调，要"加强师德师风建设，培养高素质教师队伍"。在自治区《关于加强新时代中小学校党的建设工作的实施意见》中，也明确提到要大力加强学校师德师风建设工作，把师德师风作为评价教师队伍素质的第一标准。对于教师而言，三尺讲台内外有纪律。为了把《新时代中小学教师职业行为十项准则》《中小学教师违反职业道德行为处理办法（2018年修订）》宣传落实到位，学校出台了《师德师风建设方案》，将教师的师德师风评价与学校教育教学事故认定办法相融合，理顺了师德工作的组织机构，明确了党支部书记作为师德师风建设第一责任人的工作职责，将师德师风建设情况纳入支部工作考核，通过指标维度设定进行师德定等，并把定等的结果作为学校发展性评价、评优选先、职称评定等的第一标准。党支部书记平时要深入一线，了解教师师德师风现状，开展师德问题隐患和风险排查，通过谈心谈话、批评教育、典型树优、师德标兵评选、警示教育等形成部门、分校、学科组齐抓共管的工作格

局。同时支部还需将党风廉政教育与师德师风教育相融合,通过主题党日、讲授党课、典型经验分享等方式将《中国共产党廉洁自律准则》《中国共产党纪律处分条例》相结合,加强党员教师的党性修养和服务学生的意识,把加强学校教师的师德师风建设工作与党员的党风廉政建设工作相融合,互相促进。

四、教师队伍建设工作与党员队伍建设相融合

学校的发展离不开教师的发展,教师的专业水平决定着学校的核心竞争力,也是学校落实立德树人根本任务的关键。首先,教师队伍建设要强化学校领导班子的建设。学校领导班子是学校发展的决策者、组织者和实践者。在建设班子时,我们坚持政治家办教育的原则,选优配强学校的党政领导班子,以思想政治教育、领导力培训、挂职锻炼等方式培养领导班子成员努力成为讲政治的教育家,在办学治校的过程中具备政治家的敏锐和敏感,同时也要以教育家的风范,通过现代教育思想和管理办法推动学校不断发展。在具体工作开展时,通过"一岗双责"、分工负责、齐抓共管等方式,让班子成员自觉把党建工作与学校发展、教育教学工作同谋划、同部署、同推进。其次,教师队伍建设要积极落实"双培养"机制。学校积极搭建教师学习、成长及发展平台,营造互帮互助、共同成长的良好环境,努力把党员培养成骨干教师,把骨干教师培养成党员。例如实施"青蓝工程""接力工程""基石工程""桃李工程""鸿雁工程""至善工程"等六大工程,加大学习培训力度,从中发现优秀教师作为党员发展的后备力量,同时通过青年党员先锋岗、党员示范课、党员责任区等方式把党员教师培养成学校教育教学工作的骨干力量。最后,通过党员教育、党员考评、"三会一课"、党员示范岗等工作,不断提升党员队伍建设的工作品质。以发挥党员先锋模范作用为抓手,带领全体党员教师走在学校教育改革和教育教学活动的前列;以解决教育教学工作的实际问题为切入点,让党员教师感受到自己的使命和责任,从而带动其他群众教师共同进步。在组织政治学习、集中教育时,学校党组织充分发挥政治核心作用,不断提升党组织生活的吸引力,吸引更多优秀教师向党组织靠拢,激发教职工的潜能。这样就能

形成工作合力,共同促进学校教育教学工作更好地发展。

五、学校德育、思想政治工作和党建工作相融合

学校是立德树人的地方,是培养人才的摇篮。根据《中小学德育工作指南》的要求,学校德育工作需要把社会主义核心价值观教育、爱国主义教育抓牢抓实,培养有共产主义远大理想和中国特色社会主义共同理想的社会主义建设者和接班人,培养有中国心、中国魂、爱国情的中国人。《关于加强中小学校党的建设工作的意见》强调,党组织要把德育工作抓在手上,建立党组织主导、校长负责、群团组织参与、家庭社会联动的德育工作机制。党组织要牢牢把握德育工作方向,使学校真正成为立德树人的坚强阵地,同时需要发挥领导核心作用,推动解决重要问题,积极探索与教育教学改革相适应、符合学生成长规律的德育工作的方式方法。如加强学校德育和思政目标进课堂的序列化建设工作,指导出台了《学校德育工作指南》,利用升国旗仪式、班团会、集中教育、入学教育等对学生进行思想政治教育、理想信念教育、团结教育和爱国主义教育等,构建了"品高、志远、勤奋、独立"的德育工作体系,组织了丰富多样的德育活动。通过实施分布式管理,理顺了班主任、学科教师、分布式管理人员、学生干部等德育岗位的职责,学校全员育人、全过程育人、全方位育人的氛围日益浓厚。与此同时,学校重视宣传教育和政治理论学习。在持续做好教职工的思想政治工作中,党组织要遵循德育和思想政治工作的规律,遵循教书育人的规律,遵循学生成长的规律,不断提高能力和水平,要让德育和思想政治工作融入教育教学和学生日常生活的全过程,抓好思想文化阵地建设与管理,充分发挥政治理论学习制度的教育作用和激励奖惩机制的导向作用,引导教师成为学生锤炼品格、学习知识、创新思维和奉献祖国的引路人。例如,学校把教职工的思想政治工作融于学校的办学理念和办学目标中,融于教育转型的文化浸润中,融于教育教学工作的一线实际中,利用每周三的政治学习时间以及各类会议组织学习。学习形式多样,既有政治理论宣讲,也有身边的榜样、教育故事、法治警示、党员先锋、党史国史等,同时组织学科组结合新课程标准的

要求,挖掘蕴含在学科中的思政元素,并以课堂讲授的方式呈现出来。这样就把思想政治教育与学校具体实际工作结合起来,同解决实际问题相结合,将学习教育的效果纳入教职工的发展性评价,深受教职工认可。

六、校园文化建设与党的精神文明建设相融合

学校的校园文化建设至关重要,对学生的发展具有深刻的影响。精神文明建设是党的建设工作的一个重要组成部分,把校园文化建设与精神文明建设融合起来可以很好地提升党组织以文化人、以文育人的能力。学校要坚持以社会主义核心价值观为引领,结合学校的办学特色及文化内涵,打造具有学校特点的校园文化,让学生在耳濡目染中逐渐树立起爱党爱祖国爱人民的价值观。校园文化无处不在,是提升学校办学品质、传播学校发展声音、促进精神文明建设的重要途径,从某种程度上说,抓校园文化建设就是在抓校园精神文明建设。在建设的过程中,学校要充分发挥党、政、工、团的作用,结合学生的心理特点和年龄特点,采取多元丰富的表达方式,不断挖掘校园文化内涵,使广大师生在思想和精神境界上得到大幅度提升。如学校形成了校园文化景观路线,通过品牌打造、主题设置、内涵挖掘、宣传推广等方式营造校园文化氛围,其中"爱国爱家乡"的彩绘墙、"中华传统教育"的省身石、"走好人生每一步"的职业生涯规划区、"油城传统好高中"的抽油机等都成为深受师生喜爱的打卡地,而学校的校歌、校赋、校标、形象宣传片等一系列设计的出台都极大地提升了师生们的归属感和工作积极性,师生面貌焕然一新。

如今我们正处于新时期国家教育改革发展的新阶段,学校肩负着落实党的教育方针、立德树人的重要使命。我们要通过"一融两做"的工作探索,不断加强党建与教育教学工作的融合,用党的思想、政治、组织优势助力学校教育改革发展工作,从而努力办好人民满意的教育。

　　潘国庆，工作以来，一直从事英语教学，先后在英语教研组长、年级主任、教研室主任等岗位履职。担任第六中学校长以来，进行了学校文化、组织架构、课程建设等教育转型的实践与探索。工作中先后被评为克拉玛依市骨干教师、学科带头人等，多次参加市局学术交流以及学校的教学督导工作。

从管理走向治理，促进学校更好地发展

克拉玛依市第六中学　潘国庆

克拉玛依市第六中学于 2015 年秋季加入市教育局区域推进教育转型的行列，开始进行学校转型变革。这是一场全方位的变革，包括学校管理、课程建设、教学组织以及师生评价等。在学校教育转型探索和实践的道路上，教师对教育转型有了深刻的认识；在陪伴成就学生的过程中，教师加深了对教育使命和责任的理解，提升了自己的专业水平和科研能力；在教育转型的探索和实践中，学校注重从不同维度对学生进行多元评价，引导形成正确的价值观，促进了学生的健康成长。教育转型是对教育价值观的深刻反思，是一次触动灵魂、令人怦然心动的文化变革，是为了每一个孩子美好的明天！教育转型也是对教育理念的不断追问，是一场充满创造、激发活力的管理变革，是为了学校可持续的健康发展。

第六中学转型变革的第一步就是调整治理结构，将管理重心下移。学校在党组织的统一领导下，分别设立"校务委员会""学术委员会"和"教代会"，同时实行学部负责制，教务处等处室转变为服务部门，形成以服务师生为导向的扁平化组织结构。学校的核心部门是六个学部，学部是学校的运营核心，负责学部的教学和师生的管理工作。学部主任负责制最大程度上保证了选课走班模式下的管理与教学。实行扁平化管理以来，学部主任要负责师生管理、教师成长、教学质量、财务预算、文化宣传、常规管理、师生活动、选排课、学段考试组织等工作，人财物相对集中。学部管理和教学质量都由学部主任负责，这促进了各学部主任对工作主动思考，使得各项工作有规划、有要求、有细致安排、有落实检查，使得学校各项工作顺利稳步推进。第六中学进行教育转型变革以来，从治理体系上加强了学校内部治理结构和运行机制的有效运转，通过优化学校内部治理结构，让组织更有生机与活力，有效地推进了学校教育转型工作。

组织健康胜于一切！教育转型以来，学校不断建立完善与教育转型相适应的考核评价和人事双向聘任等制度，不断提高学校的管理水平和治理能力。2018年5月，第六中学进行全校范围的评教议教工作。干部们知道了我这个决定，试探着问我：学校是否有必要做这样一项可能会拿这个结果来决定教师的聘任，甚至是优秀教师和职称评定的工作？反对理由是它既耗费精力又效果不好。我想知道原因，询问为什么，得到的答复是："首先可信度不高，咱们的学生素质不高，学生给老师乱打分，越是负责任的老师，得分可能反而越低；其次老师们有顾虑，怕这项工作会成为评定绩效的一个依据。"听完后，我在校务委员会上和大家交流，说明了为什么要开启这样一项工作。评教不仅仅是为了得到一个评教结果，学校也不会拿这个结果直接应用到评优和职称评审的工作中去，而是要通过评教议教的工作，帮助学校找到问题，帮助教师发现问题，从而帮助学校、部门和教师改进不足，提高服务，改进工作。

但是对于老师们担心的学生评价不公平等顾虑，学校也不能不考虑。所以我和几个学部主任又分别进行了沟通，听取了他们的一些建议，大家才陆续达成了共识：第一，需要加强对学生正确价值观的教育，要让他们知道规则与纪律的重要性，引导他们对手持戒尺、眼中有光的教师永远充满敬意；第二，要教育教师，要让教师明白严格是爱，但必须依法执教，一定要注意方式方法；第三，要注意评价的方式，选项的设置要避免负面问题，多一些正向引导，多一些教育方法、理念的渗透；第四，评价的数据和分析报告不公开，学校看整体，部门只看本部门，教师个人的数据、排名、留言等也只有教师本人能看到；第五，学校和各部门拿到结果后，找教师谈话时不能用批评的语气，而是要帮助其分析问题，真诚沟通。终于，大家的顾虑打消了，学校可以坚定地推行评教议教的工作了。

在推行这项工作的过程中，也正值学校进行三年发展规划的二次修订之时，我们确定了学校的学生培养目标——培养"人格完善、乐观进取、律己正心、笃学明理"的六中学子；制定了学校的管理和服务理念——"平等尊重，真情真爱；沟通交流，至诚至善"。开展评教议教工作以来，师生关系逐渐有所改善，部门的服务意识不断加强，学科组的凝聚力在不断提升，现在把2018年、2019年的数据整理如下：

表1　师生关系

年份	总人数	60—70分	70—80分	80—90分	90分以上	综合平均分
2018年	170	3人	5人	57人	105人	89.97
2019年	162	1人	4人	54人	103人	90.56

表2　管理服务水平

年份	学校管理干部	服务部门	备课组长	学科主任
2018年	79.38分	71.25分	76分	71.25分
2019年	86.8分	84.72分	84.18分	80分

表3　支部、学部评价

年份	部门最低分	部门最高分	个人最低分	个人最高分
2018年	81.25分	92.27分	86.5分	96分
2019年	85.73分	97.35分	84.82分	96.13分

从数据结果看，学校的评教议教工作不断取得新进展，各项满意度指标较之前均有提高。"师生关系"略有进步；学校"管理服务水平"总体上都有较大提升，尤其是服务部门，整体评价值提升了13.47；支部、学部评价整体上稍有提升，在个人评价中，较2018年有所降低。学部服务与管理、学科服务与管理、部门服务与管理的满意度均达85％以上，学生对老师布置的作业量和作业批改认真程度的满意度达90％以上，学生对学校教学方式、课堂管理、全员德育、学科建设等指标的满意度均达85％以上，在教师教学态度、课堂管理以及师生关系等方面的满意度达到90.56％。

学校的评教议教工作基本能够较为客观、全面地反映学校工作，也成为学校广大师生诊断自己教育教学管理与服务的有效抓手，使广大教职工能够更全面地认识自己、改进不足、提高工作水平。今后，学校将根据评教议教的数据，对其客观性再做进一步的分析研究，把评教议教工作真正作为促进教师个人成长、学校队伍建设的有效手段，更好地推动学校的可持续发展。

伴随着评教议教工作和学校组织机构的变革，学校几乎同步启动了双向聘任制度——一项触动每一位教职工现实利益的改革。真心地讲，启动的时候我有很多顾虑，我担心会有老师大哭大闹，我担心会矛盾重重。很多人问我："你想好了吗？"我微笑地告诉他们："想好了。"（其实我的内心忐忑不安。）聘任过程中，学校领导、学部主任和老师们进行了大量的面对面的交流与沟通。但无论我们准备得多么充分、思考得多么周到，改革必然会带来疼痛，必然会触及一个又一个真实的老师的利益。

这里我分享其中的一次留言：

潘校长您好！很抱歉又给您发信息。在年级的选任中，我可能会落选。我跟您说，不是想让您左右年级部的选人工作，只是把心里的郁闷跟您说说：我的教学、师生关系都被师生认可，可是我却仍旧落选，我知道这一切源于我的劳动纪律，但是，我想说的是，每个人都会犯错，会有问题，现在她已经知道了，并且打算尽可能地去弥补。既然是双选，为什么就不能听听我的想法？我希望能继续在这个年级，希望继续带这些孩子们，也希望你们今后看到我的变化，可是为什么不给我机会？我还来不及努力，还来不及证明，一切都变了！所以，潘校长，我忍不住又打扰您，只是希望您能懂一个热爱学生的老师的心，也希望您能给我解惑，更希望我能和现在这个团队并肩前行，希望您能给我机会！拜托您了，这是一个老师的心声！

平心而论，这位老师管理学生和课堂教学的能力真的很棒，我确实非常想动用我校长的权力去告诉某位学部主任留下她。但是学校的聘任大会是由我主持召开的，原则是由学校党总支商定的，大会上我清楚地告诉老师们双向聘任是教师自愿选学部主任,学部主任选老师,校长和书记不可以干涉,所以我不能违反聘任纪律。于是我又再次告诉这位老师,让她再和她的学部主任谈谈,也和她办公室的老师聊聊,看看是哪儿出了问题。谈完之后,她又找到我,比上次更痛苦,而且已是泪流满面。她告诉我说:"校长,我已经深刻意识到了我的问题,早读有时不到位,经常请假,给年级其他老师带来了很多麻烦,我认了错,但学部主任还是拒绝了我……"几番周折后,这位老师最终进入了一个新的学部。对她来说,这次聘任经历是残酷的,是让她备受煎熬、备感痛苦的,但无疑,也是收获最丰富的。"今后如何做老师",不仅对她,对所有参与聘任制的老师都是一次痛切的思考。

　　通过双向聘任,学校充分放权,有助于更好地实现学校扁平化管理。聘任是最好的评价。认真、负责、善于沟通、善于合作、教学水平高的老师"门庭若市",而那些组织纪律涣散、责任心不强、没有团队意识的老师"门可罗雀"。经过双向聘任,达到了教育老师、帮助老师的目的,每一个人都对自己和学部的工作高度负责,有利于打造一支团结合作、为学生发展而努力的专业教师队伍。双向聘任制度促进了人的发展,更好地推动了学校的可持续发展。

　　通过调整学校组织结构,组织清晰度越来越高,学校的管理效益也越来越高;通过评教议教工作,帮助了老师和学校发现问题,更好地改进了工作;通过人事双向聘任,学校教师队伍的活力得到了激发,部门的凝聚力显著增强。教育转型,不仅帮助了学生的全面发展,也更好地促进了教师的专业成长,帮助学校找到了一条可持续发展的道路。

　　张伟，克拉玛依市实验中学校长，从教 28 年，先后担任过班主任、教研组长、团委书记、德育主任、教务主任、副校长等职务。曾荣获市级优秀班主任、优秀教育工作者等称号。

教育转型：一条极不平凡的探索之路

克拉玛依市实验中学　张　伟

克拉玛依这座城市曾因一首《克拉玛依之歌》而闻名全国，这是不争的事实，但如今克拉玛依市又因教育改革走在西北乃至全国前列而备受瞩目。一个地处偏远且教育资源并不富有的西部地区，能够吸引来自全国各地的教育同行到此进行交流参观学习，必定在教育转型上走了一条极不平凡的探索之路。

克拉玛依市是以石油命名的城市，1949 年后勘探开发的第一个大油田就在这里。其地处我国西北边陲，位于准噶尔盆地西部，是欧亚大陆的中心区域。"十一五"规划期间，克拉玛依市教育人抓住机会对全市的教育硬件进行改造升级。在市委市政府的大力支持下，克拉玛依市各校园建设得到了巨大改善，校园面貌焕然一新。但学校教育仍然存在片面追求升学率的倾向，教师教得累，学生学得苦，没有走出应试教育这条路，素质教育没有得到很好的贯彻落实。克拉玛依市教育人看到教育的问题，继承和发扬了石油人的精神，敢于忘我拼搏、艰苦奋斗和科学追求。"十二五"规划制订后，克拉玛依市教育人把教育发展转向教育转型变革，引导学校向内发展，提出了"建设中亚地区一流的教育和具有国际竞争力的人才培养高地"的教育愿景和"创办适合每一位学生发展的教育，让所有的孩子接受更好的教育，让所有的孩子享受幸福的人生，崇尚一流，追求卓越"的教育价值观的宏伟蓝图。

教育转型需遵循价值追求。我们要全面贯彻党的教育方针，坚持教育为人民服务、为中国共产党治国理政服务、为巩固和发展中国特色社会主义制度服务、为改革开放和社会主义现代化建设服务，克服片面追求升学率的应试教育，落实以提高素养为宗旨的素质教育。我们要坚持育人为本、德育为先，尊重学生的身心发展特点和教育规律，坚持面向全体、全面发展，注重个性培养，坚持学习书本知识与投身社会实践的统一，培养学生的社会责任感、创新精神和实践能力，培养中国特色社会主义事业的建设者和接班人。

如何将蓝图变为现实？市教育局领导带领全市教育同人苦苦追寻，分赴内地经济发达地区进校考察学习，与北京师范大学教育集团合作办学……克拉玛依市的基础教育正走向多样化，但还不能满足克拉玛依市教育人崇尚一流、追求卓越的价值观。直到北京市十一学校教育模式的出现，其彻底改变了现有的教育，并与克拉玛依市提出的创办适合每一位学生发展的教育理念非常相符。经过多方努力，2013年，克拉玛依市成功引进了北京市十一学校的教育模式，并与克拉玛依市第一中学合作办学。克拉玛依市教育局选择了全市的老牌优秀学校作为教育转型的试点学校，不仅承担着巨大的社会责任和压力，更能够证明克拉玛依市教育人要做成的信心和决心。

开弓没有回头箭。教育转型是一项系统工程，落实在学校，根部在社会，出路在改革，解决问题的关键在领导。为积极推进学校教育转型变革，克拉玛依市教育局带领教育同人付出了艰苦卓绝的努力。记得时任克拉玛依市教育局局长彭建伟同志在一次推进教育转型的讲座中指出，我们处在一个大变革的时代，不能因循守旧，要用空杯的心态来学习不断涌现的新知识，尤其是进入了互联网时代，如果没有变革的基因、变革的特点、变革的追求，我们就会被时代所淘汰。因为再不改变，我们就老了；再不创新，组织就老了。一开始，来自社会、家长的一些不同言论表达了对教育转型工作的质疑和担忧，甚至还有一些教育同人的附和或做法助长了不同的声音，导致在推进过程中困难重重、步履维艰，但市教育局坚信选择的方向没有问题，始终坚持走下去。八年中，市教育局组织了多期管理干部和骨干教师培训班分赴一中和北京市十一学校学习，开展了多次教育转型专项会议，邀请教育专家李希贵校长和秦建云校长为克拉玛依市教育骨干开展专题讲座。克拉玛依市教育转型领路人彭建伟局长多次为大家做加速推进教育转型的报告，深入推进转型学校调研指导。通过广播、电视、报纸、开放校园等媒体形式向社会、家长进行宣传、展示,越来越多的教育同人对北京市十一学校的教育模式有了更好的理解、认同,越来越多的学校加入教育转型的行列,越来越多的家长和社会人士慢慢地接受了。不经历风雨,怎么见彩虹?通过八年的教育转型变革,教育成果不断涌现,学生在多个领域取得的成绩都突破了历史最好成绩,同时克拉玛依市引进的李吉林情境教育和北京市十一学校的教育模式在 2018 年全国基础教育改革成果评选上均获特等奖。这些成绩无疑是对克拉玛依市教育转型工作方向的最好证明,有力回击了来自社会、家长的不同声音,更多的教育同人、家长及社会人士认可了克拉玛依市的教育转型工作。尤其是 2019 年 6 月发布的《国务院办公厅关于新时代推进普通高中育人方式改革的指导意见》和《中共中央 国务院关于深化教育教学改革全面提高义务教育质量的意见》,从国家层面印证了克拉玛依市教育转型的正确方向。我们已经走在全国的前列,为克拉玛依市青少年的健康成长抢占了先机,但克拉玛依市教育人始终保持着危机感,为了进一步巩固成果,市教育局把 2019 年作为教育转型巩固的提升年,年底又召开了教育年会,巩固基础教育育人方式改革成果,提升教育治理体系和治理能力现代化,围绕价值观、使命、担当开展头脑风暴。2020 年是"十三五"规划的收官之年,也是"十四五"规划的谋划之年。市教育局把 2020 年作为克拉玛依市教育文化变革的元年,围绕教育转型变革,一张蓝图绘到底,为了更好的教育,为了更好的未来,出台了《关于深入推进教育文化变革的实施意见》,全面深入推进我市教育文化变革,以文化变革牵引未来一段时期的教育转型变革。

　　教育要适应时代和经济社会发展的需要。人民对美好生活的向往、新技术的集群突破和学习方式的转变正在驱动教育形态深度变革,教育改革发展面临新的机遇和挑战。追求理想的教育,最重要的是要有正确的教育价值观,以改变人们对教育的普遍认识和理解,同时唤醒每一位教育工作者对美好教育的更高追求。

　　教育文化是指导教育发展、规划教育未来的思想和信念,对教育发展具有方向性指导作用,是教育发展的目标和行动纲领。教育文化的核心是教育共同的价值观念、价值判断和价值取向。它产生于教育本身，得到了全体教育人的认同和维护，并随着教育的发展而日益强化，最终成为"取之不尽、用之不竭"的精神源泉，是教育事业的灵魂所在，是推动教育持续发展的不竭动力。"十二五"以来，克拉玛依市教育在实现均衡发展的基础上，以"创办适合每一位学生发展的教育"为价值引领，紧紧围绕着"加速推进教育现代化"这一主线，全方位推进教育领域综合改革，不断优化办学格局，引进国内外优质教育资源，教育转型变革全面发力、多点突破、纵深推进。尤其是与北京市十一学校牵手，开展深度合作办学，全面嫁接其课程体系、育人模式和教学方式，开启了教育转型变革的新征程。市第一中学等多所学校探索实施了"选课走班，分层教学"及"全课程"育人模式的实践创新，从根本上变革了传统教育形态，改变了单一的办学格局，优化了区域教育生态，全面提升了教育的内涵和品质，在更高的起点上满足了社会对个性化、多样化、选择性优质教育的强烈需求。克拉玛依市教育治理体系和治理能力现代化水平显著提升，教育事业取得了全方位、开创性的历史性成就，高质量、有特色、多样化、可选择的办学格局基本形成，创造了基础教育的"克拉玛依市现象"。克拉玛依市在推进区域教育转型变革的历程中，经过对教育理念的沉淀挖掘和提炼升华，逐步形成了独有的教育使命和愿景，创造了全新的教育文化。

文化变革是教育变革得以持续的深层动因，共同的价值认同是办好一流教育的重要基石。当前克拉玛依市教育转型变革进入了深水区和攻坚期，深入推进教育转型变革、巩固提升教育质量的任务艰巨繁重，人民群众对高质量、个性化、多样化教育的需求与优质教育资源供给不足的矛盾更加突出。这就迫切需要以文化变革引领教育转型变革，把克拉玛依市教育文化的基因植入组织机制、队伍建设和课堂教学改革以及人才培养的全过程，凝聚起教育人奋力谱写新时代克拉玛依市教育的职责使命，进一步坚定对教育改革的信心，坚持"转型变革、提升品质、崇尚一流、追求卓越"的总体要求，以巩固提升教育转型成果、建设卓越学校、提升教育品质为着力点，加速实现更高质量的教育现代化。

面对世界百年未有之大变局，未来发展具有不确定性。我们是为未来的社会培养人,要坚持以习近平新时代中国特色社会主义思想为指导,全面贯彻党的教育方针,坚持马克思主义的指导地位,坚持中国特色社会主义道路,坚持社会主义办学方向,贯彻落实全国教育大会精神,主动对接《中国教育现代化 2035》战略任务,立足教育发展实际,遵循教育规律,坚持改革创新,以凝聚人心、完善人格、开发人力、培育人才、造福人民为工作目标,培养德智体美劳全面发展的社会主义建设者和接班人,加速推进教育现代化,办好人民满意的一流教育。

陈冬，克拉玛依市第一中学校长，正高级教师，自治区特级教师，克拉玛依市卓越教师工作室主持人，曾荣获市级教学能手等称号。在第一中学、第九中学、南湖中学的课程改革中，在学校管理、课程体系构建、教师培养及学校文化等方面多有建树。

以教育文化引领使命担当

克拉玛依市第一中学　陈　冬

教育文化的形成、培育、认同、践行，直至彰显其生命活力，促进教育转型的内涵发展、高品质发展，需要内化于心、外显于行。在深入挖掘克拉玛依市教育的历史积淀、总结教育的成功经验、理清教育的发展思路的基础上，形成克拉玛依市的教育文化。

促使克拉玛依市教育这 20 年持续进行转型变革的内在动力是什么？是"崇尚一流，追求卓越"。"崇尚一流，追求卓越"往往代表着高质量、高品质。克拉玛依市教育在不同发展阶段都在追求与当时的环境相适应的、保证教育教学质量的、高品质的教育，这个正确的方向在任何时候都是坚定不移的。2013 年，克拉玛依市教育已率先通过国家义务教育均衡发展督导评估，走在全国前列。那么，在克拉玛依市经济高速发展、克拉玛依市人民对高品质教育需求强烈的背景下，教育该何去何从？是把市里所有优质生源集中到一所学校办"超级学校"，还是站在为学生个性化发展和终身幸福奠基的高度上办教育？由于市教育局领导的高瞻远瞩和市政府的开拓进取，我们与北京市十一学校合作办学，引进了北京市十一学校的创新育人模式和课程的顶层设计。课程重建的背后代表着教育发展的最先进方向——创办适合每一位学生发展的教育。有可选择的课程，注重培养学生的规划能力、自学能力等，诸多教育理念集中在一所学校体现，并且有可操作办法的学校是不多见的。以前熟知的"洋思模式""杜郎口模式""南通模式"等，虽然有对教学模式、课堂改革、教师专业发展等方面的研究，但它们侧重的只是与教育教学有关的某一个领域。现在的教育转型是涉及教育领域内战略性的、系统性的、全方位的变革,这与 2014 年《教育部关于全面深化课程改革落实立德树人根本任务的意见》、2019 年《国务院办公厅关于新时代推进普通高中育人方式改革的指导意见》和《中共中央 国务院关于深化教育教学改革全面提高义务教育质量的意见》(以下简称"两个意见")的精神和方向不谋而合。

为了立德树人,为了培养德智体美劳全面发展的社会主义建设者和接班人,为了学生的终身发展,为了让所有的孩子享受幸福人生,使我们的教育既能顶天又能立地,我们现在要怎么做? 要让所有的孩子接受更好的教育。什么是更好的教育? 高质量、有特色、多样化、可选择的,能满足每位学生全面而有个性发展的教育才是更好的教育。怎样才能做到? 我们需要崇尚一流,追求卓越。在教育转型的路上,并不是一帆风顺,若出现了困境,出现了危机,阻碍的力量很大,怎样才能坚定理想信念、毫不动摇地可持续发展? 创办适合每一位学生发展的教育,就成为贯穿始终、持续提供价值引领的内在使命和担当。因此,克拉玛依市教育文化的使命是培养担当复兴大任的时代新人,核心的价值观是创办适合每一位学生发展的教育。现在是让所有的孩子接受更好的教育,未来是让所有的孩子享受幸福人生。动力就是崇尚一流、追求卓越。

教育文化是需要培育的。凝聚教育文化的建设力量,发挥书记、局长、科室长、校长、教研员、教师等主体的作用,使教育文化融入教育人的思想和行为中。市教育局把教育文化融入彭建伟书记的每一次讲话、开学前的教育教学工作会议、各学校教育转型变革实践、章程制度建设、校长论坛、管理干部的专题培训、每年的教研月活动、寒暑假学科培训、学科教研活动、不同层次的交流研讨活动等,进行价值认同和引领。构建人本章程,凸显文化引导力;开展丰富的活动,注入文化生命力;开展主题培训,彰显文化感染力:认同、培育和践行教育文化。

如彭书记所说,教育转型变革讨论的主题,早就走过"该不该做"的范畴,现在应该进入具体执行层面。比认识更重要的是决心和行动,比方法更重要的是使命和担当。教育文化只有真正融入学校教育,融入理念建构文化、价值观引领文化、组织形成文化、传承发展文化,运用规律指导践行,落实文化育人,在学校生根发芽,才能彰显其生命活力,才能不断丰富和发展教育文化的内涵。

2014年9月,南湖中学成为克拉玛依市全面推行教育转型的第一批试点学校,在克拉玛依市教育文化的引领下,克服了重重困难,坚持探索符合学校实际的扁平化、分权制、多元主体的治理机制,完善了绩效考核等激励机制,培育为学生终身发展奠基的学校文化,重视人才队伍、优秀教师队伍、学科组学术化与专业化建设,在改革探索实践中建构了"选课走班,分层教学"的育人方式。学校根据学生的未来需求与学校的特色,严格执行国家的课程方案,将国家课程、地方课程、校本课程、综合实践课程进行整合,形成逻辑线索清晰的、重基础、多样化、有层次、综合性、可选择的校本化课程体系。学校坚持五育并举,全面发展素质教育,不断优化课程实施,深化课堂教学改革,创新教学组织管理,加强学生发展指导,强化科学评价,逐步实现学校多样化、有特色的发展。

学校认真贯彻落实"两个意见"精神,加强学校特色课程的建设。学校进一步完善国学与写作课程、理化生实验课程、体艺技课程、心理健康课程、社团课程、晨读课程等课程建设,积极开展篮球社、武术社、舞社、书法社、国学诵读社、戏剧社等学生感兴趣的社团活动,组织以国学、舞蹈、书法、茶艺、武术、戏剧等为主要内容的校园活动,加强中华优秀传统文化教育,促进活动育人、实践育人、课程育人、文化育人,形成学校教育文化品牌。

学校加强了德育课程建设。学校以立德树人为目标,以《中小学德育工作指南》为指导,以《克拉玛依市南湖中学学生核心素养教育读本》为依托,构建初高中德育序列一体化的课程建设,完善全员、全程、全方位育人育德的工作机制。学校以《中小学生守则》为抓手,构建每个年级的主题教育体系,完善学生综合素质评价工作的构架及实施,系统开展系列素质教育活动,提高学生的综合素质。

面对有效实施课程与合理设计学习方式的挑战,学校坚定不移地持续深化教学变革。学校深入研究推进"基于课程标准·基于学习方式·基于核心素养"的学历案研究,做到常态化、标准化、成果化、信息化,对学校各项教学、教研活动进行整合,加强开展研究研讨、分享交流、展示比赛、课题研究、培训研修、成果推广等活动，促进教学变革。研究的重点领域是如何依据学习规律进行学习，学习目标、评价任务、学习活动要具有良好的匹配性和吻合度，促进"教—学—评"的一致性，以及学历案课程资源的分层设计。研究路径是开发学历案的关键技术、编制学历案的制作指导方案、梳理学历案的课堂实践指导策略，形成各学科的学历案设计成果集。最终目的是深入研究课程标准，科学合理地设计学习内容，转变学生的学习方式，促进课堂深度学习，培养学生核心素养，促进教师专业成长。

学校加强了师资队伍建设。根据《中共中央 国务院关于全面深化新时代教师队伍建设改革的意见》的要求，以《中学教师专业标准（试行）》为依据，学校通过制定教师分层发展的保障制度，形成了"四层级"教师成长发展体系，并通过建设相关的教师专业发展课程、制订三年发展规划，来提高教师的课程领导力，促进教师的专业发展。学校组织教师以研究新课程新教材为载体，在做中学、学中思、思中悟，研究课程标准，研究课标解读，研究教材，研究有效的学习方式、学习策略，研究课程评价方法，从而提高教师的课程领导能力、课程建设能力、课程资源开发能力、课程实施能力、课题研究能力、学业质量提升能力，提升教师的师德素养和专业素养。让更多教师专注于积淀学识素养，在自己的专业领域精耕细作，才能把知识内化为对教育的深刻理解。

作为克拉玛依市教育工作者，我们应该不忘初心、牢记使命，在克拉玛依市教育文化的引领下，坚定教育转型变革的理想信念，忠诚担当，克服艰难险阻，创办适合每一位学生发展的教育，坚定自觉地为克拉玛依市教育事业不懈奋斗，勇往直前，贡献自己的绵薄之力。为了学生的未来而设计，为了团队建设而担当责任，为了人才发展而引领传承，为了超越自我而追求卓越，我们用心做事、用心做教育，在坚守中走近自己的教育理想，迎接新的挑战！

　　张锟，克拉玛依市第十三中学校长，正高级教师，自治区特级教师。工作勤勉踏实，勇于担当。曾获得过市级、省级教学能手等荣誉称号。主持或参与过国家级、省级、市级等课题研究十余项，在各级杂志上发表论文二十余篇。

谈育人方式变革背景下课堂教学的形与神

克拉玛依市第十三中学　　张　锟

关于学校育人方式改革,2019 年印发的《国务院办公厅关于新时代推进普通高中育人方式改革的指导意见》给出了明确目标:到 2022 年,德智体美劳全面培养体系进一步完善,立德树人落实机制进一步健全。……适应学生全面而有个性发展的教育教学改革深入推进,选课走班教学管理机制基本完善,科学的教育评价和考试招生制度基本建立。

克拉玛依市于 2013 年开启教育转型之旅,第十三中学于 2015 年启动教育转型。通过多年实践,我校以丰富多样的课程、选课走班的教学方式满足了学生全面而有个性的发展需求,育人方式发生了重大变革。育人方式变革背景下的课堂教学,最大的变化在于培养了学生自主规划、自主学习的能力,部分学生养成了自主规划学习的意识和习惯。然而我校教学方式的变革并未从根本上推动课堂教学变革,课堂教学仍以教师讲授为主。可以说,课堂教学变革是育人方式变革最为关键的"最后一公里",也是育人方式变革中难度最大的一环。

我认为课堂教学变革之所以难,是因为多数教师只注重课堂教学形式的变革,如"讲 10 分钟＋自学、合作、探究 35 分钟""自学、释疑、达标"等课堂教学模式,多数都是课堂教学"形"的变化,没有深入思考融入课堂教学的"神"——核心素养目标,相当于课堂教学的目标不清,只热衷于变换各种课堂教学形式。失去了育人目标的课堂教学,则徒有其表。形式应该是为课堂育人目标服务的,只有在确定的课堂育人目标的指导下,设计不同的目标达成形式,才能有效地实施课堂教学变革。下面我主要从课堂育人目标指向下的教学形式设计方面谈谈课堂教学如何实现"形神统一"。

一、课堂教学的"神"——确立以核心素养为中心的育人目标

课堂教学是学校落实立德树人根本任务的主阵地。课堂教学的本质是为了达成育人目标,使学生在良好的学习环境和师生交往中获得发展。学校的育人方式已经发生了重大变革,个别化甚至个性化教学的理念基本普及,但如何实施课堂转型,有效发挥课堂教学的育人功能,落实核心素养育人目标,实现全面而有个性发展的教育,当今的课堂教学还难以见到明显效果。我校教师在课堂教学中明显体现出育人目标意识不强、设计水平不高、实践能力偏弱的现象。

(一)提高教师的核心素养育人目标意识

在每学期的听课中可以发现,多数教师的育人目标意识模糊,多数的课堂教学仅仅是为了完成知识的传授,三维目标中的过程与方法、情感态度与价值观目标鲜有体现,更高层次的"立德树人"目标、核心素养目标呈现出低层次、低水平、低维度落实的课堂实况。

课堂教学要达成核心素养育人目标,先要提高教师的核心素养育人目标意识。只有教师具备这样的意识,在备课和课堂教学中才能有效地落实核心素养育人目标,在课堂教学的"生成"环节中才能体现出教育智慧。

提高教师的核心素养育人目标意识,学校要在教学教研中营造强大的核心素养学习环境,通过宣传、学习、研讨、应用等系列活动的持续推进,经过一至两个学期才能达成目标。

(二)提高教师的核心素养育人目标教学设计水平

提高教师的核心素养育人目标意识,是课堂教学理念层面的培训提升;提高核心素养育人目标教学设计水平,则是教师落实核心素养育人目标的方案设计。提高核心素养育人目标教学设计水平不是一蹴而就的,教师需要通过长期的培训、交流研讨,不断提高核心素养育人目标教学设计水平。这是"教学设计—课堂教学实践—教学再设计"循环提高水平的过程。

（三）提高教师的核心素养育人目标实践能力

教师在树立起课堂教学落实核心素养育人目标意识的基础上，经过学习培训、交流总结，具备了一定的核心素养育人目标设计水平，但还必须在提高核心素养育人目标的实践能力方面下功夫。教师不仅要能设计好一堂课，更要能上好一堂课，这样才能真正把核心素养的育人目标落实到位。

以下通过"离子反应"教学案例加以说明（见表1）。

表1 教学案例：离子反应

实际教学过程	落实核心素养目标的建议
1. 前诊：四道选择题，做完后用手机拍照收集前诊结果，根据前诊结果开始讲课。 2. 电解质与非电解质。 问1：化学变化在哪些环境下进行？ 问2：化合物溶于水会发生哪些反应？ 以图（显微镜下溶解的过程）和电导率实验（蔗糖溶液、NaCl溶液）引导。 学生自主探究实验：测醋酸电导率实验。 归纳相关概念：电解质、非电解质、强电解质、弱电解质。 学生设计实验：检验 HCl、$CaCl_2$ 中的离子。先完成的学生上黑板写离子方程式。 3. 总结电解质、非电解质的概念，完成分类关系图。	本节课是一节青年教师优秀展示课。无论是思考题设计还是演示实验和学生实验探究，都是为了从更加科学的角度帮助学生理解电解质和非电解质的概念，并认识化合物的新分类方法。整堂课的设计还是以知识和技能为本位，明显没有上升到核心素养层面。 从落实核心素养上分析，本节课应引导学生进一步认识分类思想在科学研究中的应用价值，了解分类依据的多样性；演示实验和学生实验不仅要学生动手实验，更重要的是要以科学严谨的态度去观察实验、如实记录实验、科学分析实验；上升到哲学层面，溶液中阴阳离子的对立统一关系会产生守恒思想，强弱电解质、非电解质存在着质量互变的辩证发展观。

二、课堂教学"形神统一"——形式与核心素养目标的统一

（一）课堂教学的"形"要为达成育人目标的"神"服务

多数教师习惯于知识技能教与学的形式设计，擅长于学生知识学习与技能训练的形式设计，对学科核心素养（以学科知识技能为基础的学科方法、学科思想、

学科价值)的教与学形式设计研究得不多,对达成学科核心素养目标的具体方法、过程、形式、效果反馈没有深入的思考,很难设计出能够达成学科核心素养育人目标的教学形式。

课堂教与学的形式长期固化为知识技能的讲授,即便是应该通过学生多次实际操作训练达到培训目标的技能教学,也大多成为讲授式教学。若要切实落实学科方法、学科思想、学科价值的育人目标,课堂教学的"形"必须由讲授式向活动式转变。因为学科方法、学科思想、学科价值仅靠教师讲授是无法形成的,只有在活动式学习中体验、交流、探究、合作、感悟、构建、释疑,才能培养出学生的核心素养。因此新时代的课堂教学设计必须由学习知识教学设计走向学生发展设计,由讲授式学习为主走向活动式成长为主。

(二) 建立课堂教学"形神统一"的核心素养育人目标评价体系

树立教师核心素养的育人意识,除了经过培训,具备设计、实践核心素养育人的能力,还需要制定课堂教学落实核心素养的导向性评价体系,引领激励教师。这就需要我们改革课堂教学评价的内容与形式,通过评价确定课堂教学"形神统一"的标准,并应用于日常听课评课、优质课评选等场合,促进日常课堂教学逐步有效地落实核心素养育人目标。

贺彩雯，独山子第二中学党总支书记、校长，克拉玛依市首届校长职级制高级校长。长期致力于课堂教学改革实践研究，主持完成市科技项目课题"关于构建'恋学'课堂教学模式的研究"，正在主持研究市创新人才工程项目"落实核心素养 打造'耕思'有效课堂的实践研究"。

探索"耕思"课堂模式，建构以学生为主的思维型教学

克拉玛依市独山子第二中学　贺彩雯

2016 年 9 月，《中国学生发展核心素养》发布；2017 年 12 月底，教育部印发《普通高中课程方案和语文等学科课程标准（2017 年版）》，提出了各项基于思维能力培养的学科核心素养；2019 年 6 月，《国务院办公厅关于新时代推进普通高中育人方式改革的指导意见》印发；2020 年 1 月，教育部考试中心发布《中国高考评价体系》……这一系列文件明确了我国基础教育"高质量发展"的目标，标志着高中新一轮课程改革和新高考综合改革将围绕"核心素养"这一焦点展开，充分体现了培养思维能力和思维品质的要求。

高中新课程改革实施以来，我校教师在教育教学理念、教学方式等方面发生了重要的转变，大大地影响了学生的学习方式。但在新课程改革的施行中也存在一些亟待解决的问题：教师以教的效率代替学的效率，重教学的"眼前有效性"而轻教学的"将来有效性"；教学中就题论题，只看到单一知识点，没有用联系的观点看待世界，缺少整体的观念；重视知识、技能等硬知识，对隐含的学科文化、学科思维、学科观念等"软知识"比较忽略，教学停留在浅层次；新课标意识薄弱，学习目标不明确，对以学生为中心的理念理解得不深刻，贯彻落实不到位；课堂互动性、探究性不足，接受学习时间和表达探究学习时间的比例失调，对学生的思维培养得不够。这些问题使课堂的有效性大打折扣，严重影响了教学质量和学生未来的发展。教育的本质是培养思维，培养思维的最好场所是课堂。《国务院办公厅关于新时代推进普通高中育人方式改革的指导意见》的亮点之一，就是重视课堂教学改革，把强化课堂主阵地作用作为"高质量发展"的中心环节。为了落实核心素

养和新课改理念，改变课堂面貌，实施思维型教学，我校从 2019 年开始探索"耕思"课堂模式，并立项了克拉玛依市科技计划课题，致力于改进学校的教学现状，提高教学质量，解决新课程实施中的现实问题。

一、"耕思"课堂核心理念释义

独山子第二中学校园文化的特色是"田园诗化"教育的"耕读"文化。"耕思"课堂理念的确立与"耕读"文化一脉相承，把教育看成是"农业生长"而不是"工业加工"，学校教育是一个个生命生长的过程，而不是机械加工制造的过程。源远流长的"耕读"文化思想是中华传统文化的经典，"耕读传家"的家风贯古通今，联家系国。"耕读"文化作为校园文化建设的关键词，已经成为浸润师生思想的文化特色。我们将学校课程统称为"耕心"课程，育心铸魂，体现课程的育人价值，把课程作为每一个不同的生命成长的养料，使学生全面而有个性地发展，塑造心灵、塑造灵魂。我们把课堂命名为"耕思"课堂，有两层含义。一层含义是"耕耘播种思想"。教师是耕耘者，深耕厚植；教育是"播种"，播种思想、播种知识、播种未来；课堂是教育教学活动的主阵地，是耕耘思想、立德树人的主阵地，使学科知识成为学生精神和品德发展的智力基础，引导学生坚定理想信念，厚植爱党爱国爱人民的思想情怀，加强品德修养，增长知识见识，培养奋斗精神，增强综合素质。另一层含义是"耕耘培养思维"。培思启智，"深耕细作，启智思辨，学思结合，夯实素养，知行统一"是"耕思"课堂的关键所在。学科核心素养是教学活动最核心的追求，挖掘知识背后思维发展的逻辑主线，研究每节课思维的冲突、思维台阶的设置、思维的固化和外化，引导学生从思索、思考、思维到思辨，开展面向核心素养发展的深度学习。"耕思"课堂模式的研究遵循以下原则：

与高考改革的发展趋势相一致：人才选拔机制、高考模式改革；与教育本质的基本定位相一致：教育的本质是思维的培养；与思维培养的基本规律相一致：冲突、展开、固化、迁移；与学校文化的整体构建相一致：耕读校园——耕思课堂；与高效课堂的价值定位相一致：深度学习的效益。

二、"耕思"课堂的特征及研究内容

我校"耕思"课堂理念得到了教师的认同,教师进行理论学习、研讨实践的积极性很高。学校多次聘请专家对教师的课堂教学进行诊断、指导,组织"落实核心素养,打造'耕思'课堂,提升办学品质"系列活动,理念的内涵在专家的指导和教师的集思广益下不断丰富,"耕思"课堂模式的特征也逐渐明晰,初步确定了五个方面的特征和三条线。2019 年 11 月,我在第五届中国教育创新成果公益博览会上,聆听了胡卫平教授带领的思维型教学团队所做的关于思维型教学体系的完整介绍,发现其中的核心理念与"耕思"课堂的理念高度吻合。思维型教学理论引领下的完整课堂,一般包括六大基本要素:创设情境、提出问题、自主探究、合作交流、总结反思、应用迁移。这六大基本要素皆与培养学生的思维能力、提高学生的学习动机、促进素养的形成有紧密联系,也就更加坚定了我们研究"耕思"课堂模式的信心。

(一)基于课程标准的学习目标的确立

学科核心素养是学科教育之"家",是指学生学了本学科之后逐步形成的关键能力、必备品格与价值观念。它意味着教学目标的升级,对"逐个"知识点的"了解""识记""理解"等目标从此退出历史舞台,而新的教学目标关注学生运用知识,持续、正确地做事,强调从理解知识点到应用知识点,重视知识点之间的联结及运用。各教研组集体研究课程标准,吃透课程标准,以落实素养为根本,确定大单元、章节的学习目标。有目标的教学才是有方向的精准教学,才能使素养落地。

(二)多样化深度学习情境的创设

指向素养的学习必须是真实的学习,真实的学习必须有真实情境与任务的介入。只有在真实情境下运用某种或多种知识完成特定的任务,才能评估关键能力、必备品格与价值观念。近两年高考命题的大趋势都在考查学生置身于真实任务情境中解决问题的能力。试题的情境素材更多来自生活实际、工业生产、课堂实验、科学发现等,考查学生在真实情境下如何去发现问题、分析问题、解决问题的能力，对学生接受信息、理解信息、利用信息的能力有较高要求，从解题逐步向解决实际问题迈进。"耕思"课堂模式要求教师在课堂教学中密切关注与国家经济社会发展、科学技术进步、生产生活实际等紧密相关的内容与问题，为学生创设贴近时代、贴近社会、贴近生活的真实情境，培养学生运用知识和素养解决问题的能力。

（三）引发思维冲突的问题的设置

以激活和提升学生思维能力为主线，以问题解决为出发点，使学生在问题情境中主动建构知识。教师基于课程标准、教学内容和学情分析，精心设计情境问题，激活学生的认知和思维，让学生产生解决问题的冲动，主动投入学习。"耕思"课堂重在激发学生思维，培养学生思维不趋同。教研组重点探讨的问题在于如何进行教学设计和问题设计。问题主要设置在以下四处：思维台阶的设置处；新旧知识点的衔接处；概念、规律的疑点、重点、难点、空白点等处；内容归纳的总结处。

（四）合作探究的知识建构的过程

注重启发式、互动式、探究式、体验式教学，引导学生主动思考、积极提问、自主探究，以小组合作、讨论、动手实验等为探究方式，以落实解决问题的体验和形成迁移能力为目标，获得对学习内容的领悟和探究性、批判性理解，引导学生体悟、概括，达成知识的内化。"耕思"课堂模式一个显著的特征就是学生小组合作完成学习任务，物化生学科尽可能地让学生动手实验。校本课程更多地开设户外实践类课程，如"躬耕园"种植课、校园文化石寓意解读课等。

（五）迁移运用的学习效果的评价

强调基础扎实，注重学生对基本概念、基本原理、基本技能和思维方法的掌握，在此之上，强调融会贯通、学以致用。将"必备知识"的考查目标置于广阔、丰富的情境中，与能力、素养等考查目标紧密联系在一起，强调学生对必备知识的内化与在问题解决过程中对必备知识的理解和掌握，促进学生对必备知识进行建构、融会贯通和迁移，从而形成具有内部规律和内在联系的整体知识网络。

在课堂的设计和实施中要明晰三条线：知识技能的主线、活动的明线、思维发展的暗线。

三、基于核心素养落地,探索"耕思"课堂模式

我校自 2018 年 10 月首次提出"耕思"课堂理念,坚持实践探索,以顶层设计、行政推进和教师的行动研究相结合的方式,成立了"耕思"课堂模式实施领导小组,聘请区内外专家对教师进行新课改理念下思维型课堂的基本理念、基本标准、实施策略和典型案例的培训,利用一切机会外派教师接受课改培训,对核心理念进一步研磨、深化、提升。全校开展"耕思"课堂模式践行活动,以教研组为单位,根据不同学科、不同课型进行研讨,开展了至少三轮的尝试课、研讨课、示范课活动。

(一)模式构建,理论先行

学校组织教师学习关于教育改革、课程改革和高考综合改革的最新文件精神,提高教师的站位认识,把思想统一到新时代党中央对教育的重大决策部署上来,增强对理论的领悟力和探索实践的主动性,研究《中国高考评价体系》,吃透"一核""四层""四翼"高考新的指导纲领,明确国家人才培养的目标,将立德树人和对学生思维品质的培养化为己任。

(二)素养落地,目标先行

目标是起点也是终点,是终结性评价与过程性评价的依据。教师须增强目标意识,从宏观层面的课程目标到中观层面的单元目标和微观层面的每节课的学习目标,厘清它们之间的关系。

(三)聚焦课堂,下足"课内功夫"

高中的学习是典型的"深度学习",不仅仅是知识的传授,更是思维发展的历程。没有思维的耕耘,所学就是肤浅的、机械的、表面的。教师要把思考的权利、发现的权利、创造的权利还给学生。"耕思"课堂要经常出现有价值的"宁静思考"。

(四)"耕思"课堂以学生为中心,自主、合作、探究

从根本上改变教学方式,从教学走向学习。只有在课堂上启迪学生,进行深

层次的精神参与,师生进行共同的思维劳作,学习才能真正发生,课堂才能真正有效。"耕思"课堂强调把学生的被动接受转变成主动建构,用学生的自觉学习、主动参与、主动感悟替代外在大容量的"知识灌输"和"技能模仿",使学生的内省、悟得成为常态。

（五）"耕思"课堂着眼于整体把握而不是局部

"耕思"课堂要求教师用整体的观念、从整体的角度去教学,把教学过程作为一个整体。教师不仅需要关注课中,还需要关注课前和课后。课前的教学设计既要关注课程标准和学情,也要关注课堂上学生的反馈和课后的各种评价要素;教学内容的设计要有整体性,不能仅把学习目标作为整体来思考,课堂教学内容也必须从整个章节、模块、课程的视角来思考。

四、"耕思"课堂模式探究取得的初步成效

首先,学生的学习方式和思维品质、教师的教学观和态度、课堂效率明显提高。在"耕思"课堂的感受力调查中,学生的学习积极性、自主能力、思维活跃度、探究能力有明显提高。

其次,在课堂提问与交流水平方面,理解性、质疑性提问与交流有所上升。学生能够感受到教师提出的问题是经过精心研讨和设计的,能够引发学生的兴趣和思考,练习的习题具有现实真实性。

再次,在促进教师专业发展方面,对于主要通过哪种途径突破教学重难点,教师的主要策略是"互助学习"和"探究体验",而"习题练习"和"知识讲解"处于后位,在课堂上留给学生探究的机会和在课堂上鼓励学生大胆质疑的教师增多。自从开展了"耕思"课堂模式教学之后,教师对教材的整合、研究能力有了很大的提升。学校采用赛课、磨课、与名校联合教研等形式,策动教师不断对教材进行深入钻研,提升了教师的教学水平。

最后,学校的教研氛围变得更浓厚了,教师围绕"耕思"课堂模式,探究学校课题,开展了一系列相关的子课题研究,提升了教师的研究能力。

　　班文莉，克拉玛依市教育研究所教研员，正高级教师，自治区特级教师。曾在全国录像课、教学设计、课件大赛等教学教研活动中获奖。完成"基于英语核心素养下的'文学圈'模式在高中英文原著阅读教学中的设计与实施"等课题研究，在《英语广场》《教学考试》等杂志发表多篇教学论文。

选课走班模式下的高中英语课程建构新探索

克拉玛依市教育研究所　班文莉

随着《普通高中英语课程标准(2017 年版)》的颁布,新一轮的课程改革已经走上了征途,"选课走班"无疑成为这轮高中新课程的一大特点。自 2013 年 9 月起,克拉玛依市第一中学就已经在北京市十一学校的带领下,开始全面实施选课走班教育模式。第一中学为学生创设了富有选择性的教育,在保证每个学生达到共同基础的前提下,各学科分类别、分层次设计了多样的、可供不同潜能的学生选择的课程内容,赋予学生最大的课程选择权,让每一位学生都拥有一张属于自己的课程表。第一中学的英语课程基于新课标进行了全新的课程建构,采用自主选择和分层分类相结合的模式,努力在课堂践行新课标,落实学科核心素养。

一、遵循国家课程标准,基于学生个体差异,调整学科课程结构

《普通高中英语课程标准(2017 年版 2020 年修订)》在"课程结构"这一部分给出了三个设计依据:一是以普通高中课程方案为依据,建构多元的英语课程结构;二是从课程发展现状出发,调整课程结构与要求,实现轻负增效;三是构建与课程目标一致的课程内容和教学方式。根据新课标的要求,学校将高中英语课程分为主干必修课程和分类选修课程两大类。英语课程的主干必修课为每周三节,使用的是人教版高中英语教材,课时压缩,但内容不减。这就对教师的课堂提出了高要求,否则根本无法完成教学任务。所以,学生必须在课前完成自主研学,课堂上教师利用前测和后测来检验学生的自学效果,以此准确定位课堂重难点,保证课堂的高效。

英语课程的分类选修课为每周两节,学生自主选报,选报覆盖率能达到50%—70%。分类课程由学校自主研发,基础类课程有三个:一是基础阅读课程,面向词汇量薄弱、阅读有障碍的学生,每周两节课,在教师的指导下一学期需完成100篇深度阅读;二是基础写作课程,面向下笔无话说、词句难成章的学生,从短语到段落,再到篇章,从易到难完成20篇作文训练;三是基础听说课程,面向英语听力失分较多,平时听得少,且很少开口的学生,课堂上以分话题听说训练的方式逐步训练。提高类开设两门课程:一是提高阅读课程,面向喜欢英语、阅读能力较强的学生,课前通过蓝思值测试,准确定位学生的词汇水平,为学生挑选对应难度的原著读本,每学期读完两本中短篇小说,课堂以"阅读圈"的形式组织教学活动,利用小学段在舞台演绎读本经典剧目片段,以此训练学生深度解读人物角色、体会人物语言内涵的能力;二是提高听说课程,面向口语较好,有出国打算或有表达欲望的学生,课堂上会采用 TED 主题演讲、辩论赛的方式,模拟各种生活场景以进行口语的训练和思维的培养。

二、遵循国家课程标准,创设多元辅助课程,满足学生多元选择

基于学生的个体差异,在完成主修课程的同时,英语学科还在分类课程之外创设了许多可供学生选择的辅助课程。

(一) 多元早读课程——一日之计在于晨

早读作为一门辅助课程,如何在尊重学生自主选择的原则下高效地开展? 通过这几年的实践摸索,我们已经从早读课程 1.0 版研发到了 2.0 版。学生基于自己的需要进行早读教室的选择,逐渐在选择中学会了自主规划和自主学习。

(二) 白自习课程——时间空间留白,查漏补缺自主

"白自习"有别于传统的自习课,它完全属于学生自己,时间空间上留白,教室自己选择,内容自己选择,甚至可以用来单独预约老师去"吃小灶"进行答疑。为了保证白自习的质量,培养学生真正的自主学习能力,学生在导师的指导下,制订了详细的白自习学习规划,每节课放到桌角,以便巡查老师监督检查,在潜移默化

中培养出想学的动力、会学的方法和乐学的态度。

（三）小学段学科活动——张弛有度，蓄力再发

两周的小学段是我们课程的一大特色。白自习的第一周，教师鼓励学生对前期知识点进行查漏补缺，援助课程提供给需要补习的学生选报；第二周用来对后一学段的内容进行提前的自研自修。在这两周的时间里，为了丰富学生的生活，我们创设了丰富多彩的寓教于乐的活动，将学科知识融入游戏里，玩出学科新花样。就算是"玩学科"，也要将它设计成课程，不同的教师设计开展不同的学科活动，制作成海报，提早告知学生，供学生选报。我们设计的课程有单词迷宫大战、一站到底单词王、英文密室逃脱、英语角、乱序篇章连连看、英语中的数学题、介词大作战、语法桌棋挑战赛、英语游戏俱乐部、原著绘本创意赛、英语书法展、TED演讲室、英文歌展等。

三、遵循国家课程标准，加强师资专业成长，改善激活教研形式

在分层分类的学科授课模式中，学生成为最大的受益者。他们能根据自己的喜好进行自主选择，走进他们各自喜欢的老师的教室，走进能展现他们各自能力的课堂，为了自己的目标而学，带着自己的兴趣去学，给"上学"赋予了不一样的意义，也让学校充满了教育的温暖。正是因为看见孩子之间存在差异，我们的课堂才为帮助每一个人而变；只有教师有源源不断的动力，才能给孩子们带来"活泉"。要想教师团队成长，必须像关注学生个体差异一样，关注每一位教师的专长所在。只有关注的个体成长了，才能助力团队的进步。克拉玛依市第一中学现有高中英语教师20人，其中研究生有9人，教育硕士有5人，本科生有6人，每一位教师都有自己擅长或专攻的方向。我们要充分地发挥个人所长，让他们在团队中自信地发挥最大的价值。个人的成长离不开集体的土壤，我们的教研必须提供丰富多样的养分，才能满足教师多样的需求。我们有横向的各学部学科组教研，也有纵向的大学科教研，甚至还有自由组合式的分类课教研，这些都将从不同的层面加强教师之间的专业交流。正所谓：分组教研体现个人特色，聚力教研成就学科品质。

四、遵循国家课程标准，根据学科课程特点，创设英语学科教室

相比传统的行政班教室，选课走班中的学科教室需要承载更多的育人功能。克拉玛依市第一中学打破了传统的学生教室和教师办公室的概念，让每间教室都变成了"学科教室"。它既是学生的天地，也是教师办公的地方，教室里的一切都充满了学科的味道，师生的距离瞬间被拉近了。

在 2013 年转型伊始，我们就把学科教室的开发建设视为每位教师必须完成的一项任务。基于学科特点，我们将其分为两大类进行研发：一类是情境资源，另一类是生态资源。基于英语学科的学习规律，我们设计了听说读写四个模块。

在听的模块中，我们开设了早读筑基听力教室，提供基础听力课程和电子资源包。在说的模块中，我们开设了英语角，为有需求的孩子创设场地、提供指导、提高听说，甚至会因为某节课话题情境的需要走出教室，让孩子们在校园里寻找更合适的角落。在读的模块中，我们创设了读书日，旨在潜移默化地培养师生的读书习惯，大量购买并上架各类原版分级读物，原著阅读课也会通过利用舞台，让学生自导自演书里的故事来展示读的效果。在写的模块中，我们定期组织英语书法大赛，展评书法作品，并专设"北大培文杯"竞赛作文辅导教室和学习小组。基于英语学科的教学过程，我们又将生态资源分为学科文化资源和学习过程资源。这些生态资源在每间教室都随处可见，它们见证了孩子们的学习过程和学习成果，见证了老师们每一个阶段的教学方法和陪伴学生的故事。学生获得的每一分收获都会再次激发他们的自豪感，从而让学习的动力源源不断。

五、遵循国家课程标准，借助丰富学习工具，创设多样学习活动

随着分层分类、自主选择的不断深入，教学相长面临新的挑战，师生双方都必须寻找教与学的助力。为了进一步提高课堂的有效性和学生的参与度，教师必须学习新技术、研究新教法。为帮助学生实现高效自主学习，我们先后尝试了多种助学工具。

一是清华大学研发的"雨课堂"。学生可通过其完成自主研修、前诊后测和个性化作业的布置。同时,"雨课堂"监控假期的原著阅读的效果也很好,口语作业也可以利用"雨课堂"完成。

二是英语趣配音 App。通过建立学习小组,结合单元话题选取相关的视频,让学生进行配音,不仅可以练习语音语调,还能提供相应话题单词的语境记忆,从而培养和提高学生的发音和口语表达。教师也参与配音作业,和孩子一起打卡,师生在留言区互相点赞,互促互学。

三是"来画视频"微课制作。将语法教学、长难句等需要学生自研的资料以微课的形式进行呈现或推送给学生,让学生邀请他喜欢的老师共同参与课堂微课的录制,改变知识的传授方式。

四是作文批改网。学生可以随时写作练笔后上传,平台能够及时反馈学生的写作效果并长期跟踪记录。学生根据出现的写作问题,在答疑时间找老师有重点地寻求答疑指导,提高了学习的效率和进步的速度。

五是维克多"维词"软件和"百词斩"App。词汇的记忆是英语学习中最关键的一环,这两个软件利用打卡的形式,使教师可以监控学生的学习进度,以便检测学习的效果。

六、遵循国家课程标准,促进全面个性发展,采用多元多维评价

在传统教学模式下,评价的唯一形式就是考试,主要采用纸笔测试进行,一次定性。新的课程标准提出了"教、学、评"一体化的有机评价机制,明确了基于英语学科核心素养的评价应以过程性评价为主,并辅以终结性评价,注重评价的多元性,突出评价的激励和促学作用。在克拉玛依市第一中学的英语日常教学活动中,评价除了前诊后测,还包括课堂观察、课堂活动、课堂反馈等。为了让学生重视学习的过程,培养其持之以恒的学习耐力,过程性评价的占比会高于期中期末的终结性试卷测试的占比。以一个学期为例,学生最终的学习成绩由两部分组成,一部分是过程性评价的 60%,另一部分是终结性试卷测试的 40%。

在多年的教学实践中,通过"分层分类,自主选择"的课程建构,我们看到了学生的巨大变化——学生变得敢选择、会选择,能自学、会提问。选课走班模式下的分层分类教学是保证完成新课程标准,落实学科核心素养的一种行之有效的办法。随着高考改革的不断深化和学生需求的不断增加,学校在课程研发的道路上还要进一步打开思路,积极思考出更有效的助力每一位学生成长的教学方法。

邱逸文，正高级教师，教育硕士。克拉玛依市教育研究所教研员，市高中语文名师工作室主持人。曾获克拉玛依市学科带头人、市建功立业先进个人、市教育局优秀教师等荣誉称号。

浅议学科功能教室的功能发挥

克拉玛依市教育研究所　邱逸文

克拉玛依市第一中学在教育转型中形成多种改革成果,学科功能教室就是其中一个创造性产物。学校依据课内外个别教学、即时阅读书籍、随时实验操作、学生成果公众化等方式,使教室的功能发挥最大化。学科功能教室既是学生学习的地方,也是教师的工作室、研究室。教学资源全方位融入学习过程中,让原先沉睡在实验楼里的各种设备仪器焕发出光彩,置身周边的图书随时带给师生阅读的享受;教室也不再是"千室一面",而是多元、个性的。

对于学科功能教室的保洁、美化、布局等外在建设,学校有完善的制度保障。学科功能教室的内在建设也在逐渐凸显,包括学生的个性档案、任务规划、学习过程追踪、学习成果展示等,为每一位学生营造出"我很重要"的氛围,搭建了展现自我的平台;同时,在彰显学生进步的过程中,也能够体现出教师自身的价值。

一、发挥育人理念为先、功能综合体现的功能

(一) 建设内容彰显办学宗旨、育人理念

学科功能教室的主人们围绕学生在走班制、选课制、人际交往、学会做人、学会规划等方面设计情境,引导学生。同时,兼顾跨学科的做法,使其具有文综、理综联合的特点,彰显了科学中的人文素养。例如,化学学科功能教室就在众多实验演示图片上,配以优美而深刻的人生哲理,将科学与人文完美结合,使学生难忘。

(二) 建设主旨体现知识和育人的合力

师生是学科功能教室的共同创建者。学科功能教室不仅体现了教与学计划

的执行，还体现了项目的管理，如科学的策划、科学的组织、科学的项目管理等。育人板块既有教师主导的，也有学生自行承包的。学生在主题任务的驱动下会去创意布置、主动搜集、整理编辑、发表感言，将自我的情感与认知融入学科功能教室。学生在参与布置的过程中，能够增强自身的思维能力、项目管理等综合实践能力。教师每一次精细化的展示，也会无形中一次次地影响着学生。

第一中学四年制高一学部的"点赞墙"、师生图片"写说说"、师生"吐槽吧"等师生交流平台，能够有效拉近师生距离。文科功能教室普遍展示着丰富的阅读素材，通常是来自身边的育人文字、图片，体现了感恩、宽容、文明等主流话题，为学生写故事、找材料、发评论提供了很好的学习资源。展示墙上，师生精选和创作的文字中无不是激励人心的话语，彰显着美好的人性和崇高的情怀，使学生的思想浸润在宽容文明的环境之下。

（三）建设目标实现教与学行为上的相互约束、影响

学科功能教室的特点之一就是开放办公。开放的环境形成了教与学行为上的相互约束、影响。教师在学科教室备课、上课、教研，即使在休息时间也和学生一起讨论各类问题，甚至在食堂、休闲区也共同用餐。学生不再畏惧老师。师生都呈现出最真实自然的一面，教师的言谈举止影响着学生的行为方式，学生互动、师生互动的良性氛围得以形成，既激发了学生学习的积极性，也提升了教师的工作效率和热情。

二、发挥不同学科的思想与学科素养的功能

（一）体现每个学段的教学主题和教材内容

不同的学科功能教室设置了不同的学习展示板。文学学科教室有民国大家作品读后感、社会新闻评论、古典诗词展、文言作文展、思维导图展示板、书法优秀展示墙等；英语学科教室有哈佛校训、时间管理建议、中国传统文化翻译、单词背诵策略、名言警句等；地理学科教室有常规模型、各种挂图、学生动手教具、实物标本、杂志报纸、优秀作业等；数学学科教室有模具展示、知识归纳表、每周解题擂台

赛、学科最强大脑等。

学科功能教室的建设强化了不同的学科素养,激发了学生的学习兴趣与热情。教师根据年级特点、教学目标和教学特长,为不同的学科教室确定了不同的主题。语文学科教室目前有"民国大家""青梅煮酒""诗词雅韵""清音雅韵阁""友间书舍""文学殿堂"等主题教室;数学教师按照学习模块,设计出了以解析几何、立体几何、线性代数等不同模块为主题的教室。教室之间开放打通,形成了既独立又统一的整体布局。如高中部科技楼 505 语文学科功能教室板块设计(见表 1),就是教室主人既结合单元教学主题的功能,又能体现自我个性的产物。

表 1 "诺奖微澜"主题板块设计表

板块	主题	特点	对象	设置内容	时段
诺奖微澜	人性之美:诺贝尔奖中彰显人性光辉的那些人、那些事、那些文	让学生发现诺贝尔奖获得者身上的优秀品质,引导学生关注生命的张力	对语文感兴趣但不用心,能独立思考但不能静心阅读的学生;有阅读兴趣但没有阅读目标的学生	阅读板块:一"诺"千金(诺奖精彩发言、诺奖文学作品推荐、学生阅读感悟、书评、精彩语段展示) 短小哲思散文写作板块:一物一语(教室中的花草虫鱼、图片皆为物,观物寄语,体会事物之美、语言之美)	高二第五、六学段
	故乡之殇:诺贝尔奖中的背井离乡之痛、故土依恋之情、羁旅之愁	让学生探寻诺贝尔奖获得者对故土赤诚的依恋,引导学生探寻血脉本源		议论文写作板块:一览天下(每周新闻短评,话题由学生来定,以时评课成果展示为主) 学生学习过程板块:一鸣惊人(包括过程性评价、每次检测成绩的总结反思、阅读登记)	高二第七、八学段

(二)体现学科主题化设计

同一年级学科功能教室的设计都服务于课堂单元教学的需求。通过教研组的集体研讨,确定本学段的教室建设主题。教研组结合"初、高中六年教学细则"

以及在开学初提交的"学科功能教室建设方案"，围绕主题教学，从年级、学段、不同学生需求、板块名称、板块具体内容等方面设计草案，通过教研组审议后，各自分工开展。初、高中按照学生的兴趣爱好，呈现出各自不同的特点。初中部的学科功能教室色彩鲜艳、图文并茂、布局设计新颖独到，学生成果展示频繁，展示板上的成果分享丰富多样、充满趣味，参与互动评价的人居多；高中部的学科功能教室则布局更加严谨整齐、色彩简洁，学生成果更能体现出思维的深度，处处充满着安静的思考。

以语文学科功能教室为例，教室凸显了单元主题化功能。基于语文单元整合教学的要求，教材里的文章不再是篇篇解析，而是教学的范例，单元化的主题式教学成为语文教学的紧急需求。必修教材以能力点和主题来呈现，选修教材则强调阅读与写作这两大核心素养。学科功能教室有必要不断进行与课堂教学配套的主题化设计，延展学生的阅读视野，提升思维。以"语文学科单元教学细则"为蓝图，结合初、高中六年的语文知识能力构架图表，从阅读、写作、推荐名著、表达及常识四个方面设计。主题化语文学科功能教室的建设呈现出个性化的特点，满足了学生的不同需求，使同一年级的学生可以在不同板块的学科教室里获得不同的收获。

除常规板块大体相同外，个性板块、学生作品板块、教室记录板块都呈现出不同的特点。以尊重学生的喜好、符合学生的认知特点为前提，板块设置包括主题、特色、对象、板块设置等内容，由师生合作进行整体布局。如初一学部语文学科功能教室板块设计（见表2），就是教研组整体教学的呈现。

表2　初一学部语文学科功能教室板块设计表

门牌	主题	特色	对象	板块设置	备注
213	温雅德居	修身养性，培养温和、雅正的气质风范，注重传统文化的传承	需要沉淀文化底蕴的多数学生	心灵家园、我行我悟、我读我荐	书法条幅

（续表）

门牌	主题	特色	对象	板块设置	备注
214	七彩火花	思辨析理，深入思考，激发学生的思辨兴趣，引发思维碰撞	善于思辨的学生	热点话题、时评杂谈、媒介精选	名人画像、中国青年报
215	文学之家	彰显大家风范，遨游文学殿堂	爱好语文的"文科生"	汉字英雄、疯狂成语、趣味活动、名家风范	作家图片
216	奇幻世界	以中外神话为主，激发想象力、创造力	充满幻想的初一大多数学生	天马行空、神话推荐、图文并茂	神话、科幻、奇幻电影图片
217	文学印象	突显文字之雅趣，文学之本色	喜爱文学的文艺学生	最美的文字、我行我摄、我点你赞	书法、字画

三、发挥学生彰显自我能力的功能

学生成果展示可以激发彼此的学习兴趣。尽可能让学生的成果公众化，让学生在学科功能教室发现自身价值，从而激发内驱力。传统教学中原有的教学状态是教师辛苦地批阅学生成果，只有教师个体能够评价与影响成果，生生之间、师生之间的交流往往是单向而被动的，交流的范围极其有限。当学生作业经过个人允许，展示就成为公众行为，展示作业被点评、被分享、被点赞，学生就会更加认真地对待自己的成果，甚至期望在展示中得到更多同伴的关注。

楼道展示墙也设计了如"我给图片写说说""吐槽吧""文艺女理科男""点赞台""周周话题擂台赛""舌战群儒""读书吧小报"等课堂以外的学习活动板块，可以让师生更快地获取多方面信息，发现问题并及时调整。

在频繁的展示中，展示墙不断出现各个学部的"奇思妙想""生花妙笔""最强大脑""真知灼见"，引起了师生们的高度关注，并迅速在校园内传播开来。展示墙成为让学生做得更好的互动工具，无形中支持着正在进行的教学目标。学生对学习展示墙的反馈良好：理科展示墙每天都不断更新解题过程及答案；学科难题征集榜以悬赏形式发布，更是引来了团队间的相互探究；知识归纳表有助于理解与记忆。语文学科教室里张贴了学生的作文，同学们可以相互借鉴；读书小报展示，使同学们能够阅读到很多推荐好书的文章。英语教室里张贴的一些单词，有助于记忆；即使是电梯间、楼道、卫生间，也随处有学生个性化的展示、引人深思的语句和图片，学生每时每刻都被文化氛围浸润着。

四、发挥追踪个体变化、捕捉教育时机的功能

学科教室建设从时间上分为两种：一种是随机化、常态化的，比如优秀作业、成果评比、格言激励等，随着教学发生不同的变化；另一种则是个体化、追踪式的，比如学生成长袋、阅读记录墙、成绩曲线图、写作记录袋等。追踪式的变化图能更好地发现个体的特点，从而帮助、改进、成就学生。依靠学校方方面面的数据分析，就能得出一年、两年的成长变化图，无论对教师还是学生，都形成了重要的教育契机。很多学生的学习、思想出现了问题，却找不出病因，个体变化图就能帮助教师和学生发现并调整思想、行为。

语文学科功能教室里有反馈学生阅读进步的信息，墙上设置了每个学生的卡片，包括学生现有的阅读数量、阅读速度、阅读内容、阅读感想等，持续记录三年，将会让学生的知识量产生质变。教师记录并展示研究的过程，以利于教学行为的改进。在教师和学生共同阅读、解题、实验以及开展各类主题活动、游戏的过程中，内容丰富且充满趣味，无形中也能够帮助家长更好地了解自己的孩子，并理解学校的办学理念。

个别化教学的方案和成果也越来越多地被展示在学科教室里。结合不同学生的诊断图，教师排查出学生的弱项，全组合力设计出分类菜单式作业。有的学生作业单里一项作业都没有，而有的学生需完成作业单上的多项作业。强化练习学生的弱势板块，把查漏补缺工作放在首位，做到未雨绸缪、心中有数。

　　赵科鞅，克拉玛依市教育研究所美术教研员，高级教师，市美术名师工作室主持人，市美术家协会副主席。教育创新成果在第四届、第五届中国教育创新成果公益博览会上展出，美术教学课例被收入人美版美术教材。出版了《和田玉鉴定与收藏宝典》《赵科鞅讲和田玉》等三部著作。

克拉玛依市中小学美术"模块＋整合"的课程创新与实践

克拉玛依市教育研究所　赵科鞍

水清而泉静流,雨沐而木顾长。伴随着克拉玛依市教育转型进入深水区,我们也欣喜地看到,实践之土绽放了教研之花。我们的实践与研究皆不离学生之发展,不图虚幻之名誉,不弃现实之土壤。教育理想和情怀就这样与现实交汇,令所有克拉玛依市教育转型的亲历者感到欣喜、幸福。

学生的发展是多样化、个性化的,也是面向未来、终身发展的。伴随克拉玛依市的教育转型,我市美术学科立足实际,在选课走班的背景下,明确了"模块＋整合"的课程发展思路,着力解决美术课程资源整合、课程结构设计、综合评价和实施方法、小学段课程整合和中学段模块课程衔接、教师专业成长梯队建设等问题。经过六年的研究与实践,逐步形成了市、区、校联动的小学段课程整合和中学段模块课程开发实施的长效机制。

在整体规划的前提下整合课时和教学内容,强调对单元整体以及单元主题之间纵向关联的研究和结构化的整合设计,并进行跨学科的研究与实践,提升美术教学的系统性和有效性;创建多样化、可选择的美术模块课程,突出知识性、实践性和拓展性的特点,促进学生的个性发展;完善基于核心素养的过程性和终结性相结合的美术课程综合评价机制,更好地实现与美术课堂的交融,让课堂上每一位学生的个性和创造力获得提升,让每一位学生在这个平台上获得不同的认同与成就感;逐步形成教师专业成长梯队,促进名优美术教师群体发展的良性循环。

一、困惑,蜕变,留白

提到克拉玛依市,人们可能会立刻想到石油。上天不仅赐予克拉玛依市丰富的石油资源，也为勤劳的克拉玛依市人民送来了美丽的宝石——金丝玉。目前，我们借助本土资源，在克拉玛依市第一中学开设了玉石鉴赏与雕刻课程。在2017年中国教育学会举办的中国大学先修课程试点项目研讨会上，该课程作为全国特色课程做了专题报告，并接受了央视的采访。该课程成果也在2018年第四届中国教育创新成果公益博览会上进行了展示。我作为教研员，也作为这门课程的任课教师，备感欣喜和自豪。

这些成绩的取得，离不开克拉玛依市教育转型的顶层设计和深入推进。伴随着教育转型，我市原有的中小学美术课程设置和教学设计已不能适应和满足对高品质、丰富性课程开发与人才培养的需要，更无法满足学生个性发展的需求；在选课走班的背景下，课程在实施中与转型的顶层设计理念存在的差异和矛盾也日益凸显。

在这个过程中，我们也曾经历迷茫和困惑。传统的艺术教育思维、课程设置、人才培养、团队建设、评价考核，局部或整体发生了醒目的变化。为此，有人感觉茫然，有人为之欢呼，也有人视而不见。不同的态度，自然会决定不同的未来。

作为区域整体教育转型，在"模块＋整合"的美术课程设计中，包含了小学段和中学段两块研究内容。模块课程主要体现在中学段开设的各类美术技能课程，供学生选择。而整合课程，我们主要放在小学段，原因是小学段的美术课程长期存在教学课例与有效教学时间之间的矛盾。在转型之前，我们的做法是针对课例进行删减，确定出"必修"课例。如今，因为国家课程是课标精神的体现，所以这种做法显然是不合适的。

那怎么办呢？在不增加课时的前提下，我们的办法就是整合。跳出年级，把相邻、相近、相对的知识点在小学全学段的基础上，整合课时和教学内容，避免出现碎片化的状态，以此来提高教学效率。通过加强不同单元、不同学段之间纵向关联的研究和结构化的整合设计，并进行跨学科的研究与实践，来提升美术教学的系统性和有效性。还有一个好处是，在小学段结束之后，和中学段模块课程能更容易地衔接，而不像过去，小学段蜻蜓点水式学的知识，上了中学往往就归零了。

在整体规划的前提下整合课时和教学内容,同时又注重教学结构设计的针对性和多样化,操作起来是很困难的,而我们小学段进行整合教学始终没有脱离国家教材,这也是我们始终坚持的原则。那我们该如何解决系统实施的问题? 答案就是靠教研的力量,其中校级教研是最关键的一环。整合课程能否落地和有效实施,关键就在学校的教研组。同时,我们也依托课题和名师工作室,来推进课程实施。

经过六年的研究与实践,我们的团队在蜕变中获得了成长。"变是唯一不变的",有了这个辩证关系,唯有高瞻远瞩,才能做到一叶知秋。庄子说:"虚室生白,吉祥止止。"转型衍生的留白,为我市艺术教育的发展带来了无限空间和机遇,为我们创建多样化、可选择的模块课程提供了土壤,使艺术育人的内涵获得了前所未有的发展。

二、田间地头式教研

在美术课程"模块＋整合"的教学设计和实施过程中,一个整合课例、一个模块课程从设计到实施的研发过程如切如磋,如琢如磨。我们的团队发挥自身所长,扬长避短,虽百折千回却乐此不疲。在课程实施的过程中,经常会遇到各种各样的问题和困难,这时,大家就会群策群力,有很多教具都是自主研发的。例如我们玉雕课程中滴水用的水罐,是用医院的氯化钠瓶子改装的,把它串联在一起,做成循环水,既美观又实用。每当这时,我的内心都会充满自豪与感动。我始终相信团队的默契和信任会使"不可能"的半径缩小,会使"可能"的边界扩大。在上级领导和专家的引领和指导下,以学校特色、教师特长、学生艺术特质的交互式培养课题为引领,我们的团队做出了骄人的业绩,产出了一批具有推广价值的精品成果,并在全市各中小学推广实施。

教研活动主题式与课程化已成为我们美术学科的教研特色,旨在重构教研内容,实现教研活动和教师培训两方面的有机结合,针对性地解决教学实践中存在的突出问题,有效提升教师的专业素养。教研活动主题从研究教材到研究课程,从关注"怎么教"到注重"怎么学",从专注本学科到跨学科教研,从"独门独户"到"广交朋友"……通过专家讲座、技术实操、课堂展示等方式,每位教师经历参与式、互动式培训。为丰富培训方式,我们每次邀请不同区的骨干教师同时承担培训主题活动。教师在参与活动之后,问题需求得到了较好的解决,教学效果有了明显的改进。这种田间地头式的教研带来的改变和成效为创新教研模式提供了具有实践指导意义的策略和方法。

我市的美术教学改革实验也得到了专家的高度认可。我先后在中国大学先修课程试点项目 2017 研讨会上和上海市长宁区教育学院做了特色课程研发的专题报告;编写的课例通过教育部审定,被编入义务教育阶段《美术》教科书;承担了自治区基础教育教师专业发展网络教研任务,并借助该平台推广我市美术学科教研改革的实施经验和成果。

在信息化教育快速发展的时代,除了借助网络教研平台,作为教研员,我始终把上课、送课、深入一线教研作为工作重心。这让我对课程有了更深刻的理解和体验。开展田间地头式的教研,也让我接通了地气、增强了底气,切实增强了教研和服务一线的能力与水平。

三、不一样的成长,不一样的体验

教学结构设计的针对性和多样化研究已成为帮助教师提升美术教学质量的重要视角。在课程整合中针对不同的教学内容和学生,或者针对同一批学生的不同学习阶段,教师需要整合课时和教学内容,形成不同的教学结构。教师还需要采用灵活的教学策略,对不同课型的教学结构进行梳理和总结,提高教学结构的针对性,促进教学结构的多样化。

在模块课程开发与实施的过程中,我们促进美术模块课程形成知识性、实践性和拓展性的鲜明特色。在模块课程的教学中,师生互动体验,学生在平等、分享、开放的和谐关系中,收获了不一样的成长,不一样的体验。

在选课走班的背景下，我们通过课程整合与模块课程开发实施，提升了教师自主设计课程的能力。教师在教学设计、学情把握、课堂管控、难易拿捏上有了更新更高的标准，其专业素养、创造能力、科研能力在课程实施中获得前所未有的发展。

在选课走班的背景下，我们为学生提供多样化和个性化的课程选择。目前，我市开发并实施的美术模块课程近 20 项，如中国画、书法、素描、版画、油画、水彩、建模、纸艺、陶艺、剪纸、动漫、玉雕等模块课程在扁平化的组织实施中均呈现出"小而美"的鲜明特色，深受学生喜爱和社会认可。

我们针对每一个模块课程制定了基于核心素养的教学设计和综合评价指南。通过建立和完善基于核心素养的过程性和终结性相结合的美术课程综合评价机制，更好地实现了与美术课堂的交融，课堂上每一位学生的个性和创造力获得提升，每一位学生在这个平台上获得不同的认同与成就感。

四、且行且思

在教学设计和实施的过程中，我们且行且思。一是注重整合资源，突出特色。例如我们开设的玉石鉴赏与雕刻模块课程，结合了高中美术和通用技术两门国家课程，突出其人文性和实践性。二是海纳百川，注重借鉴和吸收。我们除了学习和吸收北京市十一学校先进的教育理念和育人模式，在美术整合的设计中，也借鉴了上海市基于学科素养的单元教学设计的思路和方法，强调对单元整体以及单元所在主题进行结构性设计，以单元规划、内容、目标、活动、评价及资源的连续性和一致性，来提升艺术课堂的教学品质。三是克拉玛依市中小学艺术学科将核心素养的建构与内涵指向学生逐步形成适应个人终身发展和社会发展需要的必备品格和关键能力，使艺术育人的内涵获得了前所未有的发展。四是美术课程"模块＋整合"的教学设计和实施，要做到有实效，要避免落入毫无章法、难以落地的困境。为此，我们就需要有整体的格局和前瞻的思维，这样才能事半功倍，否则我们的努力与尝试也只能折戟沙场。

五、风会记得花的香

2018年，我有幸来沪访学。访学接近尾声之际，上海市师资培训中心举办了新疆、西藏、青海、贵州四地教师文化交流联谊会。感今思昔，想起母亲年轻时的照片，婉约蕙质，发现和自己像极了。可如今母亲早已满头白发，沧桑的脸庞也折射出了岁月的沧桑。遥想当年芳华正茂时，母亲从千岩竞秀、水绿山青的南方之地来到大漠孤烟的西北塞外边陲。坚忍的信念，让她为这片热土抛洒热血和青春……联谊会上，西部四地老师们那一张张激情似火的年轻面孔如浮光掠影，恍惚间，我似乎更理解了母亲和她们这一代人心中的家国情怀。我也会传承这种信念，为身为西部的教育者而自豪！

半个多世纪以来，克拉玛依市教育者怀抱责任与坚守，在变革创新中砥砺前行。在我市教育转型的趋势下，我们的艺术教育也有了崭新的时代坐标与担当。今天，我们对课程充满信心，对学生的发展充满信心，并满怀期望。

艾青先生说过："光荣的桂冠，从来都是用荆棘编成。"这里不仅有我们美术学科的成绩，也承载着克拉玛依市教育特有的荣誉和艰辛。

孙玉红，正高级教师，克拉玛依市第一中学副校长。首届"中小学名师领航工程"孙玉红工作室主持人。从教20多年，一直在教学一线从事教育教学工作。与同组的同事一起研发适合学生学习的读本、细目、诊断等各类学习资源共计40多种。曾荣获"油城英才"、市劳动模范等称号。

新课标理念下的情境任务型作文有理论证例说

克拉玛依市第一中学　孙玉红

情境任务型作文因有许多限定性条件,导致学生在写作中往往出现脱离情境、论证苍白无力等问题。本文以习作"人生精度"为例,选取三类比较常见的学生习作,通过对习作中普遍存在的问题进行分析和梳理,提出修改建议,进行习作升格训练,进而提升学生对此类文章的写作水平。

写作题目如下:

阅读下面的材料,根据要求写作。

2019年国庆阅兵仪式上,空中仪仗队"米秒不差"整齐步伐浑然一体、车速误差肉眼难察……受阅部队军威雄壮、气势如虹。现场与屏幕前的观众,无不为这样的"阅兵精度"所震撼。中国航空产品零件精度是0.003毫米,航天器手控交会对接控制在18毫米范围,这些精确的数字刷新着"中国精度"。

请以"精度"为主题,面向全校(统称为"奋进中学")同学写一篇国庆后的晨会发言稿,倡议大家把握好"人生精度",体现你的思考与认识,写出具体建议与举措。要求:自拟标题,自选角度,确定立意;不要套作,不得抄袭;不得泄露个人信息;不少于800字。

一、写作前指导——审题五意识

审题是让文章论证有理的第一步。我们需要指导学生通过压缩梳理语料中的关键内容,把握作文的核心立意。情境任务型作文又因有多层限制而更需要认真审题,结合情境任务型作文的基本特点,可用"审题五意识"初步把握写作此类文章的基本方向。

（1）背景意识：明确在什么背景下写作。情境任务型作文有非常清楚的背景材料，例如本习作的背景就是 2019 年的国庆阅兵仪式上的"阅兵精度"和中国航空产品体现出的"中国精度"。

（2）引导语意识：明确向哪个方向写作。本习作是要求面向"奋进中学"全校同学写一篇国庆后的晨会发言稿。这里有几个限定成分，首先是国庆后，限定了写作的时间；其次是晨会，限定了写作面对的场合，晨会一般以激励鼓励、弘扬正能量为主；最后是发言稿，限定了写作的体例，发言稿需要有与人交流沟通的亲和力，不能以第三人称、旁观者的角度进行论述。

（3）读者意识：明确是为谁写作。本习作的读者是"奋进中学"的全体同学，在用语上就应该使用同学们能接受的话语体例。

（4）作者意识：明确是谁在写作。本习作的作者是"奋进中学"的一位同学，自己的写作身份要吻合这位同学的视角，切忌刻意拔高。

（5）写什么意识：明确写作的具体任务。这篇习作从"阅兵精度"谈到"中国精度"，再由"精度"想到"人生精度"，并倡议大家把握好"人生精度"，整篇文章应该具有感召力。这样也就基本把握住了本篇习作基本的写作方向和核心立意。

二、写作后升格指导——论证有理三法

学生写完之后，呈现出比较清晰的三类习作，即能围绕"精度"表达观点的二类下作文，能围绕"人生精度"阐明自己观点的二类以上作文，能很好地围绕"人生精度"条分缕析地说理的一类下作文。下面结合这三类具体习作进行分析。二类下习作最主要的问题是不能紧紧围绕"如何把握人生精度"这个关键点进行分析，呈现出两个比较明显的问题：

（一）脱离给定的具体情境造成文中无我——入我彀中，情境有我

片段一（二类下）：

十一国庆阅兵，相信大家都被深深地震撼到了。空中仪仗队"米秒不差"，中

国航空零部件精度为0.003毫米,这种种成就和大国重器上如此高的精度不由得让我们心生感叹。这些大国重器和零部件就像我们自己,只有把握好我们自己的人生精度,才能让自己变得更加强大。

片段二(一类下):

清风徐来,花香鸟语。在这充满生机的早晨,放眼望去,面前便是一列列你们排成的齐整队伍。这不由得让我想到国庆期间,阅兵仪式上那军威雄壮、气势如虹的受阅军队:女兵们穿着整齐,迈着方步,英姿飒爽;战士们铿锵有力,步伐坚定,意气风发。他们行走的每一步,都散发着"军队精度"的感染力。此刻的你们,虽然只是身着校服的学生,但也同样展现了"校园精度"的魅力。如果说这两者之间有什么相同之处,那便是"中国精度"的体现。

比较这两个开篇,片段一从国庆阅兵写起,由精度谈到把握好自己的人生精度,语言简洁明了,不失为一个好开头。

但如果和第二个片段比较,就能发现,片段二的作者通过对清晨进行环境描写,巧妙地将自己置身在一个具体的发言情境中,更有鲜活的生活气息,也更吻合题目要求的发言稿体例。同时,我们也能准确地发现片段一在"发言稿"这一具体情境的要求中显得不足,造成行文中的"无我"现象。对于此类问题,可通过具体环境和具体生活情境的叙写将自己置身于题目要求的情境中,让情境中有我。

(二)沉浸在事例论证分析中造成文中无我——入我彀中,论证有我

部分二类下作文只沉浸在论证"精度"中,没有对如何把握自己的人生精度进行论述,造成文章事实上"我"的缺位,成为"无我"作文。如下段:

而在美国国家航空航天局,有这样一位女性,她在当时的航天局里是唯一一个黑人,她叫凯瑟琳。她即使在单位里受到了歧视,也依然靠着自己踏实的工作和朴实的性格,还有在计算中每一次的精确无误,成为最具有影响力的人物,甚至奥巴马总统都亲自为她颁奖。在一次航天任务中,宇航员说,只有凯瑟琳亲自计算过一遍,他才能放心。这不仅仅是因为凯瑟琳在工作上准确无误,更是她把握了提高人生精度的方法,通过一次次的精准推演成就了她的卓越人生。

此段援引美国国家航空航天局凯瑟琳的事例来论证人生精度是恰当的。但整段都在讲凯瑟琳的人生精度,其实引用此例的目的是要谈论我们如何把握自己的人生精度,所以最后的论证中心应该回到自己身上。这段就与作文要求相去甚远,使论证的说服力降低,有偏颇之嫌。

修改升格策略是变"无我"为"有我",让认证过程有"我"的参与,入我彀中,让"我"成为全文突出的主人公。尝试改文如下:

我从凯瑟琳身上读出了认真把握自己人生精度的力量。即便她是女性,即便她是美国国家航空航天局里唯一一位黑人,即便她受到了种族歧视的排挤,但她定准人生目标,认真对待自己的工作,成为"只有凯瑟琳亲自计算过一遍才能放心"的航天局的标志,奥巴马总统亲自为她颁奖。如果我们也能像凯瑟琳一样认真对待自己的工作,丝毫不懈怠,让计算达到最佳精确值,那么我们也能像她一样在一次次的推演中成就属于我们的卓越人生。

(三) 一味说道理造成论证散乱——辐辏之聚,论证有序

在二类以上习作的论证过程中,学生能基本讲清主要意思,但有时对事例的分析缺失或不足,显得论证过程不清,易沦落到纯粹说理的苍白境地。看以下两个片段:

片段一:

对于我们来说,"精度"又是什么呢?人生就如白驹过隙,忽然而已。人生短暂,我们就更应该把握人生的精度,使人生富有价值。人生精确并不是意味着将未来计划好后按部就班,失去了生活的乐趣,而是充分准备,明确目标,积极应对未知的将来。人生如钟,我们并不知道自己要走多远,但将眼前的每一步走得准确是我们每个人追求的目标。岁月如流,韶华易逝,只有将人生过得精确,才能领悟生命的意义。

片段二:

所以我们怎样才能做到把握"精度",赢获成就呢?

第一,精确的目标。《劝学》中荀子曾讲道:"蚓无爪牙之利,筋骨之强,上食埃

土，下饮黄泉，用心一也。"蚯蚓天生就没有锋利的爪牙与强劲的筋骨，可它却因树立了"上食埃土，下饮黄泉"的目标，并坚定地朝自己的目标奋斗，最终创造了奇迹。相比之下，有"蟹六脆而二螯，非蛇鳝之穴无可寄托者"，这就是"用心躁也"，即目标不精确导致的后果。由此观之，一个精准的目标是万事之"始"。

片段一论述人生精度是什么，观点明确，但论证思路无序，语言冗杂，流于说理。如果梳理一下，可以发现作者想明确两个点，一是目标"精"让人生有意义，二是为目标努力的"度"可以拓展人生长度，为生命赋能。如果能举例论证，文章会更具有说服力。

片段二论述如何把握人生精度，援引《劝学》中蚯蚓和螃蟹正反对比分析论证，提出目标精确与否带来的两种相反的结果，进而明确精准的目标是万事之始这一分论点。其论证思路是"提出分论点—引证—论证分析—总结"，语言简洁干净，整段布局合理。

通过两段比较分析，要使论证过程有理，可以像车辐聚集于一点那样，紧紧围绕着一个中心有序说理、层层剖析、井然有序，因而使论证有理。

以上只是针对论证过程中"无我"和说理苍白等问题提出的解决策略，要使论证有理，还有文章整体布局的安排、论证形式的锤炼、论证素材的丰厚等方面，鉴于篇幅限制，不在本文详述。只有明白议论文的最终目的是要表明自己的观点，并取得他人认同，文章才能有长足的进步。

　　李峰之，克拉玛依市第九中学生物教师，市骨干教师。从教20多年，潜心研究教学一线的教师培养及教学改革工作，在各种报刊上发表文章30余篇。

凤舞九天，华丽转身

——记第九中学教育转型历程

克拉玛依市第九中学　李峰之

有这样一所学校，从 2007 年至今，已经走过了近 20 年的课改之路；有这样一群教师，秉承学校传统的"凤凰文化"精神，让一批批学生走出了这所学校，成为闪亮的"金凤凰"。克拉玛依市第九中学，一所抓住了"三二六"课堂教学改革、"学校转型"课程改革两次珍贵机会的学校，终于在课改转型的道路上华丽转身，获得了来之不易的成果。

一、引子：沉重的翅膀，必然的选择

第九中学位于克拉玛依市金龙镇，生源相对固定，多为本地职工子女和外来务工人员子女。2003 年以来，城市化浪潮的影响越来越大，本地职工逐渐到十几公里外的市区买房、迁走，同时养殖基地、国道边棚户区的外来务工人员越来越多，入学生源质量发生了很大变化。近年来外来务工人员子女所占比例约为60％，优秀学生大量流失。在这样的背景下，改革是必然的。

课改以来，学校变化巨大。2015 年，学校的高考取得了骄人的成绩并有了历史性的突破，特别是刘瑾旭同学以裸分 660 分摘得 2015 年克拉玛依市理科状元桂冠。学校高考综合排名第一，理科语文、理科数学、理科英语、理科综合都名列第一，再创辉煌。

二、前缘：有凤来仪，先声夺人

2007 年，第九中学开始探索课堂教学改革，最终形成了独具特色的"三二六"

课堂教学模式，历经临帖、破帖、学科特色等阶段，走出了一条课改的阳光大道。

"三二六"课堂教学模式改革，使广大教师的教育教学观念发生很大变化：逐步确立了学生的主体地位，提高了学生的自学能力；初步形成了新型的民主平等的师生关系；面向全体学生，充分关注后进生，学生的学习兴趣和积极主动性有较大提高；建立"学习共同体""班级合作小组"，有效地缩小学生差距。老师们普遍感到，学生在课堂上活跃多了，敢想敢说敢问。学生有了表现的平台，个性得到了张扬，创造力得到了激发，学习兴趣上来了，厌学情绪便得到了很好的遏制。

前期的课堂教学改革提供了宝贵的经验，那就是尊重教学规律，严格按教学规律开展教学工作。

首先，教师的观念一定要转变。在教学这一复杂的过程中，学生的学习状态、参与程度必须得到充分重视。其次，新时代的学生要求教师与时俱进。教师的教学方法与教学手段都要适应时代的变化。最后，厘清"教"与"学"的关系，按规律办事，"以学定教，先学后教"。

三、始计篇：未雨绸缪，梦想起航

2014年，学校历经七年之久的"三二六"课堂教学改革课题进行了结题。以后的课改如何进行？此时，正逢克拉玛依市教育局大力提倡全面向北京市十一学校学习课程改革转型，第九中学因为有优良的课改传统，于是被确定为首批转型学校，又抓住了一次发展机遇。

深入课改，制度先行。2014年9月、2016年1月，第九中学教职工代表大会审议通过了《克拉玛依市第九中学章程》《克拉玛依市第九中学薪酬制度改革方案》《克拉玛依市第九中学人事制度改革方案》等现代教育教学制度，在现代学校制度改革方面走在了全市教育系统的前列。通过改革已有的制度，第九中学取得了优化教育资源，实行扁平化、分布式、制衡型的管理机制的成就，从治理结构和制度上保证了课改转型的顺利进行，焕发出勃勃生机。

四、课程篇：凤栖梧桐，有枝可依

为全面落实课程改革方案，以满足每一个学生的需求为宗旨，学校在国家课程方案的基础上，整合了国家课程和校本课程，构建了分层、分类、综合的课程体系。根据学生在数学和科学领域中的学习认知水平、学习基础、学习能力、学习方式、发展方向、课程难度的差异，数学、物理、化学、生物等学科按照"发展方向＋课程难度＋学习方式"的原则，分三个层次设计课程。根据学生在语言学科中听、说、读、写等模块的差异及需求，语文、英语学科按照"基础必修课程＋补弱类自选课程＋提升类自学课程"的原则设置课程。补弱类自选课程是针对模块知识掌握较弱的学生开展的，偏向于基础知识的巩固，目的是增强学生的学习兴趣，让学生找到自信；提升类自学课程是为了满足学有余力的学生，使其有提升的空间。体育、艺术、技术学科按照"必修模块＋自选模块"设置，如田径、排球、游泳、乒乓球、葫芦丝、版画等。学校还开发了具有第九中学"凤凰文化"特色的入学教育、社团、服务、游学、小学段规划、社会实践等模块。为了便于学生选择，学校编写了《克拉玛依市第九中学课程手册》，指导学生根据自己的学习基础、学习能力、性格禀赋、兴趣爱好、发展方向等选择适合自己的课程。

五、专业篇：龙飞凤舞，展翅翱翔

选课走班有利于调动学生学习的主动性，给了学生更大的发展空间和选择权，但同时也给学生和教师带来了前所未有的挑战。我们初中语文、英语学科为了培养学生的听、说、读、写能力，课程容量是人教版教材的三四倍，还给学生提供了大量的课外阅读书目。如果教师不进行大量阅读，敢说、敢读、敢写，他怎么给学生示范，怎么跟学生交流？数学、物理学科Ⅲ层、拓展课程等高端课程教师，需要打通初中、高中、大学的课程体系，对学生进行拓展延伸，开阔学生的视野，增长学生的见识，培养顶尖的学生。教师的学历、学识、见识能否满足课程的需求和学生的需求？

课改转型中，教材的难度加大了，课时却减少了，这就需要教师不断地研究教材、研究学生，对于不同的学生应给出不同的学习建议，实现教学观从面向全班的整体化教学向类别化教学与个别化教学转变。教师要做好学习任务规划单、试卷细目和蓝图，必须专业过硬，激发学生的兴趣。在研究过程中，教师的专业素养能得到很快的提升。

六、自主篇：筑梦凤巢，呵护育养

只有把"今天的学习"与"未来的生活"打通，学生才愿意为了明天的未来，担负起今天的学习责任，才能真正实现"克拉玛依市教育核心价值观"中"让所有的孩子接受更好的教育，让所有的孩子享受幸福人生"的目标。因此我校高一年级开设了高中生职业生涯规划课程，旨在有针对性地让学生认识并明确自己的职业理想，确立自己的职业奋斗目标，从而激发学习的内驱力，唤醒学生为自己的未来而努力。

学生要通过填写详细规划、分享学习、填写答疑规划表来提升自我；每周五下午提供的"今天我开讲"活动平台，让梦想照亮学生的现实；教师组织丰富的职业生涯规划活动，借助"校友有约""家长有约""名家有约"等各种资源，丰富学生对高校、专业、职业的认知；让学生走出去，通过对职业生涯的实践探索确定自己的发展方向；借助网络资源，让学生接受更专业的职业生涯规划指导。学生陈星的感悟是："我通过讲座，懂得了选择专业是多么的重要。从某种意义上说，选择专业意味着决定了职业方向，不能仅仅顾名思义而选择一个专业。"

七、教育篇：群凤和鸣，其乐融融

教育不是万能的钥匙，不能包治百病，教育需要倾听、等待、陪伴、唤醒、发现和引导。教师要及时发现教育契机，与学生进行心灵上的沟通，教育才会显得更有深度、宽度和厚度，从而发挥它的影响力。

政治学科主任杨老师认为，时代在变化，教师需要转变教学的思维，在实践中不断积累教学智慧。"我们给学生的一定不仅限于课堂,而是播种在学生心田的种子,将来必会开出美丽的花,结出甜美的果。"

没有功利之心的教育,才具有强大的穿透力。它能够打开学生的心扉,真正走进学生的内心世界,在其中播下一粒种子,还能经常进来施肥、浇水,让这粒种子在阳光雨露的滋润下,慢慢长大,而教育者就像"麦田里的守望者"那样,从容而淡定。

总之,多年的教学改革历程使第九中学充分认识到,课改转型不可能一蹴而就,需要付出巨大的努力。只有发现、认识、遵循教育教学规律,抓住教育教学工作中的各种"生长点",传承第九中学的"凤凰文化",传承"三二六"课改成果,因势利导,才能在继承中发展,在发展中创新,培养出"和谐发展,自我超越"的具备21世纪核心竞争力的人才。

    刘海燕，克拉玛依市第一中学历史教师，热爱教育事业，工作勤勉，积极上进，曾荣获市教学能手、优秀班主任等称号。在自治区教学设计比赛、教学论文评比等活动中多次获奖。

"以终为始"的逆向教学设计

——基于深度学习的教学思考

克拉玛依市第一中学　刘海燕

2014年,以普通高中课程标准修订为标志的基础教育课程改革深化工作正式启动。2017年12月底,教育部印发了普通高中课程方案和语文等学科课程标准(2017年版)。本次修订的重要着眼点就在于落实立德树人这一根本任务,充分挖掘各学科独特的育人价值,凝练出各学科的核心素养,即学生学习这门课程之后应具有的正确价值观念、必备品格和关键能力。当然,这些顶层的设计和变化最终要落在课堂上,必须通过教师的教学设计转化为教学过程,并最终转化为学生的素养发展。因此,这必然要求教师的教学理念、教学设计和教学行为发生相应的变化。"深度学习"教学改进项目的核心理念和价值追求与以核心素养为目标的课程理念高度契合。它强调在教师的指导下,学生围绕具有挑战性的学习主题,通过积极的探究实践,深刻地掌握学科核心知识,并运用该知识解决实际问题。也就是说,深度学习是以理解为基础的意义探究型学习活动。那如何能够实现深度学习呢? 国内外已经有很多人进行了相关的研究,这些研究表明,基于问题、基于项目、基于探究、基于挑战等具有创造性和实践性的学习方式,都能有效地促进深度学习。在我们的教学设计和研讨交流的过程中,我对"逆向设计"印象颇深。

一、什么是逆向设计

逆向设计是20世纪末,美国课程研究专家威金斯等人在反思传统教学设计不足的基础上提出的,是一种基于目标导向的教学设计。它要求设计者在开始的时候就要详细阐明预期结果，即学习目标，并根据学习目标所要求或暗含的表现性行为来设计课程。与很多常见做法不同的是，这一设计要求教师在制定目标之后必须思考以下问题：什么可以用来证明学习目标的达成？达成这些目标的证据是什么样的？教与学所指向的、构成评估的表现性行为是什么样的？只有回答了这些问题，教师才能在逻辑上设计出合适的教学和学习体验，从而使学生成功地完成学习任务，达到内容标准的要求。

由于评估证据在整个教学设计中所处的顺序与以往的教学设计不同，逆向设计因此得名。（以往教学设计的评估证据，即诊断或测试，是放在学习体验与教学活动之后的最后一个环节进行评估的；而逆向教学设计是根据预期的学习结果而组织的评估，评估内容和方法先于学习活动来设计，并贯穿整个教学过程。）可以说，逆向设计的教学思路与新课程的改革理念是非常契合的。

二、如何做逆向设计

逆向设计主要包括三个阶段。

（一）确定预期的学习结果或教学目标

预期的学习结果，即学生通过本课或本单元的学习应该知道什么、理解什么、能够做什么。具体来说，就是要仔细研读国家课程标准，结合教材和学情分解课标要求，将高度浓缩概括的语言转化为具体可操作的学习目标，然后进行清晰准确的陈述。

以《影响世界的工业革命》这一课为例。课标要求是通过了解工业革命带来的社会生产力的极大发展以及所引起的生产关系的深刻变化，理解工业革命对资本主义世界体系的形成及对人类社会生活的深远影响。根据我校自主学习的要求以及学情和教材分析，我们可以将其分解为以下学习目标：(1)通过阅读教材，能够说出两次工业革命的主要成就；(2)通过史料分析，能够归纳工业革命最先发生于英国的背景原因；(3)通过对工业革命后一些社会现象的解读分析，能够理解工业革命对人类社会生活所产生的深远影响；(4)通过对工业革命后国际分工的分析，能够理解工业革命对资本主义世界体系的形成产生了重大影响。

（二）确定合适的评价目标

我们如何知道学生是否达到了预期结果？哪些证据能够证明学生对知识的理解和掌握程度？这一部分其实就是我们通常所说的作业、练习或诊断测试这样的评价任务。只是在逆向设计中，这一环节被前置了，也就是先设计出合适具体的诊断评价任务，然后再进行相应的教学活动设计，将评价贯穿于教学活动的始终。这里就需要用到课程标准中"学业质量水平"的内容了。通过这次备课，我们也发现，平时惯常的教学设计对这部分内容是不够重视的，或者说我们不知如何很好地利用这个学业水平来指导教学。在听完刘新宇老师的点评之后，我们又仔细研读了课标并讨论交流，觉得这应该是指导我们有效教学、科学教学、精准备考的一个重要依据。新课标中增加的"学业质量水平"是一大亮点，它实际上就是学科素养达成的质量标准，将历史学科的五大核心素养分为四个等级，每个素养的不同水平都具有连续性和递进性，其中水平2是全体学生经过必修课程的学习后必须达到的水平。所以我们在制定评价目标时，要以"学业质量"为依据，深刻理解核心素养的内涵，准确把握学业质量不同水平所描述的表现特征，将评价目标与教学目标相统一，使教、学、评相互促进，共同服务于学生核心素养的发展。

例如，在《影响世界的工业革命》这一课的学习评价中，可以这样设定：要求学生运用地图、文献、图片、音像、数字等史料，对工业革命的进程、工业革命后生产力的发展情况、城市化的进程、列强在世界范围内的扩张、世界市场的形成等方面进行论述。在评价时，教师需要重点关注学生是否了解工业革命的时空背景，是否能够运用史料作为证据来论证自己的观点，是否能够理解生产力的发展是推动历史发展的决定性因素，是否能够从大历史的视野认识到工业革命对人类社会生活以及资本主义世界体系的形成所产生的重大影响。

（三）设计学习体验和教学活动

在这个阶段，我们必须思考几个关键问题：如果学生要有效地开展学习并获得预期结果，他们需要哪些知识（事实、概念、原理）和技能（过程、步骤、策略）？哪些活动可以使学生获得其所需的知识和技能？根据预期的教学目标，我们需要教哪些内容，指导学生做什么，以及如何用最恰当的方式开展教学？要完成这些目标,哪些材料和资源是最合适的？

例如,在《影响世界的工业革命》这一课的设计中,预期的学习目标只有一条:通过对工业革命后的一些社会现象进行解读分析,能够理解工业革命对人类社会生活所产生的深远影响。根据学业质量水平,我们确定的评价目标只有"能够运用史料作为论据论证自己的观点"这一条。因此,在这里教师设计了让学生根据教师提供的词条,先进行初步的筛选和关联,然后要求学生解释其中的逻辑关系,进而分析得出工业革命在某个方面的影响。我觉得这个设计就很好地体现了教、学、评的一致性。再比如课后的作业——让学生结合时代背景续写人物故事,这个任务设计就能够较好地评估学生是否掌握了工业革命的时空背景,是否理解了工业革命后生产力的发展情况,以及工业革命所产生的重大影响等。

总体来说,"以终为始"的教学设计,需要注意以下几点:目标源于课程标准;评价任务设计先于教学过程设计(逆向设计);全程指向学生学会什么的质量(以学业质量为依据);体现标准、教学、评价的一致性;教师关注从"课堂"到"课程",从"教什么"到"学会什么"。

三、反思

一是要仔细地咀嚼课标。说实话,新课标出来以后,大多数教师也就是刚开始那会儿仔细地读过一遍,然后只有公开课或者听评课时,才会拿出来有针对性地读一读,现在看起来是很不够的。这个以后要改!可以通过个人精读、大家共读、边读边交流的形式来研读课标,这样才能精准地指导教学。

二是多读书。除了多读专业方面的书之外,有关教育教学理论方面的书也应该多读,从中汲取教育智慧。

三是多交流。校内也好,校际联合也好,多一些交流就多一些思想。俗话说:"一个人可能走得更快,但是一群人会走得更远。"

"资之深,则取之左右逢其原。"在当下这个时代,唯有不断学习、不断积累,才能应对更大的挑战。

郝志永，克拉玛依市第一中学数学教师。积极参与课堂教学改革，善于学习，发表论文多篇，主持的课题"分层教学背景下学科教学进程设计与效果研究"对分层教学的研究起到了一定的引领作用。教学成绩突出，所带学生多次在全国中学生数学竞赛中获奖。

SOLO 分类系统评价模式在分层教学中的应用

克拉玛依市第一中学　郝志永

新一轮课程改革之后,我校结合各学科的特点,以不同的方式大力倡导和践行学生自主学习。数学采用分层走班的教学模式,分为三个层次,即数学 I 层、II 层、III 层。每个学生都是独立的个体,存在着个体差异,采用传统的"一刀切"的教学方法显然难以满足现代社会对学生提出的各种要求。分层教学从学生的实际出发,注重因材施教,促进学生的全面发展。这一理念体现了素质教育背景下新课程"一切为了每一位学生的发展"的核心理念与最高宗旨。

但是如何分层、何时分层? 这是摆在我们面前的一个问题。以往,我们都是根据学生的申报,在第一个学期结束的时候进行一次分层考试,但我觉着这样做会失之偏颇。我们的分层应该遵循多维性、自愿性和动态性原则,针对每位学生的数学学习能力、习惯、态度和数学成绩等因素来进行综合分析。那么,又该如何评价一个学生的学习能力呢?

本文拟从 SOLO 分类系统评价模式的视角,通过试题设置,发现学生的思维水平,从而对分层起到指导作用,使分层具有科学性。

一、SOLO 分类系统评价模式

SOLO(Structure of the Observed Learning Outcome,可观察的学习结果的结构)分类系统评价模式是澳大利亚教育学家比格斯首创的,它使教育评价深入质的层面。SOLO 分类系统评价模式是对学习者在学习活动中所产生的一系列表现的描绘,它提供了一个有条理的层级式的分类方式,即一个学习者在掌握学习任务时对任务复杂性理解的增长变化。比格斯认为,学习结构的复杂性主要包括两个方面:一是量的方面,即学习要点的数量;二是质的方面,即如何建构学习要点。根据这两方面要求,比格斯把学习结果分为五个水平。

(1) 前结构水平(Pre-structural):学生并没有真正理解学习内容,或被情境中无关的方面所迷惑或误导,不能用任务中所涉及的表征方式来处理任务,或被以前所学的无关知识所困扰,找不到任何解决问题的办法,回答问题逻辑混乱或同义反复。

(2) 单一结构水平(Uni-structural):学生能够使用或获得要解决问题的一个或部分特征,能够找到一个相应的解决办法,但只能联系单一事件,忽视题目中多种相关资料的区别和联系,往往是找到一个线索就急于得出结论,即只从问题的一个侧面看待问题。

(3) 多元结构水平(Multi-structural):学生能够找到构成问题的多个、正确的相关特征,但只是简单地罗列这些要点,不能觉察到这些特征或线索之间的联系,尚缺乏将它们有机整合的能力。

(4) 关联水平(Relational):学生会整合各部分内容而使其成为一个有机整体,表现为能回答或解决较为复杂的具体问题。

(5) 拓展抽象水平(Extended Abstract):学生会归纳问题以学习更多抽象知识,结论具有开放性,能拓展问题本身的意义。这代表着一种更高水平的学习能力,这一水平的学生表现出更强的钻研和创造意识。

SOLO 分类系统评价模式重在分析学生每个回答所反映的思维复杂程度,关注学生回答之间正确与错误、复杂与简单等的区别。

二、试题的设置

在每次完成单元学习后,我们都会按照 SOLO 理论的等级来设置由低到高、逐步递进的问题,使得每个问题对应一定的结构水平。以下是在高一函数学习完之后,设置的测试题目。

已知函数 $f(x)=\begin{cases} x^2+2x-3(-3<x\leqslant 2) \\ -x+7(2<x\leqslant 7) \end{cases}$，

(1) 请画出函数 $f(x)$ 的图像；

(2) 求出函数的值域；

(3) 求出函数的单调递增区间；

(4) 若方程 $f(x)-k=0$ 有两个实根，求 k 的取值范围；

(5) 已知 $g(x)=\begin{cases} (3a-1)x+4a(x<1) \\ a^{x-1}(x\geqslant 1) \end{cases}$ 是 $(-\infty,+\infty)$ 上的减函数，求 a 的

取值范围。

表 1 是根据 SOLO 水平层次结构框架对测试题目制定的相应 SOLO 分类评价标准。

表 1　该试题的 SOLO 分类评价标准

层次	描述
前结构(P)	无法理解问题；不合逻辑；卷面空白。
单一结构(U)	正确画出分段函数的图像。
多元结构(M)	1. 通过函数的图像正确求出值域； 2. 通过函数的图像正确求出单调递增区间。
关联(R)	1. 能把方程 $f(x)-k=0$ 转化为 $y=f(x)$ 和 $y=k$ 关系； 2. 通过数形结合求出 k 的取值范围； 3. 能根据 $g(x)$ 在 **R** 上为减函数,确定出各分段函数的单调性。
拓展抽象(E)	1. 对于分段函数 $g(x)$,能找出其在 $x=1$ 处的大小关系； 2. 能根据大小关系求出 a 的取值范围。

该标准通过多维度地设置问题,判断学生解决问题的能力。教师通过多角度的判断可清楚地认识到学生对知识的理解达到了什么样的层次,这对教师的教学有很大的帮助。SOLO 分类评价标准不仅定量地考查学习结果,而且关注学习的质量。从前结构水平到拓展抽象水平,SOLO 分类评价标准提供了一种依次递进

的结构来测量学习的质量。它不是通过测试题目对学生进行分类，而是对不同学生认知水平的再认知，能让教师更加详细地区分学生学得有"多好"，而不是有"多少"；它不是区分学生的层次，而是帮助教师认清学生学习结果的层次，可以告诉教师学生知道了什么、理解了什么、可以做到什么程度，较清楚地显示学生对某个具体问题的认知水平。

三、总结

分层教学在教学实践过程中既能照顾学生的个体差异，又能促进学生的全面发展，然而分层的不合理也使其在实施过程中产生很大的局限。于是，SOLO 分类系统评价模式可以很好地确定学生的思维达到了何种水平，这样不但能对我们的教学提供有力的帮助，而且能更好地改进教学，更能为我们的分层提供有力且良好的依据。分层并不是一成不变的，而是在教学过程中根据 SOLO 分类系统评价模式对学生的评价反馈情况，适时地针对学生的层级进行动态调整，从而使学生尽快达到各自的最佳发展层级。

　　胡建喜，克拉玛依市第一中学思想政治教师。1994 年从喀什师范学院政史系思想政治教育专业毕业后进入克拉玛依市第一中学工作至今。先后担任过班主任、政治学科主任、学校课程与教学研究院副院长、学校学术委员会委员。一直从事高中思想政治教学，曾获得自治区中学政治课堂教学比赛一等奖、克拉玛依市教学能手、克拉玛依市骨干教师、克拉玛依市优秀思想政治教师等荣誉或称号。

教学是什么？ 教育转型带给我的启示

克拉玛依市第一中学 胡建喜

我也曾在北京市十一学校学习过，我为我所见到的一切而欣喜、感慨和激动。但当这样的变革嫁接到我们一中时，即使是我这样一个有着二十多年教龄的老教师，依然面临着巨大的冲击。三年中我挣扎过、迷惘过，以前的经验变成了束缚，曾经驾轻就熟的上课方式却与今天的课堂格格不入，甚至很怀念曾经那个站在高高的讲台上滔滔不绝、掌控一切的我。三年里我也不断地说服自己要变，直到发生了这样两件事，才让我真正地开始认真思考：如何面对最真实的孩子？ 如何理解真正的教育？ 这两件事让我确信：课堂改变了，学校才会改变；课堂创新了，学生才会创造；课堂进步了，教师才会成长。

一、二元和她的小伙伴们：让我欢喜让我思

她叫陈靖元，一开始大家叫她元姐，后来大家叫她"二元"。这得从一节思想政治课讲起。高一下学期的后半学段，我们将进入《生活与哲学》的学习。按照以前的做法，我们就照本宣科地开讲了。但是我们学校有一个特殊的学段叫小学段，有两个星期的时间是完全由学生自主规划与自学自研的。小学段期间，我们并没有让学生提前预习教材，而是随着阅读在课堂中深入，先让学生热身，阅读文化与哲学类的书籍。

小学段前她提交了自己的学习任务，题目让我眼前一亮：哲学专题探究《比较尼采和叔本华思想的异同》。再看内容，其中也有非常清晰的学习规划。

【学习过程】

1. 广泛阅读周国平的通俗性、文学性的哲学类散文，培养兴趣。

2. 大致了解柏拉图、亚里士多德、尼采、叔本华、黑格尔和马克思的哲学观点,思考其异同。

3. 读《马克思主义哲学通俗读本》和《生活与哲学》课本,建立正确的观念,并了解相关术语的含义。

4. 浅析尼采与叔本华哲学思想的异同。

更惊人的事情在后面。交流课上,她与大家分享了阅读报告《关于尼采与叔本华意志主义哲学的比对》。她在前面讲,我在后面羞愧难当。汗颜啊,除了对马克思主义哲学有一定了解外,西方哲学我基本上是一知半解。当讲到叔本华关于"人生是一出悲剧"的思想时,另外一名学生说起了对尼采有巨大影响的希腊悲剧,更是分析了希腊神话中的酒神文化和日神文化。这下,课堂被引爆了,很多学生从文学、历史、戏剧的角度参与到讨论中。

下课后孩子们围过来说:"老师,下节课继续讨论吧,我也想讲。"随后的课堂完全是孩子们的天下,从《苏菲的世界》到毛泽东的《矛盾论》,从百家争鸣时代的墨子到王小波的代表作《沉默的大多数》,等等。当小马哥讲到毛泽东的《矛盾论》时,有学生在黑板上用图示表达了几种矛盾关系,有学生觉着不对,又轮番上阵进行修改。就这样,孩子们自己解决了教材中关于矛盾内容的难点问题。

这件事带给我两个反思:一是一定要充分地信任学生,对学生的信任,怎么多都不为过。我们要相信他们有强大的学习能力,相信他们一定能成为更好的自己。二是作为教师,我们要继续地退,只有继续退,才能让学生在进的过程中获得更大的发展空间,迸发出更大的学习能量。

二、巴丽娜尔的故事:我的青春我做主

巴丽娜尔被大家封为巴神,她不是学霸,她是学神。她是老师眼中的好学生、乖孩子。直到有一天课堂上她"不乖"了。高一的第二学期里,有一天我正在讲课,她直接打断了我的课,把教材甩到了桌子上,更是说了一句话:"这是什么呀,太没有意思了,简直是扯淡。"大家都惊讶地看着她。我心里也有些吃惊,但我明

白这是正常的,我们的课堂不是"一言堂",我们要让学生自己去分析、辨识、判断和选择。面对教材她会质疑和批判,会表达自己的异见,甚至是激进的。当时,我并没说什么,而是给大家放了一段视频《领导人是怎样炼成的》,同时推荐她阅读托克维尔的《论美国的民主》。几周以后,我们学习我国的民族和宗教政策,学习中我们更多采用对比的方法,对比我国的政策和美国的种族大熔炉政策;我们更多加反思,反思中我们认识到只有淡化不同民族与宗教的意识,加强公民意识,寻找不同民族之间更多的共同点,形成命运共同体,我们才能休戚与共。下课后,她来找我,说:"老师,我没有想到您的这节课会这样上,谢谢您,让我释然了许多。"放假前,她到我的教室借了一大堆政治相关的书,说假期准备尝试着写一篇有关中越南海问题的政治论文,我特别高兴她为自己安排了学习任务。8月份的一天,我还在外出旅游时,QQ上收到了她的第一篇政治论文《浅谈中越南海问题》。第二年的5月,她主动报名参加了自治区举办的中学生时政论文大赛,选择的方向是运用互联网思维为改革发展助力。进入高三前,她告诉我:"老师,我要报考北京大学的国际政治专业。"

巴神的成长让我重新思考:教学究竟是什么?教学是学生成长的入口和起点,从这个起点和入口出发,每一个孩子都可以找到更大的学习与成长的空间。教学是为了超越教学,走向真正的育人。

　　李宁英，克拉玛依市第一中学数学教师。从教以来，以自己高度的事业心和责任感辛勤耕耘、默默奉献。先后获得过克拉玛依市教育局级优秀教师、市教育局级优秀班主任、克拉玛依市师德标兵、克拉玛依市三八红旗手、开发建设新疆奖章获得者等荣誉称号。

从模仿步入超越，从教学走向教育

克拉玛依市第一中学　李宁英

时光匆匆，转眼间我从事教育教学工作已二十多年。回望自己成长的历程，学习、反思充满了二十多年的教育教学生涯。我在实践中不断自我反思，在自我反思中学习改变，在学习改变中收获了专业成长。剖析自我的教学生涯，可以说是从模仿步入超越，从教学走向教育，我在一点一点地成长转变。

一、从模仿步入超越，实践中的转变

2014 年 7 月，我有幸调入克拉玛依市第一中学，第一中学的教育转型变革刚开始一年。在这里，教育打破了传统的教学模式，实行选课走班制，取消行政班、班主任，改变以往的教师讲、学生听的课堂教学模式，全面铺开以学生自主学习为主的单元授课模式；课堂不再是教师的"一言堂"，而是一学生一课表，学科教室里，师生热情互动。我聆听了秦建云校长、一中先行老师的几场报告以及相关培训讲座之后，怀着"为了学生，要改变自己"的决心，开始了第一节课的教学。根据我的课前准备，考虑到学生刚来，我根据学生已经自学了三角函数单元的经历，计划先带学生一起梳理一下，可是还没等我开口讲解准备的内容，一名学生阻止了我："老师，我还没看完呢，再等等，你先别讲。"又有一名学生说："老师，这个地方我没看懂，你来帮我解释一下。"……我的第一节课以准备的集中讲授内容零开展而告终，但我这一节课一刻也没闲着：检查标记学生研修的进度、解释答疑学生看不懂的地方、给进度快的学生准备个性化资源……时间过得好快啊，一会儿就下课了，但这种课型使我陷入了纠结之中："学生都学到东西了吗？""他们自己能学会吗?""他们浪费时间了吗?"随着两三周忙前忙后的摸索尝试，我发现学生的前诊答得不错，我看到课上学生已经提出了有深度的问题，我看到学生自学后的理解不再仅仅停留在概念解释层面了。学生学习的潜力与积极性在一朵云撞击另一朵云的思维碰撞中不断激起火花，势如破竹。倘若没有实践，我真不知何时才能改变自己的教育观，不知何时才能告别自己原有的"舒适区"，让自己成长改变。这些能力都是学生通过自学习得的，原本他们应该有的自学能力在以前被我们"强势"地剥夺了，我所梦想培养的学生的自学能力从口头和观念想法的虚拟世界开始真正地向现实着陆了。此时的我为能进入这次教育转型变革而庆幸，这次实践促使我的教育观念发生了深刻转变。

《学会生存》一书中强调，教师的任务是"为培养一个人的个性并为他进入现实世界而开辟道路"。今天的教师，不能再秉持着"知识本位观"。我们的改革主张教师不再是单纯的"知识传授者"，而应变成引导学生学会学习，进而拥有终身学习能力的"引导者"，启发学生寻找未来发展的道路，规划自己的人生。

二、从模仿步入超越，学习中的转变

任何人的发展与成长都需要经历学习的过程，我也是从最初的模仿、研究他人的教学行为、观念开始，在为学生准备个性化资源而加班加点中重新审视自我，在为能使学生在现有知识基础上习得破解一道难题的多种解法而苦思冥想，在为学生管理中遇到的种种困惑而孜孜追寻……在教学思维的不断碰撞冲突中，我重新认知，逐步学会构建自己的教学思想，渐渐有了自己的教学心得。我认识到，在学科教学中，知识的获得、成绩的提高、能力的培养固然重要，但是这一切应服从和服务于学生的健康、幸福、尊严和个性的发展。学会尊重、包容、接纳是爱学生的体现，也是教师一生的必修课。数学教师不仅是教数学，更是用数学育人。学科教学在体现和重视学科知识的特点、遵循学科发展规律的同时，一定要以人的发展为本，服务于人的个性自由和全面健康发展。眼里只有学科的教学任务和教学成绩而丢掉了活生生的人的行为是不可取的。引导和启发学生做好自己的人生选择,无论现在还是将来,学生都过得有尊严、有意义、有幸福感,将是教师的终极使命。

调查显示,学生的学习成绩中只有15%—30%与教师的知识传授有关,其余大部分都取决于非知识层面的因素,如教师的情感、态度、视野、胸怀、思维方式,这些因素都直接影响学生的成长和发展。这就需要教师要有强烈的责任心和使命感,具备人格和学识的双重魅力,才有可能教育和引导学生努力做一个有文化修养、有责任担当、有人文关怀的人。

三、从教学走向教育,行动中的转变

通常情况下,德育几乎是班主任在做,往往脱离学科教学而出现形式化的趋向,成为一壶烧不开的水。而学科教学又往往窄化为知识教育,导致立德树人的功能被弱化,有时甚至被忽视。

第一中学从2013年7月逐步实行选课走班后就取消了班主任,包括数学学科在内的每位学科教师,都将从教学走向教育看作是一场整体行动。如果先关注学生的着装打扮,对不合时宜的学生进行提醒或通报,那么形成习惯后学生都会进教室后"举报",说某某涂口红了,某某穿紧身裤了……这体现出行为规范的要求已入脑入心。再如每间学科教室都有卫生天使,培养学生的劳动习惯与责任意识也成了学科教师义不容辞的责任。规范学生合理使用手机,各学科教师和学生一起参加"阳光大课间"活动、一起参加学生的"学段表彰大会"……全员育人在这里生根发芽,教师的一言一行对学生来说是一种细微的教育和影响,对学生全方位的关注和引导是一种宏观的教育和影响,客观地看待和评价学生是一种全面的教育和影响。

苏联政治家加里宁说过:"教育者影响受教育者的不仅是某些所教的知识,还有他的行动、生活方式以及对日常现实的态度。"这是因为教学不仅是知识的输出,也是教师内心世界的展现。教师在教学过程中自然流露的思想、品德、风貌、学识、才能、作风、言谈举止、待人接物等,无不影响、感染和熏陶着学生的心灵,都会被学生视为榜样。教学和教育也从来不是截然分开的，要把学科教学中学科关键能力的习得过程放到一个可以发酵、揉搓、浸润的文化关怀中。此外，学科教学里最大的道德教育资源就是学科知识本身。数学学科在内容上强调的是公理、定理、公式、计算、发现等，通过推理、演绎、归纳、计算等方法，培养学生严谨、理性、坚韧、求实等品质，把德育渗透融合在课程教与学的活动中，挖掘蕴含在课程中的丰富道德教育资源。学科教学应把学科的品质浸润转化为学生课外的成长行为，延伸到学生的日常生活中，并逐步升华为他们的成长自觉。

四、从教学走向教育，成长中的转变

柳宗元在《种树郭橐驼传》一文中，讲述了一位种树高手郭橐驼的故事。他虽是驼背之人，相貌怪异，却是种树的一把好手。他种的树，没有一棵死的，也没有一棵不是根深叶茂、硕果累累的。当外人问及奥秘时，他答曰："能顺木之天，以致其性焉尔。"顺天致性、尊重规律的种树之道，不正是教师和学生的成长之道吗？作为教师，我们应静下心来，以一颗充满智慧的仁慈的心，遵道而行，珍惜和呵护每一个孩子健康快乐地成长。教学相长，教师和学生两者的关系正是"农夫与禾苗"的关系。禾苗是有生命的，是遵循季节变化而开花结穗的，农夫只需守望，给禾苗施肥、锄草，静待花开。

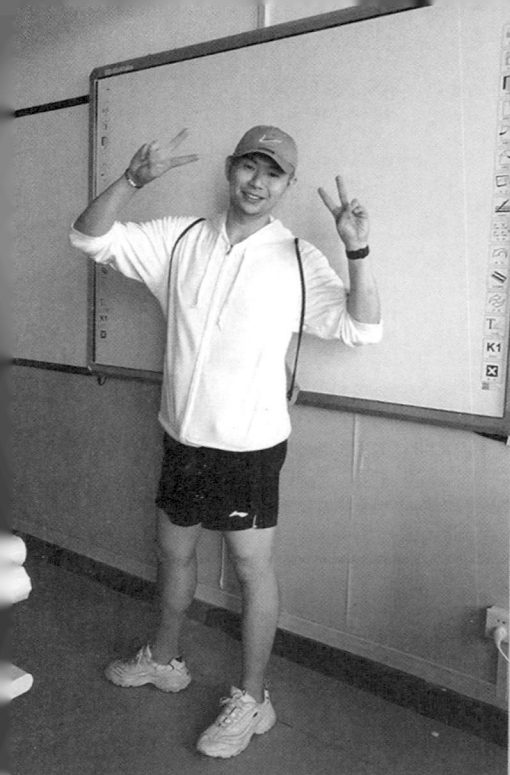

张骏成,克拉玛依市第一中学英语教师。擅长使用信息技术辅助教学，曾多次参与新疆空中课堂的课程录制。所撰写的论文三次获得自治区论文大赛一等奖，所设计和制作的微课、课件等多次在全国幼儿园、中小学教师信息化设计能手大赛中获奖。多次参与市级、自治区级课题研究。

混合式教学实践：从英语课堂到慕课讨论区

克拉玛依市第一中学　张骏成

在全球化的背景下，互联网对教育教学产生了深刻影响。在大学和中学使用微课、慕课等进行英语混合式教学，是国内外英语教学创新的一大趋势，目前正处于不断探索拓展的阶段。慕课可以让学生在课堂教学之外，充分利用优质的在线教学资源，开展灵活多样的在线学习。其教学效果主要取决于教师教育理念的更新、教学方式的转变和教学活动的设计等。本文依据清华大学与克拉玛依市第一中学利用慕课进行混合式英语教学的实践，解读如何利用慕课讨论区联结课堂内外，提供比单一课堂教学形式参与度更高的学习方式，使学生和教师可随时互动、学生之间可随时交流，极大地激发了学生学习的积极性和创造性，从而高效获取和应用所学的知识。

一、慕课讨论区——协作式自主学习平台

自 20 世纪 80 年代起，以学生为中心的教学模式日渐流行，自主学习成为教育界比较热门的学习理念。国内外学者对自主学习从理论到实践有过很多阐述，但直到慕课出现以后，自主学习的很多问题才受到人们前所未有的关注。自主学习能力是指"对自己学习负责的能力"，本质上是一种独立的、批判性反思和决策的能力。慕课讨论区正是满足了培养学生自主学习能力的需要，为学生提供了互动交流的平台，让他们能在其中与从未谋面的老师和同学交流，表述自己学习中遇到的问题，并可解答同伴的问题，从而提高学习的动机和意愿。对学生而言，通过慕课讨论区进行自主学习是一种前所未有的体验。

我们通过研究发现,慕课讨论区不但可以联结课堂内外的学习空间,而且能帮助学生在学习过程中经常性地对自己的学习进行总结和反思,明确学习要求,增强与同伴一起学习的自信心和成就感,从而培养学生的自主学习能力。此外,慕课讨论区师生的沟通交流、及时提供的学习资源和学习建议等,都对线上线下的混合式教学具有积极的作用。

通过教学实践,我们认为慕课讨论区是在教师的监督、指导下,学生主动参与、内容丰富、灵活多样的在线交流学习社区。学生是慕课讨论区的主体,教师负责引导、调整讨论进程,也可针对学生在线提出的问题答疑解惑,但一般不控制参与讨论的学生人数和评估学生的参与情况。这使得慕课讨论区成为一种协作式的学生自主学习平台。

二、慕课讨论区多样化的交流模式

讨论区的交流活动是慕课教学的一大优势。讨论区就是一个在线的学习社区,在这个社区中,学生以发帖的方式进行基于文本的英语交流。为了使交流活动更有成效,我们在课前做了精心策划。根据讲授的课程内容,逐个单元设计讨论话题、交流形式、引导方法、注意事项等;明确教师的责任和作用,强调教师主要充当观察者、引导者和评判者的角色,而学生是讨论交流的主体。学生应在完成课程视频及相关资料学习的基础上参与交流,以便于他们更准确地把握课程主题和为讨论区交流做素材准备。

慕课讨论区的提问和回答可以参照课堂作业的形式,分班布置,跨学校在同一讨论区展示。这样,不同地区、不同年龄的学生可以同步交流,教师也可以通过微信群集体备课,实现网上统一答疑,同时兼顾不同类型的学生之间的交流互动。我们在讨论区中构建了三种英语交流模式,分别为规定性交流、自发性交流和问答性交流。

(一) 规定性交流

规定性交流由教师根据每个单元的课程主题发帖设置话题,学生围绕教师设置的话题交流各自的观点，教师则根据实际情况调整交流的方向和节奏，深化交流内容。例如，对学生的发帖内容给予点评，将精彩的语句以加粗字体的方式凸显出来，或为交流中表现出色的学生投票点赞；对于交流中的偏题现象或不恰当的内容进行指导和纠正；每单元交流结束时，教师结合课程主题，总结和点评交流的整体情况，并对下一步的讨论交流提出要求和期望。规定性交流是学生按照课程要求，进行英语运用的一种训练活动。它有助于学生在语言输入之后，在交际语境中及时进行有意义的输出，从而提高英语交流能力。同时，学生也能感受到在讨论区平台开展交流的意义和价值，激发他们参加讨论交流的积极性。

（二）自发性交流

自发性交流是指由学生自主创设话题开展的交流。例如，学生发帖分享自己的慕课学习体验、心得和感受，或介绍有效的英语学习技巧，或围绕大家感兴趣且符合课程主题的话题展开交流。自发性交流的话题往往是规定性交流话题的扩展或深化。例如，在"生活中的身边人"这一单元的教学中，规定性交流的话题是介绍自己与朋友或家人之间的交流方式。一名学生在交流进行了一段时间后，发帖提出了"如何与不同语言、不同文化的朋友交流"的问题，来征询其他学生对这一问题的看法。教师认为该帖是对之前交流内容的拓展，值得深入讨论，因而将其置顶。这一自发产生的话题在讨论区中受到广泛关注，引起不同国家学生的回复。因其涉及多元文化视角的呈现，故讨论具有跨文化交流的性质。这种自发性的交流调动了学生学习的主动性和创造性，也活跃了讨论区的交流氛围。对此，学生表现出较高的积极性，很多学生都愿意当交流的发起者，在讨论区发挥引领作用。自发性交流的话题既可由学生直接发帖拟定，也可以在规定性的交流过程中自然引出。规定性交流与自发性交流往往交叉进行，直至本单元课程结束。虽然自发性交流由学生自行发起，但交流的话题要由教师掌控，与课程无关的话题将被删除。结束时，教师应对整个交流情况作出总结评价。

（三）问答性交流

问答性交流指的是学生对学习中遇到的问题和困难发帖求助，由教师或其他学生予以解答。学生的解答须经教师确认无误后才可发出。在讨论区这个公开的交流平台,对一个学生所提问题的解答,也会帮助到其他有同类问题的学生。问答性交流的话题还可能涉及英语学习或讨论区平台的操作方法等。课程伊始,教师就发帖提倡学生多思考、多发问。一方面,问答性交流有助于学生之间取长补短,提高英语学习的效率,推动教学顺利开展;另一方面,问答性交流也能够强化英语使用意识,能时常将英语当成解决问题的语言工具,来提高自己的英语交流能力。

在整个交流过程中,教师的引导和评判是非常重要的,对交流的质量起着关键的作用。教师根据交流的进展情况,既要适时调整讨论区的氛围,又要注意将交流的内容引向深入,在交流结束时还要给出准确到位的评述。

三、运用慕课讨论区进行混合式教学的优势

毋庸置疑,英语的课堂学习时间对于掌握一门外语来说是远远不够的,英语的听说能力也无法在课堂上得到充分的训练。利用慕课,学生可以充分利用在线学习和面对面课堂授课的优势,取长补短。

慕课的视频一般都提供中英文字幕,可以反复观看,有暂停、回放等功能,方便学生根据自己的掌握情况来控制自己的学习速度。学生在得到一定的学习指导的情况下,可以独立观看视频并完成课后的作业。因为学生不需要总是在教室里学习,所以他们可以选择自己的学习环境,随时在线聆听教师对课文和词语的讲解。这种混合式学习打破了教室空间的束缚,允许并鼓励学生在课下继续学习。在课堂上,师生之间的互动、同学之间的互动把面对面交流学习的优势最大化,有助于提高学生的学习能力。

在整个教学过程中,讨论区的交流呈现出两个特点:一是学生的互动创设了交际性语境,能够引发出富有不同语言、文化特点的话语内容,促进高质量的语言输入与输出;二是交流话题紧密结合实际,生活气息浓,易于引发学生的共鸣,使他们有话可说、有感而发。在教师的引导下,交流能够始终围绕着课程主题进行。

通过对慕课学习数据的分析，教师还可以准确掌握学生的学习情况。从学生的选课人数，到分布地区，再到互动模式，如学生的整体发言趋势是怎样的、哪些学生比较活跃、谁和谁之间互动比较多、谁是整个讨论区的关键人物等，这些信息能够帮助慕课的运营教师进一步了解学生的学习动态，提供适当的帮助。

运用慕课讨论区进行混合式教学的优势可归纳为以下几个方面：(1)适合不同学生的学习时空；(2)能够实施更灵活的学习设计方案；(3)能够提供有更多互动的语言学习环境；(4)采用更有成效的学习方式；(5)能够接触到更形象的学习内容和更多的教师。我们认为，运用慕课讨论区进行混合式教学离不开几个关键因素，比如学生的学习主动性、自主学习的能力和策略、合作学习的条件、教师的课外学习支持等。

四、主要教学效果

(一) 增强了学生参与交流的积极性

由于交流模式的多样化，学生不仅可根据教师设置的话题跟帖，还可自己发帖设置话题；既可发表自己的观点和感受，又可提出疑惑或求助。这种多样化的交流具有较强的包容性和融合性，大大增强了学生参与的积极性，使讨论区的新帖不间断地产生。而以往发的帖子又作为对交流过程的一种记录，向学生展现讨论的节奏和进度，使"后加入者"能更好地融入学生的交流。由于来自各国的学生积极参与，慕课讨论区中的交流氛围不断升温，交流内容不断深入，交流效果不断提高。

(二) 促进了学生之间的知识互补

讨论区中的不同交流模式给予了学生充分自由的交流空间。我们倡导"谁具备相关的观点、信息或资源，谁就可在讨论区向其他学生展现"，发挥讨论区的"熔炉"作用：若展现的内容一致或重叠，则由学生或教师加以整合；若内容不一致或不重叠，教师就会在适当的时机介入，根据各方发表内容之间的联系，催生新的认识。例如，在"家里、家外就餐"这一单元学习中，有位学生发帖提出"如何理解

You are what you eat 这句话",引发了学生多种多样的自发性交流。有的学生将这句俗语理解为：人类的身体健康取决于其所吃下的食物。另有学生认为其所要表达的内涵是：对于食物或餐饮方式的选择，能够展示人的个性化身份。经过充分的交流后，教师发帖总结：两种解读的认知出发点相同，都意在说明人与饮食的关系，只是前一种解读是基于生物学特点，而后一种解读则反映了一种文化视角。类似这样互动交流的案例还有很多，促进了学生之间的知识互补。

另外，有的学生将自己搜集或制作的与教学内容相关的英语视听资源链接放在讨论区中展示，与大家共享学习资源，开阔了学生的眼界。

（三）提高了学生英语交流的能力

传统的英语教学往往不注重交际环境中的语言使用，致使学生输出语言的过程不是自发、连贯、有意义的。另外，课堂讨论仅仅利用课上的部分时间进行，持续性不强，无法保证每个学生都能获得足够的英语操练机会。在不同的慕课学习平台上，学生可以得到不同的语言交流环境。比如，edX 平台上的讨论区的特别意义就在于，它提供了一个有着不同文化背景、真实的语言交流环境。在这个平台上构建的多样化交流模式，使交流变得更灵活，交流内容更广泛。学生能够结合自身见闻、感受和疑惑，随时参与发帖交流，一方面向全世界的学生展示自己国家的特色，由此增强跨文化交流意识；另一方面又能感受和体验英语作为世界通用语的使用价值和人文价值，使学生的英语交流能力得到明显提高。

宋吉成，高级教师，擅长物理教育教学，熟悉高中物理教学体系，有丰富的高考、物理竞赛、自主招生教学经验。曾指导学生在全国物理竞赛中取得优异成绩。

分层教学在高中物理教学中的融合体现

克拉玛依市第一中学　宋吉成

在运用分层教学方法开展教学活动时,教师应该根据学生的学习能力、理解能力为学生提供不同层次的学习环境,帮助每一个学生都能够实现自己的学习目标。由于物理学科具有较强的抽象性,并且学生的物理水平也不同,因此教师在设计教学内容时,应该根据学生的特征进行设计,让他们进行有针对性的学习,从而进一步提升学习物理的水平。

一、分层教学方法的运用原则

在物理教学过程中,想要运用分层教学方法取得一定的教学效果,教师应该掌握分层教学方法的含义,同时还应该认识分层教学方法的运用原则,确保分层教学能够有效地进行。

(一) 以学生为主体的原则

在传统的物理教学过程中,教师经常运用灌输式教学法,忽视了学生的主体地位,使学生一直处于被动接受知识的状态,影响了学生的学习效率。这种教学方法已经无法满足新课程标准的要求,而分层教学方法是一种不错的改进选择。教师在物理教学中,应该将学生放在课堂的主体地位,同时充分发挥引导者的作用,引导学生进行自主学习。另外,教师在设计教学方案时,应该从学生的角度出发,促使学生能够在有限时间内完成相应的学习任务。

(二) 师生平等原则

由于受到传统教学思想的影响,在教学过程中学生对教师一直存有敬畏的心理,师生的地位也比较不平等,导致课堂气氛比较紧张,在一定程度上影响了课堂的教学效率。为了打破这种局限性,教师在运用分层教学方法时,应该保持师生之间的关系平等,并拉近与学生之间的距离,加强师生之间的沟通与交流。分层教学的最大优势就是其尊重学生个性的发展,因此教师应该了解学生的实际情况,为学生创造一个良好的学习环境,满足不同学生的学习需求。

(三) 坚持全面发展的教学原则

随着社会不断发展,人才市场对复合型人才有了很大的需求,因此教师在完成教学任务的同时,还要加强对学生进行素质教育。在分层教学过程中,教师不仅要使学生掌握知识与技能,还要及时了解学生的兴趣与爱好,激发学生的潜能,提升学生的综合素质,为今后的发展奠定良好的基础。

二、高中物理教学中实施分层教学的策略

(一) 对学生分层

学生分层在分层教学中占据着重要的位置,直接影响高中物理教学的效果。在物理教学过程中,教师应该加强与学生之间的互动,通过课堂表现及时了解学生的学习水平、学习态度,并结合课后作业了解学生对知识的掌握程度。在了解这些情况之后,教师需要及时发现学生在哪些方面存在共性与差异,并对这些问题进行全面的分析,这有利于对学生进行合理的分层。

在分层过程中,通常根据学生的特征将学生分为 A、B、C 三层。A 层学生的基础比较差,学习水平比较低,对物理学科缺乏足够的兴趣,甚至已经产生放弃学习物理的心理。B 层学生相对人数较多,他们具有一定的物理基础,学习水平也比较高,能够在教师规定的时间内完成学习任务,同时在物理课堂上善于积极地表现自己,但缺乏一定的自主学习能力,很容易降低自己的学习目标。C 层学生具有良好的学习能力,学习物理的积极性也很高,不但能够取得良好的成绩,而且善于对一些综合性问题进行思考与探究。在物理教学过程中,教师需要对学生进行科学、正确的分层,主要目的是让学生在学习中互帮互助,提升每一名学生的物

理素养。

（二）对课堂教学分层

对课堂教学进行分层时,应激发学生学习物理的兴趣。只有学生感兴趣,才能够全身心地投入课堂当中,因此教师可以运用不同的教学方法提升学生的学习兴趣。例如,在学习《摩擦力》一课时,教师可以运用多媒体设备播放一些生活中有关摩擦力的视频,让学生感受到摩擦力就存在于我们的生活中。比如冬天路面结冰,在结冰的地方撒上沙土,即可增加轮胎与地面的摩擦力,提升行驶安全性。对学生进行分层提问时,首先设置的问题应该比较简单,以上述《摩擦力》一课为例,教师可以向学生提问"你们知道摩擦力有什么特点吗",从而让学生能够准确地判断摩擦力;然后根据学生不同的学习水平进行不同层次的提问,让不同层次的学生都能够获得不同的成就感;最后对学生进行分层练习,让每一层的学生都能有所收获,帮助学生树立学习物理的信心。同时,教师还应该选择一部分难度适中的习题,让学生进行小组合作学习,这样学习水平高的学生可以对学习水平低的学生进行指导,而学习水平高的学生可以借此进一步提升自己,从而使不同层次学生的学习水平逐渐缩小。

综上所述,在高中物理教学中运用分层教学时,教师应该遵守分层教学的原则,同时还要根据学生的特征与学习水平进行分层提问、练习,让不同层次的学生都能有所收获,调动学生学习物理的积极性,从而有效提升物理课堂的教学质量。

    程东真，克拉玛依市第一中学语文教师，曾获全国"语文报杯"作文大赛指导教师特等奖等荣誉。面对未来、立足当下，时刻葆有一颗中国心、一缕中国魂、一双世界眼；尊重每个孩子的生命，发掘每个孩子的潜力，助力每个孩子的成长。

高中选课走班制下的导师陪伴策略探析

克拉玛依市第一中学　程东真

教育永远充满着许多未知的因素,"教师必须对教育教学实践进行研究"。为进一步深化当前陪伴式教育教学改革,不断适应克拉玛依市新的教育形态所带来的变化,笔者紧密结合教育教学实际,从导师虚心悦纳"成长伙伴"角色、主动关照学生的心灵世界、灵活实施个别化指导三个方面探讨选课走班制下的导师陪伴策略。

一、选课走班制下,导师虚心悦纳"成长伙伴"角色

新学年开学前后,学生自主选择喜欢的老师作为导师,导师和这些学生形成导师组。为实现对导师组学生更优质的陪伴,导师应虚心放下姿态,将自我定位为"成长伙伴"角色,与导师组所有学生做"成长伙伴"。这样,不仅在学生之间形成了成长伙伴关系,而且在导师和学生之间也形成了成长伙伴关系,于是更加促进了师生间的教育教学、交流交往。导师作为成长伙伴中的最大伙伴、贴心知己,更便于对学生进行人生引导、学业指导、心理疏导、生活辅导和品格向导,更促使各个伙伴间相互交流、沟通、鼓励、帮助,实现共同发展和进步。

"你看,在校园中,身穿不同颜色校服的男生、女生们,拿着书轻松地在楼宇之间穿梭往来,每一个角落似乎都获得了新生的力量,获得了新生的机会。之前不大可能形成交集的同学,现在彼此却成了学习、生活上非常要好的伙伴,不同学生间的合作真正变得丰富多彩起来。"一位导师组的成长伙伴老师激动地给来访者介绍。

由于实施选课走班制,学生的交往范围得以拓展,更多的孩子寻找到了更多

的伙伴,在更大的范围内与更多的学生、老师相互交往。在充满不同选择的课程中,学生找到了更多的成长伙伴,尤其是有着共同志趣爱好的师生伙伴。

"真正的教育是发生在教师与学生一对一的接触中的,真正健康的师生关系必须靠人格与学识赢得。"当孩子愿意和成长伙伴老师交心的时候,教育才会真实发生,施教才会变得有效。成长伙伴老师越凌驾于学生之上,越难以从学生那里获得认可、满足、快乐。

一位老师发牢骚道:"现在的学生真不得了,我苦口婆心地跟他劝说半天,他却不屑一顾,一点礼貌也不讲,真是越想越令人生气。"

经过反思这位老师的困惑,我们得出启示:若要扩大师生伙伴间交往的范围,增加师生伙伴间交往的机会,尽可能地延长师生相处的时间,我们导师就应该放下架子,摆正姿态,虚心悦纳"成长伙伴"角色。"成长伙伴",就意味着师生间的民主平等关系,意味着师生间的陪伴合作关系,意味着师生间的协商对话关系,意味着师生间的互尊互爱关系,意味着师生间的和谐共赢关系。积极悦纳"成长伙伴",能使我们陪伴的每个孩子更健康、快乐地成长。

二、选课走班制下,导师主动关照学生的心灵世界

"班主任制取消了,谁来看管孩子们,谁来呵护孩子们的心灵?"一些家长发出这样的疑问。于是,导师制浮出水面,由传统行政班的班主任到选课走班制下学生的导师,这种师生关系的改变是跨越式的,具有重要的历史意义。

传统行政班体制下,班主任在必须完成的基本教学任务之外,还需要履行班级常规管理的职能。但在不少学校,由于主客观种种原因,班主任大都变成了"校园警察"的特殊角色。他们天天盯着学生的突出问题,天天与学生计较试题分数得失,因而阻断了他们与学生进行心灵沟通的渠道。关于人生理想、心理情感、思想困惑、生活问题等许多方面的问题,学生反而不向班主任老师敞开心扉。教育因而变得窄化、功利、短视,教育功能严重异化和缺失,甚至在一些教师内心深处形成了只有管理而没有教育的"认知荒漠"。

而导师制将教师从琐碎的事务性工作中解脱出来，让其真正担负起对学生的高位引领。教师不再是传道、授业和解惑的角色，而变成了学生学习的促进者；不再是具有权威的管理者，而变成了学生心灵的导师。这时，导师不再是"警察"的角色，因此学生更愿意与导师亲近交流。学生开始将自己内心深处的秘密告诉导师，也非常乐于听取导师给出的建议和要求。于是，一种新型的导师与学生的关系确立起来——导师更像是导游，其带领学生游历的是成长的旅程。他是学生的知心朋友，是学生求学路上的帮手；他贴近学生的心灵深处，不做高高在上的评判者，更不做机械简单的批评者，而是热心细心的伙伴和知己。

每双周的周三，我们年级开导师会，但是我导师组的一个伙伴总是姗姗来迟，于是我在心里默默关注此事。若放任自流，则损伤师道尊严，亵渎立德树人的理念；我是学生的导师，因此我要主动关心学生，关照到学生的心灵世界。因此，我决定私下找到这位学生进行约谈。从谈话中得知，孩子每周三下午最后一节课是体育课，平日里又酷爱篮球，由于上课学习的时间紧张，总想体育课上多玩一会儿，于是耽搁了开导师会的时间。我了解了事情的原委后，并没有批评他，而是给予他最大的理解与宽容。于是我跟他约定每次可以晚到十分钟，但回来后要及时找我补知导师会的内容，否则必须按时开导师会。他欣然答应，而且谨遵约定。

这件事对我触动很深，使我颇受教益。作为导师，我们若要做好对学生的陪伴，就应更加注重学生本位，主动走进学生的心灵世界，了解学生的需求，用尊重、对话、引导与陪伴的方式，而不是传统意义上的竭力说服。在师生对话中，我们应把自己与学生看作是相互平等的双方，将自己的想法与学生的想法都放在一个天平上进行权衡，将自己的言辞与学生的言辞用同一种眼光去审视，将自己的逻辑与学生的逻辑用同一个标准去评判。这样，教育的发生才会变得理性自然，教师才可以淡定从容，学生才可以心平气和。于是，教育的效益得以大大增加，其持续性、持久性绽放出异样的魅力。

三、选课走班制下，导师灵活实施个别化指导

"传统班级授课制整齐划一的教学方式很难全面关注每一个学生的个体差

别,很难做到因材施教,无法适应学生个体的不同需要,无法扶植与培养学生的创造性,不符合倡导个性和创新精神的当今及未来社会的要求。"因此,在选课走班制下,成长伙伴老师应学会灵活实施个别化教育指导。

"个别"就是"单个"的意思,意味着与众不同;"化"作词缀,加在名词或形容词后面构成动词,表示"转变成某种性质或状态",或表示"一种指向某种特征的倾向、性质和状态转化的动态过程由动态到静态的结果"。因此,在一定程度上,"个别化"具有某种性质或状态的改变或具有某种特征的倾向。于是,我们在具体陪伴成长伙伴时,应细致分析学生不同的变化和各自的特征,灵活采取个别化引领策略。

"老师,我们的课表是排乱了吗,怎么大家的都不一样啊?"我的一位小伙伴带着懵懂的神色质问我。我微笑道:"是啊,为什么都不一样呢? 因为小伙伴们选的课都不相同。"然后再给学生详细解释一番。

其实在新模式下,每位学生的课表都不可复制,难有一模一样的。因此,这就要求导师在指导成长伙伴进行规划时务必有针对且具体。首先,要引导伙伴们各自明确近期各科的学习计划和任务;其次,要带领大家认真分析自身的学习状况和特征;最后,要特别提醒大家重点规划好白自习、下午答疑和晚自习这三个时间段。其中,导师尤其关注规划不认真者、不合格者,进而进行耐心细致的个别化辅导,促使伙伴认真完成。

我导师组有两个典型学生:李同学和徐同学。李同学学习认真、勤奋刻苦,每次规划都做得非常优秀,时间安排和任务匹配都恰到好处,很符合该生特点,我指导起来也很轻松高效,点拨一下即可。而徐同学则截然不同,学习动力弱、惰性强、不爱思考和钻研,每次规划只是草草了事,这就需要我手把手地指导,详细询问近期他的各科计划、作业以及学习进度,从早读、白自习、午休、下午答疑、晚自习到回家之后的各个时间段,一一具体指导并鼓励他认真完成规划。最终,这两位同学在各自层级的班级里的学习成绩和综合表现都名列前茅。

通过对这两个典型学生的指导分析与反省,我领会到:我们导师应灵活实施个别化指导,要根据学生的不同个性、不同兴趣、不同需求,采用不同的教育方法、引领策略、指导进度,具体分析,因材施教,使每位孩子都能得到最大化的提升和最充分的发展。在指导过程中,必须全盘考虑、灵活设计,竭力使发生的教育能够切实适应个别化的差异。

总之,在选课走班制改革的大背景下,要做好对学生的陪伴,教师应该重视并身体力行地探索导师陪伴的策略和方法。以上笔者从导师应虚心悦纳"成长伙伴"角色、主动关照学生的心灵世界、灵活实施个别化指导三个方面作了探讨,希望这些尝试能够带给广大教育工作者一定的思考。

　　马小娇，2018 年硕士毕业于石河子大学，教学中坚持以学生为主体，尝试各种新的教学方式，使学生学有所得。善于学习各种教育理论，加强自身教学基本功，希望和学生共同成长，在教与学的实践中不断充实完善自己，做一名有责任感的教育工作者。

格式塔理论视域下的中学古诗词教学

克拉玛依市第一中学 马小娇

一、当前古诗词教学中存在的问题

一是着眼于疏通句意,忽视对古诗词意象整体性的把握。语言在发展演变中产生了词义转移的现象,古今词义存在比较鲜明的差异。在古诗词教学中,多着重引导学生对古诗词的句意进行疏通及对字词的具体意义进行阐释,此种方式会陷入对古诗词的肢解,造成诗词意境及整体性体悟的缺失。二是致力于积累诗句,而忽视对古诗词审美的追求。在古诗词教学中,让学生通过背诵、默写的手段强化识记,这种教学方式虽然可以让学生积累知识,但是教师在引导学生学习这些含蓄隽永、语言凝练、意象丰富的古诗词时,不能局限于知识点的强化记忆。

二、格式塔理论与诗词教学间的学理关联

(一)格式塔理论的基本内涵

格式塔理论源于德国一个著名的心理学派——格式塔心理学派,其代表人物是韦特海默、苛勒与考夫卡。格式塔心理学主张用"格式塔"的观点研究心理现象,即强调心理现象的整体性,认为整体不是部分的简单相加,整体的各个部分是由这个整体的内部结构和性质所决定的。先有整体,后有部分,所以人们在知觉时总会按照一定的形式把经验素材组织成有意义的整体。

(二)格式塔理论在古诗词教学中的应用优势

1. 提倡搭建知识体系进而提高课堂教学效率

格式塔理论强调整体性,故教师在教学实践中需要充分了解教材知识结构及

教学内容,将教学内容系统性地呈现出来,建立完整的知识体系。就古诗词教学而言,古诗词的意境是由一个个意象构成的,师生只有在教学实践中将诗词的意象看作是一个整体来涵泳鉴赏,才能够领悟诗词中的意蕴。有鉴于此,教师可在教学过程中及时引导学生建立完整的意象体系。再加之古典诗词存在传承流变的现象,诗(词)人在创作中会在意象表达方面进行借鉴。在教学实践中,师生如果能够及时把众多的知识点联系起来,借助格式塔理论,那么学习者就可以很方便地将新学的知识纳入原有的知识结构中,从单一的学习模式转变为有逻辑、有系统的学习模式。

2. 强化学生主体地位,培养学生的想象力和创造力

格式塔理论的闭合性原则能够强烈地激发学生的想象力和创造力。学生可以自由畅想,构建出诗词中所描绘的图景,从而使学生的想象力和创造力得以发展。诗词大多是借景抒情或托物言志,而且诗词创作的年代距我们又太过遥远,我们不能轻易触发同感,但大脑拥有无限的联想和创造的潜能,得以领悟其丰富含蓄的内涵与意境。

3. 激发学生学习兴趣,促使自主参与学习

格式塔理论的异质同构性原则非常重视对习得者学习兴趣的激发。运用格式塔异质同构性原则可以将枯燥乏味的课堂变得丰富多彩,能够更加形象生动地将知识传授给学生,增强课堂的趣味性,调动学生的学习兴趣,促使学生自主参与学习。

三、格式塔理论优化古诗词教学的路径

(一) 在吟诵中加强对意象的整理归纳

意象作为中国古典诗学中一个重要的审美特征,对学习和欣赏古诗词具有十分重要的意义。在古诗词教学中若能把握诗词的整体意象,就能更好地感悟诗中之味。如马致远的《天净沙·秋思》,这首小令很短,全曲无一秋字,但却描绘出一幅凄凉动人、萧瑟的秋景图,传达出诗人羁旅中孤独、悲凉的心境。若学生能够反

复诵读并将诗中的十一个意象组合在一起，看作是一个整体，就能够领会诗歌所传达出的萧瑟、苍凉的意境。再如王之涣的《登鹳雀楼》，整首诗有"日""山""河""海"四个意象，这四个意象出现在诗的前两句，写的是诗人登楼望见的景色，景象壮阔、气势雄浑，诗人用极其简单朴素的语言将所看到的万里山河收入短短的十字中。若学生将这四个意象组成一个有机的整体，就能够如临其地、如见其景般领略到壮美辽阔的景色。

教师在教学过程中应积极引导学生把握诗词的整体结构以及整体意蕴，学生也可通过诵读接受美的感染和熏陶。这种自主式的学习方式充分发挥了学生的主体地位，能够激发学生的学习兴趣，因而在教学过程中，教师应创造积极活跃的课堂氛围，引导学生积极思考、畅所欲言。

（二）在想象中领悟诗词的意境

中国古典诗词都讲究留白，为读者提供审美空间。诗词真正的魅力不在于其描写的具体景象上，而在于具体的景象之外所构成的意境，并且可以让读者用自己的想象去补充它、丰富它。在《与极浦书》中，司空图说："戴容州云：'诗家之景，如蓝田日暖，良玉生烟，可望而不可置于眉睫之前也。'象外之象，景外之景，岂容易可谈哉？"诗歌随意象、景物而呈现出来的空间是一个立体的空间、艺术的空间。在教学中，教师若引导学生将诗歌中所勾勒的空间呈现在自己的大脑中，学生便能很好地领悟出诗歌的意境。

学习诗词时，学生需要在反复诵读的基础上把握其整体结构和整体意蕴。诗词中的空白点需要学生根据自己的生活经验和审美经验予以填充、想象，将空白点补充完整，而教师要善于引导学生填补诗词中的空白，设置合理的问题引导学生涵泳空白，细细品味诗词中所传达出的意蕴。

格式塔心理学告诉我们，刺激的特征倾向于聚合形成时，即使其间有断缺处，也倾向于当作闭合而完满的图形。如画一个留有缺口的圆圈，看到的人往往忽略其缺口而仍视其为封闭的整体，这种通过知觉对不规则、不完整的图形进行填补，使之完整的心理倾向，称之为"闭合性"。这一原则正可以运用于古诗词的教学实践中,教师要注重引导学生把自己的想象融入其中,将诗词中的空白进行填补和还原。如李白的《玉阶怨》,全诗不着"怨"字,却尽显愁怨之深,体现出了"不着一字,尽得风流"的真意,以"玲珑"两字收尾,给人以恍惚若梦、幽美朦胧的感觉,从反处着笔,更衬托出愁怨之深。再如王维的"行到水穷处,坐看云起时",这两句表面上写的是在山林水边悠闲散步、坐看云起,但其所表现的却是超越人世磨难,万缘俱寂、身心两忘的禅家心态,这便是"象外之象,景外之景"。这就需要教师引导学生将诗歌中的艺术空间还原,领悟诗歌的意境。

朱光潜先生曾提出:"无穷之意达之以有尽之言,所以有许多意,尽在不言中。文学之所以美,不仅在有尽之意,而尤在无穷之意。"学生和诗词的交流产生于诗词中的空白之处,教师在教学活动中应发挥主导作用,让学生去理解作品,并启发和引导他们创造性地填补诗词中的空白,使其在把握诗词整体意象的基础上去理解作品,并逐渐进入审美境界。

(三) 在情感体验中提升审美空间

诗词的创作宗旨是表达某种情感。这种情感是诗(词)人在与外物接触的过程中因受到外物的影响而产生的,抑或是此景或此物与诗(词)人的内心情感相契合,因而诗(词)人会选择与自己的情绪具有相应表达效果和审美特征的景、物,寄托内心的情感。格式塔心理学认为:当人的精神世界中包含的力的式样与外在物理世界中存在的力的式样,在结构上具有相似的对应性时,人就会对事物产生审美反应。这就是所谓的"同构对应"或"异质同构"。格式塔心理学倡导内在心理结构与外部事物结构同形契合,这与诗词创作有着高度的一致性,尤其是唐诗常使用写景抒情的手法创作诗歌,诗人所要表达的"意"与所选取的"象"具有高度的契合性,即"意"与"象"具有"异质同构性"。教师备课时应先理清楚意与象、物与情的关系,再将意与象的同构过程传达给学生。

如杜甫的《宿府》,这是一首写景抒情诗。通过使用格式塔异质同构性原则分析这首诗,教师能够清晰明确地将诗中景与情的同构过程传达给学生,能让学生更深刻地领悟诗人的心境和情感,以及杜甫沉郁顿挫的诗风。此诗前四句写景,后四句抒情，表现出颠沛流离和深沉悲愤的家国之痛，景物描写的诗句中就含有这种飘零和悲愤之感，这便是鲜明的景与情同构的表现。教师在教学中可带领学生一同体验诗中强烈悲愤的感情，这种强烈体现在诗中主体的"意"与客体的"象"同构，即诗人所选的"景"能够完美地呈现诗人心中的"情"。由此可见，在教学实践中厘清了两者的同构过程，也就完成了诗词的审美过程。

再如诗词中出现频率较高的梅、兰、竹、菊意象，在教学实践中，教师借助格式塔异质同构性原则进行授课，便更容易解释诗（词）人为何会选择梅兰竹菊自况。如陶渊明的《饮酒》中借用菊花冲和恬淡的气质表达出宁静平和、不与世俗同流合污的心境；陆游的《卜算子·咏梅》中以梅花傲然独放、坚贞气节的特征暗喻自己高尚的品格；郑燮的《竹石》借物喻人，以竹刚毅、坚韧的特征来表达自己绝不随波逐流的高尚情操。在诗词中，梅兰竹菊代表君子之性，其特征与人的品格情操高度契合，人的主观情思与客观物象具有相似的对应性，即情与物具有异质同构性，因而对梅兰竹菊产生了审美反应。

通过上述例子，可以发现格式塔异质同构性原则与钟嵘的"滋味"说、司空图的"诗味"说、刘勰的"神与物游"说、严羽的"妙悟"说等有着异曲同工之妙，只是格式塔异质同构性原则更直观地将情与景、意与象同构的过程呈现出来，更利于学生学习和感悟诗词。教师可以运用多媒体设备来展现画面，引领学生进入诗境，抑或是用形象生动的语言再现诗中的意境，让学生感受到诗词中"意"与"象"、"情"与"景"的高度契合性，以唤起学生的想象力和创造力，从而启发学生进行审美想象和情感体验。

总之，古诗词教学是语文教学的重要内容。在古诗词的教学实践中，如果教师能够巧妙地引入格式塔理论，将会极大地提升古诗词教学的效率，使学生既能学到诗词的专业知识，又能体验到诗词的意象、意境之美，并能够在格式塔理论的指导下，实现对传统教学模式的革新，从而更好地激发学生对古诗词学习的兴趣，切实提高课堂效率。

　　孙晓鸽，克拉玛依市第一中学英语教师，2016年作为访问学者赴英国雷丁大学学习，曾荣获克拉玛依市教学能手等称号。在选课走班制教育改革中，承担初中英语提升类阅读课程的教学工作，连续三年获得学校"学术引领奖"。

基于学科核心素养与义务教育课程标准的英语听说教学

克拉玛依市第一中学　孙晓鸽

我国基础教育正迈入核心素养的新时代。早在 21 世纪之初,经济合作与发展组织率先提出 21 世纪学生的十大核心技能,被公认为核心素养的结构模型。2014 年印发的《教育部关于全面深化课程改革落实立德树人根本任务的意见》中,首次提出"核心素养体系"的概念。2016 年,《中国学生发展核心素养》总体框架正式发布。它以培养"全面发展的人"为核心,从文化基础、自主发展、社会参与三个方面,凝练出六大素养。核心素养最终体现为学生应具备的、能够适应终身发展和社会发展需要的必备品格和关键能力。

《普通高中英语课程标准(2017 年版 2020 年修订)》将学科核心素养与课程目标紧密结合起来,强调了英语学科在立德树人这一根本任务中的重大意义。高中英语学科核心素养包括语言能力、文化意识、思维品质和学习能力。语言能力指在社会情境中,以听、说、读、看、写等方式理解和表达意义的能力,以及在学习和使用语言的过程中形成的语言意识和语感;文化意识指对中外文化的理解和对优秀文化的认同,是学生在全球化背景下表现出的跨文化认知、态度和行为取向;思维品质指思维在逻辑性、批判性、创新性等方面所表现的能力和水平;学习能力指学生积极运用和主动调适英语学习策略、拓宽英语学习渠道、努力提升英语学习效率的意识和能力。

核心素养被明确写入高中英语课程标准,呈现了英语学科育人的根本目标。而《义务教育英语课程标准(2022 年版)》提出的四大核心素养虽名称与高中一致,但内涵有别,充分体现了学段特征,是对高中的奠基和铺垫。七条教学建议更为教师实施课堂教学、培养学生英语核心素养提出了全面、科学、实用的方法与途径。由此可见,课标是落实核心素养的重要纲领。对于初高中英语课程标准全面、系统、连贯的学习与研究,依然是英语教师的重要工作。

教学目标是指主体(学生或分组分类)通过某方式、运用某策略完成什么任务,达到什么水平。设定科学的教学目标,要从核心素养的四要素出发,用具体的行为动词(如听说课:听懂、理解、询问、记录、沟通、表达、表演等),表达出期待学生生成的学习效果。教师需要注意以下问题:一是每一个目标都要与课标的分级目标、核心素养四要素紧密相连;二是行为动词越明确,则课堂教学活动越有效。

笔者精心整理了课标中的听说教学活动,在思考与实践中总结了一些心得。教师设计教学活动时,应当遵循以下原则:

一是多元化。任务多样化、可选择,促进学生多层次的思维发展,培养学生的思维品质。比如在一篇对话学习后,可以设计 2—3 个活动(图片提示将对话变成故事、进行角色扮演、加长对话、改编对话等)供学生选择。

二是 SMART 原则,即具体化(Specific)、可测量(Measurable)、可达成(Attainable)、现实性(Realistic)、时限性(Time-based)。如学习完 Don't eat in class 的第一课后,教师 A 让学生谈论"怎样做一个文明的中学生",教师 B 组织学生讨论列举图书室里的文明与不文明行为。非常明显,教师 B 的活动设计更符合此原则。

三是情境化。教师应该为学生提供必要的"信息沟",如背靠背 information-gap 对话活动;也可以利用教室里的教具等资源来设计场景,激发学生联想,创设表演氛围。如在"问路"单元,可以让学生谈论自己如何上学,路上能见到什么;也可以在黑板上画简图,或利用幻灯片问答位置关系。在演示"问路"句型时,可把座位和学生作为建筑物,把班级作为城市的一角,让学生选择任一地名写在卡片上,班里的过道是交错的街道和马路,每一排每一列都是路口,教室就成了热闹的城市。利用多媒体营造形象化、趣味化的学习氛围,尽可能多地创造表演机会,都是情境化的途径。富兰克林曾说:"Tell me and I forget. Teach me and I remember.Involve me and I learn."足见学生在课堂上参与活动的重要性。教师只有认真研读文本、梳理主题意义、挖掘文化价值,才能将教材内容与生活、周围的世界联系起来,给予学生情境化的学习过程。任务型教学为情境化提供了充分的平台,也是培养核心素养的好途径。任务型教学将课堂教学的目标真实化、任务化,以交际活动为核心,注重信息沟通,为用而学,在用中学、学中用,学了就用,充分体现以学生为中心和以人的发展为本的教育理念。

问题能够引导学生学习的方向及效果,教师的问题性思维品质对学生的思辨能力(核心素养中的思维品质等)有十分重要的影响。教师设计问题先要遵循统一性原则:同一个主题问题链能有效激发学生思考,有利于学生思维品质的培养,这就是单元话题授课的目的。例如在"healthy eating habit"单元,问题的设计必然要围绕"we are what we eat"这一理念,向学生传达"好的饮食习惯能造福身体,不好的饮食习惯则会祸害身体"的积极生活信息。

问题的设计还需要遵循发展性原则。教师设计的问题在形式上应该是一系列发展的问题,内容上要有铺垫与提升,即问题要有梯度,前面的信息获取与加工是为后面的迁移创新服务的。最后阶段的活动设计要有开放性,可以创设问题情境、制造矛盾冲突,以此培养学生解决问题的能力。如可以把对话作为一个听力材料导入,听材料回答问题,提取信息,以问题为提示改对话为短文。

关联性与实效性也是教师在设计问题时必须关注的。注意新旧内容的联系,可以帮助学生构建大的知识体系,对语言能力与思维品质等诸方面的培养起着非常重要的作用。如"问路"单元可以和"交通方式"单元联系起来。通过问题引导"How do you go to school? How far is it? How long does it take? Which bus do you take?",学生将会产生导图式的思维习惯。实效性要求教师设计最有意义的问题引导学生联系生活实际,启发学生利用有效语言。教师应尽量避免无效问题,尽量少设计一般疑问句。比如在学习"运动"话题时,有老师会问"Do you like sports?",期待学生回答"yes",以便开始下面的教学,而不爱运动的学生就会感到很为难。如何打开sports话题的方式其实非常多,如几秒钟的学生运动或体育课视频、图片或实物教具、教师的动作、衣着等,不一定非得勉强学生说喜欢。课堂指令也务必清楚、简短、易操作,无效问题或冗长模糊的指令会削弱学生的思维能力,久之则危害极深。在问题的提问与追问中,教师对学生的回答要做到评价跟进。教师应给予及时的评价,赞扬和肯定可以激励学生,但建议与批评也是必需的。

教师在组织课堂活动的过程中,对自己的每一个教学行为(包括教学目标、课堂活动、教学言行)都要进行自查:这个活动、这个问题、这句话旨在培养学生核心素养的哪个(些)方面? 基于课程标准的哪条(些)要求? 学生是否有话可说、有事可做、乐于参与? 总之,如果将核心素养与课程标准了然于心、无痕渗入课堂教学的点点滴滴中,那么用英语学科来育人的大任必将传承于平凡的你我之间!

蔡霞，克拉玛依市第一中学化学教师，曾获得市教学能手等荣誉称号，发表《运用有序思维复习同分异构体》等多篇教学论文。擅长化学教育教学，熟悉高中化学教学体系，有丰富的高考、化学竞赛、自主招生的教学经验，指导学生多次在全国化学竞赛中取得较好的成绩。

基于高考评价体系下的情境化教学模式探究

克拉玛依市第一中学　蔡　霞

教育部在 2019 年明确提出要立足全面发展育人目标,构建包括"核心价值、学科素养、关键能力、必备知识"在内的高考考查内容体系。高考评价体系主要由"一核""四层""四翼"三部分内容组成。其中"一核"是高考的核心功能,即"立德树人、服务选才、引导教学",回答"为什么考"的问题;"四层"是高考的考查内容,即"核心价值、学科素养、关键能力、必备知识",回答"考什么"的问题;"四翼"是高考的考查要求,即"基础性、综合性、应用性、创新性",回答"怎么考"的问题。同时高考评价体系还规定了高考的考查载体——情境,以此承载考查内容,实现考查要求。

一、情境化教学模式提出的意义

远离社会生活的传统式教学方式,传授的往往是既难以迁移又不易被唤醒的"惰性知识"。这样的教学方式既难以激发学生的思维灵感,也提不起学生的学习兴趣。化学教育不能仅仅局限于开阔学生的知识和思维眼界,更要从社会的视角帮助学生认识化学,将化学知识融入真实的社会生活和自然环境背景之中。怀特海在《教育的目的》中指出:"我们要反对灌输生硬的知识,反对没有火花、使人呆滞的思想。教育只有一个主题,那就是多姿多彩的生活。"

高考评价体系最重要的创新之一,即通过"四层"考查内容将学科能力考查与思想道德教育有机结合,利用"学科素养"这一关键连接层实现了融合知识、能力、价值的综合评价,从而使"立德树人"的目标真正在高考评价实践中落地。情境正是实现"价值引领、素养导向、能力为重、知识为基"的综合考查的载体。

通过对 2019 年和 2020 年高考化学试题进行分析发现，教育部考试中心命制的高考化学试题包括全国Ⅰ、Ⅱ、Ⅲ卷及Ⅳ卷（海南化学卷），共四套试卷，供 26 个省区市使用。四套试题积极贯彻落实全国教育大会精神，以高考评价体系为指导，对接高中化学课程标准，链接化学学科核心素养，落实高中育人方式改革理念，突出对应用实践能力和创新思维能力的考查。试卷呈现如下特点：

一是展现中国成就，渗透爱国主义教育。（1）呈现我国古代科技成果，增强自豪感和文化自信；（2）呈现我国科学家的最新成果，增强国家认同感和成就感。

二是衔接学科素养，聚焦评价观念方法。（1）突出对化学基本观念的学科核心素养的考查；（2）注重对思维方法的学科核心素养的考查，如分类比较法、类比迁移法、推理论证法、模型认知法。

三是选取真实情境，考查实践创新能力。（1）选取日常生活中的化学问题，考查学生应用化学知识解释日常生活中化学问题的能力；（2）选取物质的工业生产流程，考查应用基础知识分析解决生产中的实际问题的能力；（3）选取新的功能材料，考查利用物质结构理论分析物质的性质的能力；（4）选取新的合成方法，考查以信息迁移能力为基础的创新思维能力。可以看出，近几年的高考试题都是基于真实的情境来考查学生的能力。

《普通高中化学课程标准（2017 年版 2020 年修订）》对真实情境的描述也非常清晰，在每一个主题的下面都有情境素材的建议，在课程标准的附录 2"教学与评价案例"中的两个案例的教学设计都是建立在生活中的真实情境下完成了知识内容学习，同时有效地落实了学科核心素养。

二、情境化教学模式的含义

高考评价体系中所谓的"情境"即"问题情境"，指的是真实的问题背景，是以问题或任务为中心构成的活动场域。"情境活动"是指人们在情境中所进行的解决问题或完成任务的活动。根据目前高考的考查方式，高考内容的问题情境是通过文字与符号描述的方式,即纸笔形式建构的,而情境活动也同样是通过文字和符号的形式进行的。

情境化教学模式是在教学中选取适宜的素材,再现学科理论产生的场景或是呈现在现实中的问题情境,让学生在真实的背景下发挥核心价值的引领作用,运用必备知识和关键能力去解决实际问题,全面综合展现学科素养水平的教学方式。

三、情境的分类和情境活动的分层

基于知识应用和产生方式的不同,高考评价体系中情境可以分为两类。第一类是"生活实践"。这类情境与日常生活以及生产实践密切相关,考查学生运用所学知识解释生活中的现象、解决生产实践中的问题的能力。第二类是"学习探索情境"。这类情境源于真实的研究过程或实际的探索过程,涵盖学习探索与科学探究过程中所涉及的问题。学生在解决这类问题时,必须运用已有知识开展智力活动,同时需要在解决问题的过程中运用创新的思维方式。

基于情境的复杂程度,高考评价体系中的情境活动可以分为两层:第一层是简单的情境活动,需要启动的是单一的认知活动,测评出的是学生的基本知识和能力水平;第二层是复杂的情境活动,主要考查学生综合运用知识和能力应对复杂问题的水平,这类情境活动主要取材于社会发展、历史事实、科技前沿等方面。

四、新课标中对情境素材的建议

1. 有关化学发现的故事:电离理论的建立、元素周期律的发展、电池的发现、氯气的发现、人工合成尿素、工业合成氨、青蒿素的提取等。

2. 有关理论、模型不断发展的史实:苯分子结构、原子结构模型等。

3. 化学研究技术及应用:波谱、色谱、X射线衍射、飞秒化学、原子示踪技术等。

4. 改革开放以来我国化学科学研究的重要成果、化学科学与技术在建设创新型国家方面作出贡献的事例。

5. 生活中的化学知识:补铁剂、印刷电路板的制作、月饼盒里的脱氧剂、洗衣机槽清洁剂的功能、如何从废铅蓄电池中回收铅、如何以熟石膏铸造工艺品、垃圾如何分类、菠菜中铁元素的检验、含氯消毒剂的合理使用、食品中添加二氧化硫的作用、汽车尾气的处理等。

6. 与化学有关的职业及其与化学科学领域的关系。

7. 化学与材料的开发:陶瓷、水泥、玻璃、光导纤维和单晶硅等无机非金属材料;功能高分子材料在医疗、航空航天等领域的应用;保水材料在沙漠治理中的应用;碳材料和纳米材料及其应用等。

8. 资源开发和能源应用:从沙子到单晶硅、海水淡化、化学在光伏产业中的应用等。

9. 环境问题与处理:雾霾的主要成分和来源;垃圾及废弃物的分类、回收处理和循环使用等。

10. 工业生产的路径选择:工业生产硝酸、硫酸;合成氨工业等。

五、情境化教学模式案例

课题名称:探究生活中的红茶、绿茶、砖茶、咖啡的咖啡因含量。

课题提出的背景:本课题的设置来源于 2019 年普通高等学校招生全国统一考试理科综合能力测试题中的第 28 题。

咖啡因是一种生物碱(易溶于水及乙醇,熔点 234.5℃,100℃以上开始升华),有兴奋大脑神经和利尿等作用。茶叶中含咖啡因 1‰—5‰、单宁酸(K_a 约为 10^{-4},易溶于水及乙醇)3‰—10‰,还含有色素、纤维素等。

情境素材的来源:在《普通高中化学课程标准(2017 年版 2020 年修订)》中的情境素材建议中有茶多酚类物质的素材要求。

本课题的情境化教学模式的流程:

环节一:(真实情境的建立)利用日常生活中学生都熟悉的含有茶多酚的物质

（红茶、绿茶、砖茶、咖啡）进行实验探究，来验证咖啡中的咖啡因是否如公认的那般最多，通过情境的设置使学生学习的兴趣高涨。

环节二：学生自行查阅文献，设计实验方案，准备实验药品和仪器。

环节三：学生观看网上讲解实验步骤及注意事项的实验视频，分组完成实验，进行产品的定性分析和定量分析。

环节四：学生共同讨论实验成功及失败的原因。

经过几个小时的实验，最振奋人心的时刻就是学生得到了白色的针状晶体（咖啡因）。从孩子们兴奋的表情中，我们可以感受到实验探究活动的成功。最后学生对各个小组得到的产品进行了定量分析，得出的实验结论是：红茶中咖啡因的含量最多，绿茶次之，砖茶较少，速溶咖啡几乎没有，所以学生都说："如果想要彻夜不眠、挑灯夜战，那就选择红茶。"通过这个实验探究活动，我们培养了学生在遇到新的问题时，能有效地整合化学学科的相关知识，运用化学学科的相关能力，高质量地分析问题、解决问题的综合品质，在过程中完成了"实验探究与创新意识"的核心素养的培养。当然，素养的培养还需要我们日积月累地坚持。

情境化教学模式是一种非常耗费资源的教学活动，没有足够的情境资源的支撑，情境教学是难以持续的，所以如何储备资源是教师面临的最大的难题。而情境的来源主要有两大类：一类是来自日常生活的情境，所以要求教师在生活的点点滴滴中不断地挖掘并积累素材；一类是科技前沿的报道、文章等，这就给教师提出了更高的要求，需要教师时刻关注科技前沿的报道、多读一些最新的论文等。只有教师坚持不断地学习，才能发掘出更多的情境素材，在我们的教学中才可以将这些鲜活的素材镶嵌在教学设计中，创造出让人耳目一新的课堂，给学生带来清新和快乐的体验，在课堂中潜移默化地落实化学学科核心素养。

贾越，高级教师，克拉玛依市第一中学化学学科拓展课程负责人。指导学生在第34届中国化学奥林匹克竞赛中获得铜牌。发表全英文SCI论文两篇。乐教善教，有较强的课程意识，对课程标准和学科核心素养有较为深刻的理解，是一名深受学生喜爱的化学教师。

化学核心素养的生成性教学在教学实践中的意义

克拉玛依市第一中学　贾　越

中学化学教学的核心内容是学生依据基本化学知识，通过教师布置的具体的学习目标，主动建构起化学框架，完成学科核心素养的学习成果。传统的中学化学教育仅仅将知识一股脑地传授给学生，教师并没有帮助学生主动建立化学体系、培养化学思维，只是单纯地讲授书本知识。现代社会对化学内容的选定将依据传统的中学化学教育，将两者有机结合起来，从已具备的化学素养发展成更为具体、科学的核心素养。

例如在硅酸的制备中，应先在试管中加入 3—5 mL 饱和 Na_2SiO_3 溶液，滴入 1—2 滴酚酞溶液，再用胶头滴管逐滴加入稀盐酸，边加边振荡，至溶液颜色变浅并接近消失时停止。此时，将会有透明的硅酸凝胶形成，原理为：$Na_2SiO_3＋2HCl＝H_2SiO_3\downarrow＋2NaCl$（强酸制弱酸）。原因是 Na_2SiO_3 溶液由于 SiO_3^{2-} 水解而显碱性，从而使酚酞试液呈红色。清晰的操作方式有益于学生核心素养的落实与提高，但是传统的中学化学教育存在众多落后的地方，中学化学核心素养的生成性教学不可或缺。

一、传统中学化学的落后之处

（一）教师落后的教育思想

在早期的教学方式下，教师将课本知识奉为圭臬，将教学大纲作为教学目标，将学生的考试成绩用来评判学生对知识的掌握程度。学生都是被动接受教师传授的知识，教师也只是周而复始地口述书本知识，而对于化学最重要的实验环节，由于条件限制或任务烦琐,其经常被忽略。这是错误的思想,不利于学生对化学产生好奇心、提高学习主动性,更不利于学生后续对化学进行更为深入的研究。

(二)学生固有的应试思维

现在社会由于对学历的看重,将高中学科知识的掌握看得太过功利,也影响着学生学习的目的。学生认为化学学习只需要服从教师安排背书、做大量练习、牢记大量化学方程式便可以取得好成绩,单纯将化学当作考上大学的工具,具体知识的掌握变得无足轻重。以固有的应试思维看待化学,不利于学生对化学这门学科的兴趣提升及未来的化学学习发展,更不利于中学化学核心素养的生成性发展。

(三)课堂互动太过消极

在传统的高中化学课堂上,教师与学生的互动极少,学生给予教师的反馈也是零星的,学生与学生的课堂交流更是甚少。化学是所有科目中极其特别的一门,在化学实验时,需要的是人与人的配合,以及相互交流,但传统的教学方式对学生合作的培养不够重视,这需要当今教师共同推进。

二、中学化学核心素养的生成性教学的具体表现

(一)关注化学实验

化学实验是中学化学学习中极为重要的部分,高中化学的学习需要较多的实验来佐证化学结论。学生通过身体感官可以直接感受到化学的无限魅力,对书本上的化学知识将有更加贴近生活的理解,记忆将更加深刻。做中学、学中做,才是中学化学学习的初心。

(二)构建和谐的师生关系

师生之间的互动是发挥中学化学课堂独特优越性的重中之重。良好的师生关系、在课堂上充分发挥师生的配合、增强同学间的交流,这些举措对培养中学生化学核心素养具有明显的促进作用,对具体知识的吸收、促进学生认知能力的发展、促进师生之间的良好互动也行之有效。

（三）中学化学课堂上需要特别关注的疑难问题

中学化学极其注重实验，实验的安全问题成为每个教师经常对学生耳提面命的问题。即使这样，各种校园化学安全事故仍是层出不穷。教师更应该将化学物品的使用说明，对学生详细讲解、演示。

三、中学化学核心素养的生成性教学在实践中的意义

教师应该在课堂上为学生留足思考的时间。教师观察学生的薄弱区域，与学生共同探讨，这样既可以了解到学生对知识的理解水平，也能将学生和教师之间的距离缩小。通过化学课堂上对核心素养的培养，能够帮助学生勇于提出新问题，敢于质疑权威，在发问和质疑中不断地探求新的方式，实现自身的全面进步，走上更为顺畅的求学之路。

学生主动学习，教师间接指导，现代化学教育模式的改革刻不容缓。学生需要在化学实验中提升化学核心素养，教师与学生需要合作，共同促进中学化学课堂的创新发展，探索出一条符合当代社会需求、满足学生后续学习的全新道路。这样的教学方式既发展了学生的自主实践学习能力，也对教师的教育目标提供了具体化的标准。在解答化学难题的过程中，对一些思维能力拔尖的学生需要有很高的标准，让这部分学生学会从不同角度看待问题，寻求问题的多种解决方式。发展这些学生的潜力，对他们的思维能力提出新要求，使这些学生在教师指导下达到更高水平。教师依据教学过程中不断出现的新情况，因时制宜，设计合理的解决方案，提高教学质量，创造和谐自由、积极向上的学习氛围，营造平等的学习环境，关注教学中每一位学生的个体差异，这才是真正将化学核心素养与实际情况相结合的体现。

四、结语

营造积极的学习氛围，提升化学学习的自信感，为了中学化学核心素养的生成性目标的发展，与学生共同探索符合当今时代的教学新模式，在学生的主动探

索中回归教学本质。中学化学课堂对教师提出了新要求,对学生也是一个新挑战。这需要教师积极探索、学生热情配合,不断改变传统教学课堂,促进现代中学化学核心思维的创新发展。本文聚焦社会热点问题,以中学化学核心素养为出发点,从多个方面论述了核心素养的生成性发展,从传统中学化学的落后之处、中学化学核心素养的生成性教学的具体表现和中学化学核心素养的生成性教学在实践中的意义这三个维度较为全面地述说了现代教育的可发展之路。

广蕊，克拉玛依市第一中学物理教师，曾获全国物理教师大赛一等奖、自治区教学能手等荣誉。专注于课堂教学研究，长期坚持将课堂实践与教学研究相结合，曾主持多个自治区级小课题，均顺利结题。在全国教师挂职培训和市教师继续教育等活动中开展了多次专业培训讲座，以学术研究引领学科发展。

浅谈基于自主学习下的物理诊断命题

克拉玛依市第一中学　广　蕊

　　克拉玛依市第一中学进入教育教学转型后,教师的教和学生的学较之以往发生了重大变革,落实高中物理学科核心素养的自主学习、合作学习在选课走班下得到充分体现。学生的自主学习能力和主动性得到提高,学生的个性化得到充分体现和尊重。但是自主学习并不等同于自学,自主学习仍然需要教师的指导。在这种以自主学习为主的模式下,对学生学习的诊断的有效性成为教学中重要的环节,对诊断测试进行分析的结果是学生调整学和教师调整教的重要依据。教师准确把握学情的最好方式便是合适的诊断,通过对学生完成的单元前诊、单元后测的答题表现进行分析研究,找出出现的问题及其原因并"对症下药",有针对性地做好对学生的集体答疑和个别化答疑。诊断的运行载体是诊断试题。本文以笔者的实践,总结出命制诊断题目要遵循的原则、具体命题步骤以及利用诊断指导教学的流程,谈谈如何命制合理、科学、有效的诊断试题。

一、自主学习的基本环节

　　本文基于自主学习为主的课程改革背景下的诊断命题,而以自主学习为主的大单元授课的主要环节为自主研修、单元前诊、答疑讨论实验、单元后测、查漏补缺。这几个主要环节中,教师和学生主要的工作如图 1 所示。

　　在自主学习过程中,通过研修后的诊断倒逼学生,让学生发现问题,从而更好地促进学生自主学习能力的提高,通过诊断解决走班制下教师对学情把握的困惑。

教师工作

| 编写读本细目
指导策略
单元规划 | 编制前测
引导方向
收集问题 | 展示问题组
集中答疑
组织讨论与实验 | 编选练习题
个别指导与答疑 | 编制后测
筛子图
个性化答疑补测 |

学生工作

| 阅读钻研
解决基础
提出问题 | 参与前测
积极纠错
反思落实 | 参与讨论
积极实验
加深认识 | 运用知识
巩固练习
提升能力 | 参加后测
积极纠错
反思修正
学习策略 |

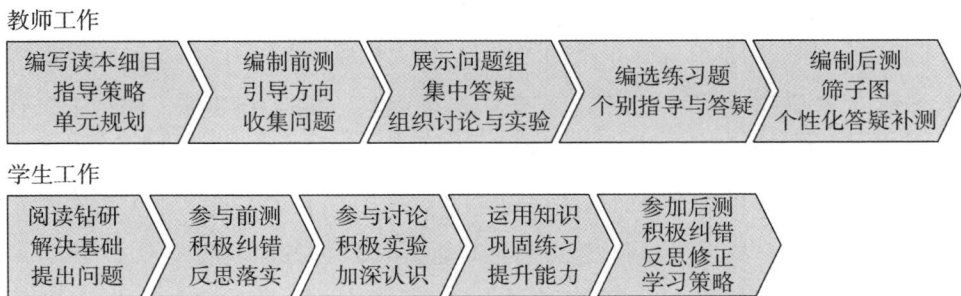

图 1　师生在自主学习中的主要工作

二、诊断内容与诊断目的

考试有许多不同的类型,在教学过程中实施的通常被称为形成性考试,就是平时的前诊后测;在教学告一段落时实施的通常被称为终结性考试,也就是我们的学段诊断。在形成性考试的过程中,更重要的是通过诊断发现学生在学习过程中出现的问题,通过诊断对学生的进一步学习进行指导。因此,我们在命题前就要考虑为什么考试、考试要达到什么目标。

(一) 诊断内容

对物理学科来讲,诊断的内容主要包含四方面:一是教学重点和难点,必须梳理得很清楚很透彻,这是诊断的重点与考点。对于这些内容,应该在诊断前就让学生清楚,诊断内容必须做到学什么考什么、教什么考什么。二是诊断学生的学习习惯。我们在课堂督导学生,倡导学生自主研修学习,这些其实都是在培养学生的自主学习习惯。同时,通过诊断,还要督导学生在课下形成自觉学习的习惯。也可以借诊断对不同的学生做区分,以便更了解学情。三是对学生进行能力考查。后测诊断中要看学生在新知识面前的反应与迁移能力,这更大程度上是在检测学生学完了的结果。四是要诊断教师的教。检测教师的教有没有问题,反映一个单元内的教存在些什么问题,是否符合学生的发展需求,及时指导教师调整教学方法和个性化辅导的方式与内容。

（二）诊断目的

前诊的命题需要引领学生全面系统地学习所测单元的内容，并指导课堂答疑，始终以"强调自主学习，而不是强调刷题"为中心。同时，还要能反映自主研修的效果，这也是教师答疑课的教学依据。

后测是监督学生系统全面地认识问题的一种方法，目的是检测学生对本单元知识以及能力的掌握情况，同时还要引导有能力的学生继续钻研。

由于形成性考试是在学习过程中的一种不以评价和分层为目的的考试，这种诊断主要是为了了解学生学习的情况，并根据诊断的结果调整教师教与学的方向，对教学有导向功能、诊断功能、激励功能和发展功能。形成性考试的目的是双向的，检验结果对师生的教与学的过程是同等重要的。

三、诊断要怎样命题

不同类型的考试目的不同，问题的设置、题型结构也有所不同。如前诊后测的目标并不是对教与学进行评价和分层，此时诊断的重点应放在对当下学习情况的诊断上，命题要考虑激发学习兴趣、诊断自主研修效果、促进成绩提升和发现问题。此时命题要从问题的提出方式入手，情境的设置、知识结构的分布都应有自己的特点，不能把前后诊命成学段诊断，当然也不能把前诊命成后测。如果命题时功能不分、目标不明确，将会导致诊断效果与预设情况相背离。

（一）前诊诊断命题的具体步骤

1. 制作二维矩阵表，明确诊断内容和目标

结合课程标准、教材和单元细目表，可以从知识维度和认知过程维度确定要考查的内容和难度，以二维矩阵表的形式制作细目表。例如第四章第一单元曲线运动的研究方法的前诊，列出知识维度及认知过程维度的二维矩阵表见表1。

表1　二维矩阵表

知识维度	认知过程维度					
	记忆	理解	应用	分析	评价	创造
曲线运动的概念	√	√				

（续表）

知识维度	认知过程维度					
	记忆	理解	应用	分析	评价	创造
曲线运动的研究方法		√			√	√
运动的合成与分解			√	√		
曲线运动的受力方向	√			√	√	

双向细目表是一种用于检查试题分布是否符合诊断要求的表格，也是对试卷结构效度进行检验的最简单的方法。大多数双向细目表都是基于布卢姆的分类体系来编制的，一个维度是知识单元，另一个维度是布卢姆的六个能力操作层次。

2. 创设情境，设置具有逻辑连贯性和思维渐进性的物理问题串

情境材料是试题的基本要素，根据二维矩阵表中所呈现的诊断目标和学生的认知特点，为学生设置真实情境或者暗含物理问题的具体情境。前诊试卷可以把教材中例题的情境予以展现或稍微延伸，难度不要高。通过置于创设的含有丰富有用信息的情境中，学生体验到物理问题的产生和迁移，在这种特定的情境中产生强烈的认知冲突，通过回忆、思考和联想，体验从"提出问题"到"解决问题"的过程并体会其意义。这不仅能够使学生真正地理解物理概念、公式、原理的本质，还能使学生迁移运用这些知识。通过设问引导学生作出规定的应答，好的设问能恰当地引导学生展现出学习水平。

3. 检测试题，保证试题的科学性和严谨性

试卷难度的控制也是命题的一个关键因素，对教学有非常明显的导向作用，也是命题过程中最难把握的因素之一。由于考试的目的、性质不同，试题的难度也会有不同的要求。一般形成性考试难度应控制在 0.7 左右，其中前诊难度应该降低到 0.75 左右比较合适。

诊断试卷命题结束后，要通过多次审核、磨题，避免试卷中出现错误或情境、问题描述不清的情形。解答中不需要的条件不应该出现在题目中，否则会干扰学生思考，导致诊断的信度和效度降低。

4. 命制个性化诊断试题

针对比较特殊的学生,比如自主研修能力很弱的学生,可以根据学生的实际情况,设置适合这个学生的诊断。诊断内容可以更简单,对知识的要求可以降低,也可以把多个知识点分多次进行诊断,每次只诊断一两个知识点。

(二) 后测诊断命题的具体步骤

1. 比对单元细目表和前诊筛子图,确定诊断目标和诊断内容

后测命题时要充分考虑每一道题的排列,同时要考虑知识点的覆盖,所以需要比对细目表。哪些前诊出现过的诊断内容在后测中需再次出现,哪些内容需要诊断,哪些内容不需要诊断,都可以通过筛子图确定。多数学生都会了的知识在后测中可以不出现;前诊中问题较多的知识,经过共性答疑和个别化辅导后,可再次诊断追踪以辅导效果。

2. 构建情境,合理设问,检测目的上要与前诊有明显区别

前诊主要引导学生学习,聚焦于学什么,怎么学的问题;后测主要诊断学生在经过一段时间的学习后,思维和能力得到了怎样提升和锻炼。在创设情境时,要考虑到一个情境下需设置能考查多个维度目标的问题串,减少学生阅读题目、重复建构情境的时间,增加学生思考作答的时间,通过各个问题之间的关联与区别,使诊断同时成为学生思维形成的过程,借助诊断提高学生归纳总结的能力。

3. 检测试题,保证试题的科学性和严谨性

与前诊试卷一样,每张试卷命制完成后,都应该认真磨题、审核,避免出现错误,还要对学生的答题情况作出预判,提前准备好针对不同知识点的补测题目。

(三) 学段诊断命题

学段诊断作为一个学段结束后的终结性诊断,与前诊后测既有区别,又有联系,甚至是与其完全吻合的一种考试。其目的主要是对这个学段的学习进行诊断,可以看成是学生在学习物理的过程中连接新旧知识的桥梁。其命题策略也有所变化。命题关注的是学生对本学段所学知识的了解和理解的程度,要注意发挥考试对激励性、检测性和知识形成性的作用。考试的结果对下一阶段的教学计划的制订、教学

手段的改进有重要的参考价值。当然，针对不同阶段的学生，学段诊断的命题要求和策略也应该不同。

为了达到学段诊断的目标，实现诊断的科学化和规范化，命题的第一步应该是制定科学合理的双向细目表，这样能有效保证试题是课程内容的代表性取样，反映各部分课程内容和检测目标的相对重要性，从而提高检测的效度和信度。双向细目表规定了各种知识层次和不同能力试题的比例，为试卷具有合理的难度和区分度提供了依据。

好的诊断能够起到引导学生阅读教材的作用，使学生的自主学习回归课本，同时也督促学生按照规划自主学习，形成良好的自主研修习惯，更加注重概念、定理、定律的来龙去脉和对知识点与方法的归纳总结。合适的诊断能促进教与学，当学生个体发生变化时，诊断也要随之调整。

伍军，克拉玛依市第一中学化学教师，曾荣获克拉玛依市骨干教师、学科带头人等称号。完成课题"基于 STEM 理念的高中化学实验设计研究"，在《克拉玛依市教育》《中学生课程辅导》《中学生数理化》等杂志发表多篇教学论文。

新课标下高中化学探究实验教学的思考与实践

克拉玛依市第一中学　伍　军

探究实验是教会学生怎样发现、怎样分析、怎样解决实际问题的课题。该课的形式是多样的,每一种形式都对应着一种教学模式,其中探索性实验最能激发学生的兴趣,开阔其视野,帮助学生掌握最基本的科学方法,形成化学核心素养。通过各种形式的训练,也能锻炼学生的意志和品质。

一、探究实验的含义及应达到的目标

高中化学新课标中明确指出:重视探究实验,使学生体验科学研究的过程,注重创设学习的情境,激发探究欲望,有步骤地培养学生科学学习的方法,培养学生探究实验的能力和养成科学的态度;重视实验在化学学习中的多种功能作用,培养创新精神和实践能力;重视实验在学习化学中的基础性作用,鼓励学生通过实验学习化学知识与技能,掌握科学的研究方法。探究实验课是指在化学课堂教学中,围绕化学这一领域,通过各种渠道传播化学科技知识,提高学生的科技意识,使理论和实践相结合,帮助学生掌握最基本的科学方法,形成化学科学素养、一定的化学科技制作能力以及创新能力的一种课型。更明确地说,探究实验课应当成为学习怎样发现、怎样分析、怎样解决实际问题的课程。探究实验的教学过程中所表现的积极性、自觉性、创造性,变"要我学"为"我要学",尽可能为学生留有发展的余地,最大限度地满足学生的需要,注重学生个性的养成、潜能的开发和智能的发展。探究实验教学创设了学生自主活动和积极探究的情境,激发了学生的探究欲望,引导学生积极参与和体验探究过程,获取知识;有计划、有步骤地培养学生的探究实验能力,学习科学的学习方法和养成科学的态度。

本课题相对于学生的实验课有较强的创造性、开发性、民主性,做到以问题为创新的起点,以探索为创新的基础,以方法为创新的手段。探究实验要建立一套以研究实际问题为中心、以辩证唯物主义科学方法为框架的课程体系。通过对该课程的学习,最起码能让学生达到即使今后不从事科技研究工作,也能用探究实验课上学到的科学方法处理日常生活和工作中的问题的水平。总之,探究实验符合国际中学化学课程改革的新潮流,是实施素质教育的一部分,也是培养创新精神和实际操作能力的新途径。

二、探究实验课与验证性实验的比较及其程序和结构

探究实验课与验证性实验相比,后者往往是教师讲授化学知识在前,做演示实验或学生动手做实验在后,其目的在于验证并巩固已学过的化学知识,培养操作技能。而探究实验课先尝试实验,然后在观察实验的基础上,通过科学的抽象逻辑思维,自己概括归纳实验现象、分析实验数据,从而揭示出物质变化的特点和规律。

探究实验课学习是学生在教师的指导下进行的,有别于个人在自学中自发的、个体的探究活动。在学习过程中,学生需要的是"指导"或"帮助",而不仅仅是"传授"或"教导"。在探究实验课学习中,教师将是学习活动的组织者、参与者和指导者,其主要职责是创设学习情境和学习途径。探究实验课学习是学生对科学研究的思维方式和研究方法的学习与运用,主要是一种学习方法而不是研究方式。它重过程而非重结果的目标定位,决定了在教学过程中每个学生都需要在一定的情境即社会文化背景下,借助教师和同学的帮助,利用必要的学习资料去获得知识,而不是简单地通过教师传授得到知识。在教学过程中,教师要重视帮助学生进行探究实验课学习,并创建自己的教学模式,带领学生共同研究、学习。笔者在实践中的体会可分为以下三个阶段:

(一) 创设生动的学习情境,激发学生的探究兴趣

探究学习情境是探究学习活动的背景和舞台。缺乏学习情境的"探究"只是一个要求解答的探究性习题或实验习题。失去了探究的背景和氛围,探究的现实意义和吸引力就被淡化了。探究学习情境能使学生置于真实的问题情境之下或

对某个问题的探究氛围中。这可以使学生清楚地意识到问题的所在,理解探究、解决该问题的必要性或重要性,产生解决该问题的欲望;还可以使学生在心理上意识到,这不是解答习题和考题,不能靠引用、背诵课本或利用老师讲过的现成答案来解决问题,必须通过自己的思考、试验、资料查阅、与他人交流和讨论来解决问题。创设情境有利于学习的真实性和复杂性,有利于引出整体性的任务。教学设计不仅要考虑教学目标,还要把情境创设看作是教学设计最重要的内容之一。

例如,硝酸的氧化性探究实验的教学程序如下:

1. 提出问题:请学生思考实验的设计思想是什么,为什么选铜作样本与浓、稀硝酸反应,铜与浓、稀硝酸反应的实验现象又有什么显著区别。

2. 探究实验:学生在上述问题的启迪激发下立即产生一种急于求知的欲望。随即,教师要安排学生分组进行铜与浓、稀硝酸反应的实验。学生实验前,教师应讲清该实验的操作程序和注意事项,并做好观察记录。

(二)引导学生设计探究实验,激活学生的创新思维

探究实验的核心是创新思维,而创新思维的主要表现形式就是发散性思维,即多角度地思考问题,以求得多种设想、方案或结论。在化学教学中,通过引导学生设计探究实验,学生的创新思维可以得到"活化"和发展。如关于原电池的探究实验,笔者是这样指导学生设计的:把 2 mol/L 的 NaOH 溶液分装在两个试管中,然后分别投入纯铝片和表面沉积有铜的铝片各一片,观察所发生的现象。实验显示后者产生气泡的速率比前者快,在这基础上向学生提出下列问题:能否设计出比较活泼的金属作正极、不活泼的金属作负极的原电池? 由于原电池中活泼的金属作负极、较不活泼的金属作正极是学生所熟知的,所以问题一提出,马上有学生认为不可能设计出这样的原电池,但也有学生联系教材中的实验展开了联想,联想中创造性思维火花产生了,学生提出了以下设计方案:

镁、铝作电极,浸入 NaOH 溶液中。镁的金属活泼性虽比铝强,但镁不跟 NaOH 溶液反应,所以铝作负极,镁作正极。

还有学生联想到铝遇冷浓硝酸钝化,又设计出另一种方案:

铝、铜作电极,浸入浓硝酸溶液中。铝的金属活泼性虽比铜强,但铝被浓硝酸

钝化作正极,铜作负极。

用电流计验证,结果果然符合设想。通过化学实验诱发学生突破常规,跳出原有的知识框架,学生的思维激活到最佳状态,创造能力也得到了培养和锻炼。

(三) 改验证性实验为探索性实验,培养学生的创新精神和探究能力

目前,高中的化学实验大多注重实验功能的验证性,课本编排出实验条件、步骤,来验证某物质的性质、制取方法或某个反应原理,学生依葫芦画瓢、照方抓药,毫无创意和新意。而探索性实验是挖掘书本已有的实验内容,把学生所掌握的知识联系起来的有新意境、新内容的实验,充分挖掘学生的潜力,引导学生去大胆地创新和思考,把学生导入科学探索的新起点、新境界、新高度,让他们亲历其境,刻苦努力地探索新知识、解决新问题、猎取新成果,从不同角度、不同方法、不同层次上观察和思考,使其具有较强的知识迁移、创新探究能力,并使其在创新探索的过程中,"灵感"有所激发。如在《高中化学(必修 1)》第一章配 100 mL 1.00 mol/L 的 NaCl 溶液的学生实验中,以往的教学是教师按"讲述—实验—验证—讨论"的程序,即先讲述用什么仪器、实验步骤、实验过程中注意的事项,甚至写到黑板上,学生按照教师讲的去做。而按探索性实验的要求,高一学生已具备一定的化学实验操作技能,已掌握一定质量分数溶液的配制、物质的量、化学计量在实验中的应用等有关知识,应该能够自己完成这个实验。所以在教学时,教师只告诉学生实验内容,让学生自己准备;做实验时,教师也没有过多地讲述,仅巡回对个别问题加以指导。对两个班级分别采取上面的两种教法,结果,按"讲述—实验—验证—讨论"程序去做的班级,课堂秩序井然,全部学生操作有序,学生很快并顺利地做完实验,没有提出更多的问题。而后一种教法截然不同,课堂气氛非常活跃,学生的积极性空前高涨,操作步骤和方法各不相同,暴露出不少问题。实验结束后,每组学生都拿着自己配制的溶液请教师观看,这时教师不失时机地以某一组或几组的实验为主,针对学生遇到的问题或违背操作规程的现象,并结合实验中出现的问题以及与学生的实验技能有关的问题,与学生共同讨论。学生的积极性很高,根据自己的实验情况,在回顾和反思的基础上提出了很多问题,并相互讨论,甚至

争论,最终在教师的指导下,形成了正确的总结性评价。这样的教法既能使学生掌握实验内容,又能活跃课堂气氛,使学生理解深刻、记忆牢固,创新思维得以发展,知识视野得以拓宽,达到了化学实验教学的目的。

三、探究实验课学习的体会

首先,探究实验教学符合科学认识的规律,充分体现了"实践—认识—再实践—再认识"的规律。

在教师的引导下,学生有目的地选择并设计实验,按一定的逻辑去体会已发现的规律性知识,培养学生能像科学家那样思考问题,探索事物的本质,对促进学生的智力发展、形成科学的世界观和方法论产生了深远的影响。

其次,探究实验教学充分发挥了学生的非智力因素,调动了学生学习的主动性和自觉性。

当代教学论发展的一个最基本的特征,就是将学生的认知活动与非智力因素(兴趣、情感、动机等)的影响紧密联系起来。爱因斯坦曾说:"兴趣是最好的老师。"学生有了兴趣,就会产生学习的主动性和原动力。学生的认知活动离不开积极的非智力因素的激发、维持、强化和调控。在探究实验教学中,通过探究前的"假设""设计"创设探究情境,通过小组之间的交流、分析、实验,使学生产生积极的情绪和体验。在学生通过自行探索达到目的后,给予经常性的鼓励,激发学生的成就动机,让学生享受到成功的喜悦,并使这种喜悦成为一种巨大的情绪力量,从而大大激发学生的求知兴趣,充分发挥了学生的学习潜能。

最后,学生的主体地位得以充分体现,各种能力得到了有效提高。

在探究过程中,教师起着引导、指导、点拨、评价的主导作用。学生在实验中,亲自去发现问题,使动手能力和观察能力得到了培养;在探究中,学生发表自己的见解,培养了表达能力;在归纳总结中,促成学生自学能力的形成,分析综合能力也得到有效锻炼与提高。通过动手、动脑、动眼、动口等活动,学生的主体作用得到了充分的发挥。

高慧梅，2012 年毕业于吉林师范大学美术学专业，同年就职于克拉玛依市第一中学，现任艺术组美术教师、美术教研组长。教学业绩突出，曾获得自治区中小学艺术教师微课大赛一等奖等荣誉。

新课程改革艺术模块教学的实施与研究

克拉玛依市第一中学　高慧梅

《中共中央　国务院关于深化教育教学改革全面提高义务教育质量的意见》要求完善德育工作体系，认真制定德育工作实施方案，深化课程育人，实施"五育"并举，打造中小学生社会实践大课堂。我校艺术课程一直以来都以培养学生的审美和人文素养为宗旨，落实立德树人根本任务，发展素质教育，推进公平教育，培养德、智、体、美、劳全面发展的社会主义建设者和接班人。课程的核心是为了满足学生个性化的需求、未来发展的需要，又激发培养学生的学习兴趣，提高学生的专业化水平。艺术课程不仅关注学生个性化、多样化的学习和发展，更遵循教育教学规律，贴近教学思想、学习和生活实际，充分反映学生的成长需要。本文通过艺术课程改革后的课程架构、课程设置依据、艺术课程特点、学生评价等阐述艺术课程的开展和实施。

一、克拉玛依市第一中学艺术课程架构

在传统的中学教育中，艺术领域通常分为音乐和美术两个学科，独立设置，在实际教学中往往偏重对技能技巧的训练。显然，艺术教育对学生发展的影响力不仅仅体现在对音乐、美术基本技能技巧的掌握，更是注重对"立德树人"的培养。尤其是2013年引进北京市十一学校模式以来，我校德育更是与课程结合得更加紧密。改革之前，我校的艺术课程只有一节音乐鉴赏和一节美术鉴赏，改革之后，我校的艺术课程增加了19门，其中包括戏剧类、音乐类、美术类三大类共21门课程。我校开设"自助餐"形式的课程供学生选择，学生只要明确自己的发展方向和需求，就可以选

择适合自己的课。《普通高中艺术课程标准(2017年版2020年修订)》为艺术课程的设置提供了新的灵魂。艺术课程凝聚学科核心素养,重新整合教学模块,梳理教学设计,围绕艺术感知、创意表达、审美情趣、文化理解完善教学目标和评价机制。完善艺术课程的设置,能够进一步满足学生个性化的发展需求。

结合新课标,我校形成了分层、分类的课程体系。为了满足学生个性化的需求和未来发展的需要,我校对国家课程和学校课程进行统整,在必选课程的基础上研发出选择性必修课程,增加选修课程。基于这样的课程架构,我校的课程模块课时设置为:每周2课时,两节连排,每个模块开设一期。初中学生毕业至少要选择四个模块,其中初中戏剧必修一个模块;高中学生毕业至少要选择两个模块;其中戏曲课程以曲目为单位组成不同的剧组,在剧组里学生形成分工、分组、各就其职、各谋其事又相互合作的新局面。

表1 艺术课程设置

类别	课程	使用学生	备注
艺术团	合唱团	合唱团成员	专业艺术团
	舞蹈团	舞蹈团成员	
	管乐团	管乐团成员	
	民乐团	民乐团成员	
	电声乐团	电声乐团成员	
戏剧	《嘎达梅林》音乐剧	全体学生	选择性必修
	《歌舞青春》音乐剧		
	《雷雨》话剧		
	《表演基础训练》话剧		
	《白毛女》话剧		
音乐	音乐鉴赏	初一起始年级	必修
	世界名曲欣赏	全体学生	选修
	声乐		
	舞蹈		
	民乐		

（续表）

类别	课程	使用学生	备注
音乐	管乐	全体学生	选修
	电声乐		
	礼仪与修养		
	北京艺术之旅（社会实践课程）		
美术	美术鉴赏	初一起始年级	必修
	纸艺	全体学生	选修
	摄影		
	造型基础		
	油画		
	中国画/书法		
	动漫		
	河南厚重中原艺术之旅（社会实践课程）		

二、模块设置的依据

（一）课程设计思路

1. 凸显艺术课程的"立德树人"核心素养，以艺术活动的方式划分教学领域。

2. 课程内容设计上要有明确规定性和适度的弹性、前瞻性，给学生留有创造和选择的空间。

3. 正确处理艺术知识、技能、审美体验与艺术实践的关系。

4. 艺术课程中融入不同年龄的心理发展水平的特点，在共同的课程中相互影响、相互学习。

（二）课程目标

1. 能够掌握各艺术课程中的基本知识及表现形式。

2. 在艺术综合课程的实践和探索中，了解本国和世界各地多元化的艺术形式。

3. 在艺术实践中，逐渐找到未来的职业方向。

4. 通过对课程的学习，提升对艺术作品的构思和艺术作品的表现力。

5. 通过对艺术的感受，能够通过交流、表达、制作、设计、创意等多视角的连接和转换，形成个性化的审美趣味。敢于表达自己的创作见解，形成自己的艺术表现形式。

6. 在综合课程当中，以小组合作、独立探究等不同的形式完成艺术课程的学习；在艺术体验中，学会换位思考，提升自己的合作意识和在群体中的协调能力。

三、艺术课的特点

课程必须以满足学生的需求为出发点。为让课程具有选择性，满足不同发展方向、不同类型学生的发展需求，我们构建了分层与分类、专项与综合相结合的课程体系。在分层教学中，既有重视基本知识普及的艺术鉴赏课程，又有重视专业发展的艺术团课程，例如音乐鉴赏课和音乐团。艺术课程从单一的艺术专业技能训练转变为综合的艺术素养培养，将传授整齐划一的知识转变为发现与发挥每个学生的艺术天赋和才能，将注重个体的技能学习转变为注重对合作精神的培养，将枯燥无味的专业技法训练转变为生动有趣的艺术创作，将静态的技能表现训练转变为对动态的艺术表现能力的培养。例如，艺术课中既有以视觉艺术为主的戏剧课程，又有艺术专业课程，而且综合戏剧课程中也有角色的分工。

四、课程的评价机制

科学的课程体系是一条各个环节环环相扣的链条，课程的实施应该通过明确教学目标、选择适切的教与学的方法、组织丰富多样的教学资源并实现学科教师资源标准化、落实过程性评价和终结性诊断来提高教学效益，通过选课走班的教学组织形式，让这些课程落实在每一个教室、每一节课里。

表 2　美术课过程性评价

分类名称	指标名称	满分	得分	备注
课堂表现	学习态度	5		
	出勤情况	10		
	课堂纪律	10		
	探究创新	5		
学习效果	技能掌握	10		
	积极参加展览	10		
学习任务	作业完成情况	10		

表 3　音乐课过程性评价

分类名称	指标名称	满分	得分	备注
课堂表现	课堂纪律	10		
	学习态度	10		
	出勤情况	10		
	探究创新	5		
	团结合作	10		
学习效果	展示效果	15		

表 4　戏剧课过程性评价

分类名称	指标名称	满分	得分	备注
课堂表现	课堂纪律	10		
	学习态度	10		
	出勤情况	10		
	探究创新	5		
学习效果	对角色的把握,团结合作的能力	15		
课外表现	课后完成情况	10		

说明:(1)艺术过程性评价于每 1—2 周课程学习结束之后进行;(2)艺术总评

价＝过程性评价×60％＋终结性评价×40％。学生的评价不单单只用一张试卷来体现，须综合、全面地从学生的发展来评价学生的成绩。即便是终结性评价，也是结合各模块的艺术特点、学生的兴趣和特长为测试依据，形成灵活多样的期末测试，例如戏剧节、音乐会、美术展等。

五、模块化教学对学校的要求

（一）模块化的课程开设必须规范化

教师要有驾驭这门课的综合能力，课程的研发要科学规范；一定要凝合这一个团队的力量，学科磨课、学校专家评审团审课，样样不能少。课程的设置应该满足学生的需求，学生的需求若得不到满足，即使这个课程勉强开起来，也维持不下去。

（二）建立科学的评价体系

"评价最重要的目的是促进评价对象进步。"所以评价的体系应该多元化，要从学习态度、课堂表现、学生参与度、学习能力等多方面来评价。评价也要具有针对性。真正好的评价一定是针对具体的内容而设定的，因而应该以章节、单元为标准确定具体的方案。评价还需要分层次、易操作，这样才能够便于及时记录，依据评价指标分析学生的情况。我们要积极开展教研培训活动，深入特色课题研究，提高教师自身素质，加强岗位业务培训，加强"引进来、走出去"，开阔眼界，提升自我，合理利用教师资源，与邻近学校共享师资。专业模块课程的开设对教师的专业要求很高，可能会存在师资不足的情况，建议学校可以聘任专业院校的艺术教师或有任职资格的艺术工作者到校兼课，也可以聘请校内有艺术专长的其他学科教师前来兼课，或加强邻近地区校际的师资交流，进行跨校兼课。

六、结语

以上是我校艺术课程的课程架构、课程设计说明、课程评价及实施过程中学校需要加强建设的方向，也希望教师在今后的教育教学工作中端正思想，不断更新知识、与时俱进，领悟新课标的理念，更好地落实"五育"并举。

　　张建红，克拉玛依市第一中学数学教师，曾担任学部主任和数学课程负责人。积极参与克拉玛依市教育教学改革，亲身经历并参与一中选课走班模式下的课程改革，并在实践探索中不断增强团队凝聚力，形成特有的学部文化，教师的课程领导力也得以提升。

选课走班模式下提升学部主任领导力的实践与探索

克拉玛依市第一中学　张建红

2020 年是克拉玛依市教育文化变革的元年，也是"十三五"规划的收官之年。转眼到来的 2021 年，更是克拉玛依市"十四五"规划的开启之年，是完善选课走班教学管理机制，逐步落实普通高中新课程新教材国家级示范区建设任务的关键之年。

克拉玛依市第一中学作为克拉玛依市教育的领头羊、先行者，担负着艰巨的任务。一中的教育转型已历经七年之久，学校已成功实现了选课走班的管理模式和"自主性、个别化、可选择"的教学模式。而学部作为学校的事业部门，在选课走班模式下，它的正常运转在学校工作中具有举足轻重的作用。学部主任作为学部的领导者，其领导力的提升也就显得尤为迫切和重要。下面，我结合自己的工作，谈一谈我在提升学部主任的领导力方面的实践探索。

一、组建团队，营造学部团结协作的文化氛围，提升教师的课程领导力

（一）树立共同的价值追求，营造学部文化氛围

要组建一个团结协作的团队，必须树立共同的价值追求。一中的老师们始终秉持着"创办适合每一位学生发展的教育"的教育理念，有着共同认可的教育文化，这些文化体现在学部中就是特有的学部文化：老师们既要有奉献精神，更要讲团结合作；分数不是评价和衡量学生的唯一标尺，我们要从多角度评价学生，多发现学生身上的闪光点；我们必须坚持以学生为主体的课堂教学，坚持把时间还给学生，学会静待花开；教育是慢的艺术，我们可以慢，但是不能倒退再回到老路。

当老师们有了共同的价值追求后,团队才能携手走好每一步。

为了营造学部团结协作的文化氛围,学部每周的例会会留有专门的时间进行教师培训,有读书分享、教研组集体备课分享、正面管教分享、个别化教育分享。另外,学部还组织教师活动,如你做我猜、诗朗诵、钢笔字等。这些都加强了团队凝聚力,同时也加强了老师们对学校课程改革与育人方式变革的认同及对学部管理的认同。

(二) 坚持问题导向,以任务驱动提升教师的课程领导力

2017 级的初一秋季学期曾经面临过巨大的挑战:初一语文开始使用新的统编教材,其容量和要求都远超之前所使用的人教版教材。语文组老师们面临着对新教材的不熟悉、对学生学情的把握不准、对初中学生的管理方式不了解等种种迫在眉睫的问题。另外,由于课时有限,语文组还必须对教材进行整合,实行单元授课,这也意味着有部分内容是需要学生完全自主学习的。面对这些困难,学部以问题为导向,快速指导语文教研组带领语文学科的几位老师一点点地去突破:每天至少进行 1 次面对面交流,交流每节课的教学心得;每周至少精心组织 1 次有专人负责的,以教材整合和课程架构为主要内容的主题教研;每周必有 1—2 次的组内老师相互的听评课活动。就在这样的实践中,语文组老师们都渐渐进入了状态。

而恰好在 2017 级的初一秋季学期,全市初一语文要进行质量监测。语文组里个别老师担心学生的监测成绩会不好,对组里实施的教材整合、单元授课的教学理念动摇了,私下里又回到传统,用教师的讲授代替了学生的学习,又开始满堂灌,还对学生的自主答疑进行控制,把全班学生都留下来进行课文的背诵和默写。当学部发现这些问题后,党支部支委一次次地走进语文课堂,一次次地和有顾虑的个别教师单独沟通,一次次地召开语文教研组会议,帮助老师们转变观念和行动。最终,我们的语文组在一次次的自我斗争中战胜了自己,坚持了改革的方向。在这个过程中,教师的课程领导力得以提升,既有年轻教师的成长,更有老教师在思想和行动上的蜕变。

二、在学部文化的引领下，通过日常活动和课程育人落实立德树人根本任务

立德树人是教育的根本任务。新的教学模式的背后是育人方式的变革。自一中开启课程改革后，德育无处不在：学校在日常活动中凸显德育，在课程实施中渗透德育，让学生在德育的浸润中享受成长的快乐。

（一）以日常活动为抓手，渗透德育，持续推进学部德育工作

2017级初中生自进校以来，学部的导师团队精心为孩子们准备了包括"每日一人""每日一景""每日一曲"等活动在内的课前三分钟的德育。"每日一人"让学生既认识了像改革开放总设计师邓小平这样的伟人，也认识了像大国工匠谭文波这样的本土英雄，并从榜样中汲取了力量；"每日一景"让学生在欣赏美景的同时，了解美景背后的红色故事，感受祖国的发展和变化，从而培养学生的自豪感；"每日一曲"让学生在聆听红色歌曲的同时，了解歌曲的创作背景和歌词的含义，通过传唱红歌提升自身素养，从红歌中汲取精神。

学校还在丰富的课间活动中凸显德育。一中的课间活动十分丰富，除了有常规的跑步，还会开展拔河、跳绳、打沙包、背对背夹球折返跑、"红军过草地"等个体或集体比赛。每次比赛都是导师们经过精心策划的，设置了奖项，并准备了小奖品，以此激发学生参与活动的内在动力，让学生在活动中感受竞争，在活动中树立规则意识、学会合作，以此来持续推进学部德育工作的落实。

（二）构建以"育人"为核心的课程体系，提升学部德育工作质量

"立什么样的德，树什么样的人"是课程改革的核心，所以我们必须构建以"育人"为核心的课程体系，构建内容丰富、个性选择、分层分类的课程内容体系。在课程建设的过程中，我们不仅要关注学科知识体系，更要关注学科所蕴含的育人价值。

我们除了要在语文、数学、英语、音乐、美术、体育等常规课程中凸显德育，更要在导师会课程和劳动课程中凸显德育，让学生无论是在常规课堂中，还是在导

师会和劳动课上,都能被教师引导去关注自然、关注社会、关注国家,学会服务他人、服务社会、服务国家。

学部就是这样通过设置有效的路径来落实立德树人根本任务的。学生松紧有度、一张一弛,在德育浸润中健康快乐地成长,教育就这么润物无声地悄悄进行。在这个过程中,收获成长的除了学生,还有导师。我们相信在阳光中长大的孩子一定会眼里有光、心中有爱,他们正是未来社会所需要的人,而学部导师们也在导师团队的引领下提高了德育的领导力,提升了学部德育工作的质量。

教育无止境。选课走班模式下,如何提升学部主任领导力的探索更无止境。没有最好,只有更好。学部里每位教师的课程领导力提升了、育人水平提高了,学部里学生的整体素养就会更好,而学生的优秀发展也会激发教师的内驱力,促进教师更快更好地进步。

姜晓英，自 2013 年起开始实施教育转型变革，积极探索基于自主性、个别化、可选择的教学。在日常教学中对分层分组教学有更深的认识，也对这种形式下学生的管理有更多的思考。工作认真负责，对学生关心爱护，受到学校的认可。获得克拉玛依市第一中学青年教师钢笔字大赛三等奖、微课大赛二等奖等荣誉。

选课走班制下全员育人导师制的实践与思考

克拉玛依市第一中学　姜晓英

　　随着新高考改革的实施,高考科目中出现必考科目与选考科目,选课走班制因有助于学生实现课程选择权而受到广泛关注。选课走班的模式可分为两种:部分走班与全部走班。部分走班是指必考科目按照行政班固定上课,选考科目按照学生意愿进行选课走班;全部走班则是所有科目都进行选课走班。两种选课走班的模式都处于探索阶段,没有公认的、成熟的管理方式能完美解决因选课走班带来的管理上的难题。

一、选课走班制下管理方式的变化

　　选课走班制并非简单地让学生在不同的教室间不停转换,而是关注学生的个体需求,满足学生的多样化发展。面对全新的自主选择课程的模式,很多学生会感到迷茫,需要得到人生规划、学业选择等方面的指导。以往班主任全权管理整个班级的方式无法为班上的每个学生提供个性化的指导,因此选课走班制下势必要采用新的管理方式。

　　部分走班时,必考科目按照固定行政班在固定教室上课,选考科目在不同教室按教学班上课,通常保留班主任的职责,任课教师和导师协助管理班级。一位导师为班级中的 6—8 名学生负责,及时关注学生的心理变化并进行疏导,关心学生的学习与生活,缓解班主任的压力。

　　全部走班时,没有固定的行政班也没有固定的教室,班主任的角色消失了,全员育人的导师负责制应运而生。导师对在校学生的心理、学习、生活等各个方面负责,类似于以往的班主任角色,但只需管理10多名学生,因此导师要比班主任更关注学生的个性化需求。与此同时,所有任课教师都是学生德育的负责人,有权利和义务处理年级内的所有学生的问题,为学生提供帮助。

二、选课走班制下教师管理存在的困难

(一)难以全面了解学生各个科目的学习状态

每个学生走班科目的任课教师都不同。以往各科教师都聚在一起,班主任很方便就可以了解到学生的学习情况,而在选课走班制下,班主任要专门找到该学生的各科教师才能了解情况。

(二)对学生的日常表现了解不足

学生在不同教室走班,故不能在一个教室里观察到所有学生的表现,只有在课堂的40分钟与一节班会课才能见到学生,班主任难以掌握学生的在校表现。有的学生不在班主任的教学班,那么每周只能在班会课上见一次面。

(三)学生对班级的归属感不强

对全部走班的学生而言,没有以前那样固定的集体,每节课的同学都不相同,上课的教室也是不断更换的,对于各个教学班级都没有很强的归属感。部分走班的学生在走班的科目上同样没有较强的归属感。

(四)没有成熟的经验可供借鉴

各地学校对选课走班制都还在探索之中,面对这种新的模式,以往的行政班管理经验很可能不再适宜,在新模式下自然要用新的管理方式。

(五)家长对选课走班不了解、不信任

选课走班制与以往的教学方式相比会花费更多时间在班级转换上,一些家长对选课走班缺乏了解,将其看作是形式主义,认为其浪费时间,或是认为分层是另一种形式的唯分数论,只重视成绩好的孩子而放弃了成绩不好的孩子。

三、全员育人导师制的实现

（一）明确导师职责，统一全员育人的思想

对于刚接触选课走班的学生来说，选课的方式、上课的地点转换、没有班主任等情形对他们都是完全陌生的，他们需要时间适应，却在遇到问题时不知道该找谁解决。每周一次的导师会替代了以往的班会，起到为学生答疑解惑的功能。在开学前和第一周要安排至少两次导师会给学生讲解选课走班的含义、如何选课、如何查看课表找到教室、没有班主任的情况下遇到问题找谁解决、学校有哪些要求等。在此之前，每位导师都要对选课走班有充分的了解，以免出现职责不清、无法应对学生的问题等情况。

因此在开学前，所有教师就要为开学做好充分的准备工作。首先，教师要坐到一起商讨出本年级对学生出勤、纪律、卫生、表彰、行为问题等方面的要求，并形成相应的管理规章制度。其次，教师要梳理学部的各项工作并确定每项工作的负责人，所有教师都需熟知各种组织的负责人，以便相互交接工作或遇到问题时能及时找到负责的教师求助。在管理学生时，导师对自己组内的十几名学生负责，全年级一共二十多个导师组，分为五个联盟，一个导师盟由一位经验丰富的教师担任盟主，有任何学生管理方面的问题都可以寻求盟主的帮助。最后，要让所有教师明白，选课走班下没有固定的班级了，也就没有班主任对班级负责了。当学生在教室上课时，教师就是第一负责人。在教学过程中班里的任何情况都由授课教师负责处理，包括考勤、卫生、违纪等，遇到问题先由授课教师处理，再找导师反映。全员育人要求每位教师把所有学生都当作是自己的学生给予关爱，在任何时候遇到学生的问题都尽力帮忙解决。学部内所有教师形成一个整体，遇到问题可随时与周围的老师沟通交流。

（二）以行圆分量化学生表现，导师和家长都能及时了解

在全部走班时，学生到不同的教室上课，教师在自己的学科教室上课和办公，缺少与其他教师交流的机会。因此，如何及时了解导师组学生的表现成为一个问

题。用行圆分对学生的表现进行量化十分有助于教师了解学生表现。年级里所有教师都在行圆分加减分群里，当学生做了值得表扬的好事时，就在群里说明哪位学生因为做了什么而加分，当学生违纪时，就在群里说明哪位学生因为做了什么事而扣分。行圆分加分与扣分的标准在开学时就由导师带领学生学习，同时导师需严肃告知学生哪些事情是学生行事的底线，绝不能触碰，例如辱骂老师、抽烟、打架等行为，一旦做了就扣 10 分行圆分，并且请家长到校协作解决问题。加分行为也会说明包括哪些行为以及对应的行为加多少分，例如拾金不昧、主动帮助同学学习、帮老师搬书等行为都会加分。

行圆分在学生做出行为的当下就给予加分或减分的反馈，能及时反映学生的表现。导师通过查看行圆分可以了解组内学生是否有违纪行为、哪些方面表现得好，以便及时找学生沟通或联系家长。教务员每天会在年级的家长群里发布当天的行圆分加减情况，家长通过查看行圆分也能了解孩子的在校表现。

（三）以集体活动与个人职务增强归属感

学生在不同的班级中走班上课，有机会与更多的同学交朋友，但又对这样不固定的班级没有归属感。以导师组为单位举办集体活动有助于增强导师组内的凝聚力和学生的归属感。以素质拓展为例，选择一个或几个需要团队协作的游戏让各个导师组在游戏的过程中进行比赛。当导师组内所有学生为了同一个目标努力时，对集体的归属感就会油然而生，同时也会体会到团结的重要性。

在导师组内可以让每个学生担任一个职务，只要是平时与导师组有关的任务都安排一个学生负责，让学生感受到被集体需要，从而产生归属感。例如集合时点名的点名员、打扫卫生的卫生委员、活动时负责把器材带到活动地点并拿回去的保管员、帮忙鼓励其他同学坚持跑操的运动鼓励员等，让每个学生都能在导师组里发挥自己的光和热，不仅增强了对导师组的认同感，还有助于导师高效有序地进行管理。

（四）以微论坛促经验交流

在教学过程中，教师经常碰面聊起学生的表现如何，遇到棘手的学生问题该怎样解决等。由此学部牵头组织了每周的微论坛,让各位教师分享自己的教学经验,可以是教学和管理的任何方面的分享。定期举办但不规定主题的分享让老师们可以相互交流做得好的地方,受到他人的启发也可以想到更多适合自己的教学方法。这同时是一个让教师交流学生表现的好时机,一些学生的行为问题不仅在一个科目里出现,其他科目也同样会犯,但在某个教师的课堂上他们的表现却比较好。在相互交流的过程中,教师就能知道哪个学生更适合哪种方法。有的学生适合严格的要求,而有的学生喜欢表扬与鼓励。教师在交流的过程中加深对学生的了解,在管理时就可以对症下药、事半功倍。

(五) 家校联系消除家长的顾虑

家长由于对选课走班制的不了解而保留怀疑态度,如何消除这种怀疑就要靠与家长的沟通来实现。首先,在开学前不仅要对学生进行培训,也要对家长进行培训,让家长了解选课走班制并非给学生划分三六九等,而是让学生在适合的难度上学习。学校对学习能力弱的学生也给予同样的关爱,甚至专门减小班额以达到让教师有精力关注每一个学生的目的。其次,畅通与家长沟通交流的渠道,让家长能够在想了解孩子时知道怎样了解。家长群每天都会发布当天的行圆分加减分情况,家长们可以通过这个了解孩子的在校表现;云平台里有孩子每个学科的过程性评价,家长们可以查询孩子各个科目的日常表现;各个学科的群里也会发布各个学生的当天表现,如作业完成情况、课文背默情况等;每学期的家长学校也会收集家长感兴趣的问题,请专业的老师进行解答,家长可以提出自己的困惑并与其他家长交流。最后,导师会定期与家长进行反馈,让家长了解孩子的学习成绩和日常表现的整体情况。每个学期的中段和学期末,导师都会为每个学生制作电子档案,其中包括学生入学以来的所有期中和期末考试成绩、行圆分的加减分时间以及原因等。制作完成后,导师会给每个孩子的家长发送电子档案,并与家长交流孩子在哪些方面做得较好,哪些方面需要改进。每个导师一学期还会进行至少两次家访,到学生家中与家长交流学生的表现并提出改进的方法与建议。

姜姿伊，克拉玛依市第一中学化学教师，克拉玛依市张永江中学化学名师工作室成员，多次荣获市级、自治区级教学设计、微课、论文一等奖。荣获市教育系统优秀思政（德育）工作者、优秀党员等称号。

如何更加合理地指导学生自学自研

克拉玛依市第一中学　姜姿伊

　　"让自主成为学生成长的内动力"，我认为是学生在一中学习的核心。刚进入四年制高一年级的孩子们第一次接触、学习化学，面对陌生的学科，难免会产生惧怕心理。我们需指导学生掌握高效的学习方法，帮助他们养成良好的化学学习习惯，这样才可以让孩子们学得轻松，学有所获。四年制高一年级化学课本的阅读量大，70％以上的知识基本可以通过自学教材掌握。因此，我们在教学中特别注重培养学生的自学自研习惯，引导他们掌握自主研修的方法。作为教师的我们，如何更加合理地指导学生自学自研呢？

一、自学自研等于预习吗

　　学生总是不把预习当作业，认为自学自研和预习一样，只要知道明天要上什么内容就可以了，但是自学自研有别于传统的预习。首先，学生要在自学资源的指导下自学自研教材的基本知识，不仅要"学"，更要注重"研"。其次，学生需要归纳整理知识、研究分析规律并有意识地记忆基础知识。再次，学生需要研究习题，初步掌握分析问题和解决问题的方法。最后，学生需要整理自学自研中的有关问题，在自学自研的基础上再进行问题探讨、课堂探究、运用评价等环节。

二、自学自研的工具——教材和细目

　　四年制高一年级化学作为初三和高一化学的衔接和桥梁，重在培养学生自主阅读、自研自修、实验探究等能力，激发学生学习化学的兴趣，培养学生规范严谨的科学态度。学生现在使用的入门化学读本与人教版初三化学教材相比,内容更加丰富,对知识点、原理、规律等内容介绍得更加详尽全面、通俗易懂,方便学生阅读,从而实现自学。以第三章《物质的微观世界》第一节《原子》的课本内容为例,初三教材分为两部分,一是原子的构成,二是相对原子质量,内容较为单一、局限,供学生阅读的文字较少。四年制高一年级教材则通过介绍原子概念的来历、人类认识原子的历史过程,引起孩子们学习的好奇心,丰富了学生对化学史的积累,达到培养情感态度价值观的目标。同样是介绍原子的结构,四年制高一年级教材从原子的体积、质量、运动方式、内部结构及表示方法等方面让学生能多方面地了解和认识原子,跟着课本一起去探寻看不见、摸不着的微观世界。知识点段落后配有例题和区分能力层次的课后习题,书后配有答案,方便学生核对。

细目是自学自研的重要辅助工具,其主要目的在于引导学生自学自研,让学生知道哪里是重点,哪里需要记忆、背诵、理解。同时,它还充当着教师的角色。自学的细目通常以表格形式来呈现知识点和样题。知识要点是为学生梳理本章的知识内容,每一个知识要点后又细化到具体的内容要求,以"知道""掌握""记住""了解"等词语区分主次,指导学生加深对该知识点的学习程度。细目规范了将知识应用到具体的操作、计算、判断、识别等答题和实际操作中的能力要求,以这样的方式体会考查题目的类型,检测学生学习的效果。以前是教师告诉学生,要记住元素的概念、要能判断同位素和同素异形体,学生获得知识的方式较为被动,无法做到提前学习。现今细目代替了"教师的要求"这一环节,学生通过自学可以学会的知识,教师则不再重复,为课堂教学的高效性提供了保障。

三、如何指导学生自学自研

由于实行单元化教学,自学的内容是一整章,所以教师至少提前三天发布自学自研任务,给学生充足的时间研读课本。课本前三章的学习中,我们都是利用课堂时间"手把手"指导学生自学自研,以具体的知识要点、知识细目、能力方法为例来讲述自学自研的方法,使学生体会自学的过程,并要求重视细目的使用,帮助学生养成自学的习惯。

（一）书上有什么

通读一章的内容，大致了解本章的学习内容和学习目标，知道"学"和"研"的对象。

（二）我应该学到什么

对照细目上的"知识细目"内容，以具体要求做出区分，在课本上勾画出需要"知道""记住""掌握"的概念或规律，并用重点符号区分要求的主次。如用星号标出需要"记住""背会"的内容，用对钩标注需要"知道"的概念等。由于课本中讲述文字较多，故学生可将一段或几段讲述的内容以小标题的形式批注在旁边，以便复习或查阅的时候能快速查找到。教师需要提醒学生不能忽略书上的图表、实验操作等信息，每完成一个知识细目的学习，就及时在细目后用"√"或"×"做出标记，甚至可以将关键词标注在细目下方，记录自己的自学进度和自学情况。教师同时也要求学生必须对细目进行批注，要求学生必须在对应的细目旁边批注关键词和关键句。其主要目的有两个：一是让学生注重"笔头"，切勿看完就完事；二是让学生在批注的时候就去概括内容和找出核心词汇，这样更能帮助他们做到自研。自学自研是否到位，能否将所学的内容应用到题目中，需要看学生能否完成细目中的样题来体会出题方式，以检测其学习成果。对照细目后的题，我们要求学生必须用红色笔进行批改和改错，这样能够更为直观地体现出他们对该知识点的掌握程度，方便学习完之后能够更有针对性地复习。

（三）我的疑问怎么办

建议学生带着质疑精神自学，不一味相信书本中给出的结论或答案。研修过程中学生若遇到疑问，可暂时记录在问题条上，稍后再查阅资料或找老师答疑。同时我们也强制在前测之前每位学生至少提出三个问题并以问题条的形式上交，其目的主要在于：一是调动学生自研的积极性；二是发现一些学习能力较强的学生作为今后高端课程的发展对象。若学生提出的问题是书本中可以解答，却因未仔细看书而产生的，我们可以让学生拿出课本，由我们引导他从课本中找到答案。若学生掌握了知识点，但是不会做题，我们可以带领他分析题目，抽丝剥茧，找到题目背后考查的知识点,引导他自己完成。若是其他的问题,教师则通过在问题条上书写问题的答案再下发给学生。对于一些延伸性问题,教师可以通过在问题条上进行答复,给学生一些提醒或者具体的帮助。问题解决得越早,对后续学生自学的信心和进度帮助越大。书本上设置有填写探究实验的现象、记录结论,学生在未做实验之前填写较为困难,我们建议学生在对实验进行自学前需要知道实验流程、仪器试剂的选用等知识,以便可从理论上预设实验现象和结论,为完成实验探究题做思维储备,否则学生连可能出现的现象都不清楚,完成实验后也不知道应该从哪些方面进行观察。

(四)我的学习效果如何

自学自研后,学生需完成书后"学研反馈"的题目。这部分题目难度较低,主要考查基础知识的掌握情况。通过"学研反馈"和细目样题检测学生的学习效果,并及时调整后续学生的自学,效果好的加强,不妥的纠正。同时,上课听讲、课堂讨论也是对学生所学知识的验证和自学效果的检查。

(五)超进度自学

部分自学能力强、掌握程度好的学生,其自学进度快,有余力拓展当下内容的深度和广度。我们应个性化指导他们进行超进度自学,可单独设计诊断试卷,提前检测自学情况,面批面改,及时指出反馈的问题,批改后将试卷回收。对于起始年级,在夯实基础的前提下,很有必要要求程度好的学生加快自学自研的进度,并且不能降低要求,不能等学生完成了细目或书后题就给他诊断,还必须完成细目的批注,否则学生就成了刷题的工具。

四、自学自研的落实

养成良好习惯的过程中,我们需要不断地监督和提醒落实。

(一)个性化指导

学生的学习习惯、能力和对自我要求的差异,让他们的自学情况参差不齐。这就需要教师通过平时的观察和检测判断学生的自学效果,并给予他们个性化的自学指导。对于某块知识没学懂的学生,可以单独帮助他用细目和课本指导学习;对于自学习惯不好的学生,如经常一目十行地看书、注意力不集中等情形,可要求他在答疑时间在老师跟前自学,对他提出问题,要求自学后给老师讲解,"强迫"其改掉不良的学习习惯。

(二)前测的设计

前测是检查学生自主学习的重要手段,前测诊断题型的设置应完全结合细目的方法能力要求,可设置概念填空来考查学生看书是否仔细,可检测例题、习题的原题或改编题来督促学生重视习题的反馈。

(三)检查教材和细目上的自学痕迹、批注

定期检查教材和细目上的自学痕迹、习题的修改订正情况。有些学生可为其设置检查时间段,以防止他在最后期限快速翻书,敷衍自学。如每一节自学后,教师对其检查或提问。

(四)课堂提问、小组讨论

学生在课堂上回答问题的情况,小组讨论中提出争论、评价的情况,都可让学生意识到自己自学的效果,尤其是同伴的表现,对自己也是一种反思和激励。

(五)过程性评价的考核

上述自学自研情况将反馈到每次过程性评价的"学习过程"和"前测成绩"一栏中。

五、学生在自学自研中存在的问题

一是按照自己的习惯自学,效率较低。

二是规划意识较弱,在检查自学情况前突击自学,效果不佳,甚至完成不了。

三是不看书,只刷题,寻找捷径。

四是忽视细目。这些学生要么把所有知识点都勾画下来,不论重点乱背一遍,效率较低,抓不住关键;要么所有知识都只是读了一遍,学习浮于表面。

五是超前自学,当下偷懒,效果不佳。

学生养成自学习惯,可以摆脱别人搀扶行走而独立行走;掌握自学方法和技能,能体会到只有通过自己的努力才能获得成就,以及因此而产生学习的自信心、责任心,学习的主动性不断提高。

陈越，华东师范大学硕士，克拉玛依市第一中学语文教师，所指导的学生在"语文报杯"中学生作文大赛中获得省级一等奖。

个性化的选课方法彰显多样化课程体系的特色

克拉玛依市第一中学　陈　越

一、兴趣是最好的导师——技术、艺术、体育的选修课

谁不想让自己全方面、多角度发展呢？以往常规的通用技术课、音乐课、美术课、体育课在一中的转型中已经发展得丰富多彩、欣欣向荣了。

本着满足学生的个性发展需求、培养学生兴趣、开阔学生视野、引领学生对未来发展方向的思考和规划的目的，学校将信息技术与通用技术整合起来，设置了分类技术课。分类技术课共有 10 个课程模块，分别为电子技术、乐高机器人、智能机器人、电脑平面设计与手工 DIY、影视技术、网站设计与开发、网络技术、服装设计与制作、雕塑工艺（玉石加工）和园艺。艺术方面为了培养学生的艺术素养和沟通、交往、合作、协商等能力，开设了综合艺术类课程，可供学生自由选择的分别有戏剧音乐表演类、视觉艺术类两大类 16 个课程模块。在体育方面就更为多样化了，除了常规体育项目的专业化课程之外，还与校外专业运动机构合作开设了射箭、射击等运动项目，种类繁多、专业化强。在初、高中阶段，每一个学生都至少要分别修够两个学期的技术、艺术、体育课程。

小蔡同学说：

艺术类课程方面，最有趣的部分就是高老师让我画自己想画的东西。我的最大优势在于设计和创意。

技术类课程方面，上学期的电脑平面设计与手工 DIY 课程中，我选的内容是宣传图的设计。最让我感到愉悦的就是亲自操作电脑，把蓬勃涌出的灵感变成实

物。我的收获和提升就是灵感更多了,而且会用 PS 了……

体育方面,本身我并不太擅长体育,但是我觉得和小伙伴自主练习时最有意思。我的成果是会打乒乓球、网球和羽毛球了。

小黄同学说:

艺术课方面,我认为,摄影是一种艺术,是一种非常 excited 的艺术,它需要长时间的坚持。在我们摄影课薛老师的带领下,我们学习到了很多经验和技巧。他作为一个长者,带领着我们学习一个个摄影的技巧,让我们受益匪浅。每节课我们都能学到很多知识,而且摄影是一项很有意思的事情,我非常喜欢摄影,希望以后能再有机会学习到更多摄影技巧。

技术课方面,影视技术课是我认为最好的一项技术课,不仅可以提高我们制作影视作品的能力,还可以满足我的表演欲望。表演是一项非常高深的技巧,我需要很多次的练习,才能够准确地抓住人物的精髓。这锻炼了我的心智和技巧,让我学习到了一个演员的自我修养。

体育课方面,我最喜欢的是乒乓球,并且我连续两个学期都修了乒乓球课,从初级到进阶。乒乓球是中国的国球,是最适合我们中国人学习的球类运动。作为一名爱国青年,还要提高自己的知识水平,学习乒乓球就是一项特别好的方式。我喜欢打乒乓球,这令我非常快乐。

通过这些选修课程,我学会了摄影和乒乓球,还通过园艺课程陶冶了情操。

小洪同学说:

艺术方面,我选了动漫课,简单实用的技巧让不会画画的人也能画出除了火柴人以外的东西,最有趣的部分还是在作品完成的时候。

技术方面,我选择了园艺,培育花花草草,修身养性,接触自然,了解植物,学习种植方法,观察植物生长。最有趣的部分是插花,遵循一定规律,用自己喜欢的花卉插出漂亮的摆件,成就感满满。

体育方面,我选择了排球,学会了基本的接发球、传球。和同学一起打比赛的时候超级有趣,还能够在紧张的学习之外锻炼身体。

二、基础类学科的按需分类——语文、英语分类课

语文和英语这两个文学性与工具性兼具的学科设置了分类课程,以便于学生根据自己的切实需求和兴趣进行深度学习。在分类课程上,依托常规课程分为基础类课程和提高类课程。语文基础类课程有现代文阅读、文言文阅读、记叙文写作和议论文写作;提高类课程有中外名篇欣赏、古典诗词欣赏和新闻时事评论。英语就是从阅读、写作、听力三个基本模块划分了基础类课程和提高类课程,以便学生按需选择。

教师在教学中不断反思和总结,积极听取学生的反馈,真正践行着"陪伴是最好的教育"的理念。以下仅就语文部分分类课概述按需分类的成效。

(一) 语文分类课之学生说——现代文阅读

学生说,课堂给了他们更多思考和体会的时间,讨论时间充足,学习方式比较轻松愉悦。加入小组竞争、辩论等形式,课堂会更有活力。美文赏读,陶冶了情操,让他们懂得了人与人之间的情感交流,增进了同学间的情谊。

教师让学生自己组成小组,写好组员名单上报,先自己阅读书上的文章,做题并批注(不看书后答案),再在组员间针对书中问题进行讨论,给出自由发言时间以完善答案、强调重点。只要有人勇于站起来表达观点,就给整个组加分,促进了他们的积极性的提高。同时学生希望过程性评价不要扣分,可以按照表现相应加分。学段测试希望改变试卷形式,不要像常规课一样出一张笼统的试卷。

(二) 语文分类课之学生说——记叙文写作

学生说,他们觉得写作训练就应该是以写为主的课堂,通过多个片段的训练,提高写作的基本功。同时,课堂上还应该以教师讲解为主,尤其是对于写作技巧和方法的指导,以此提高写作水平。

教师认为,写作教学在目前教材的基础上,可增加一些写作知识和活动,增加小组展示和交流的时间,在交流推荐展示中,对作品进行点评与改进,使学生学会润色和修改,从而全面丰富学生的写作思维。

（三）语文分类课之学生说——议论文写作

多数学生认同目前的教学形式，少数学生认为写作练习有难度，仅用课堂时间无法完成教师要求的写作练习。

学生说，他们知道该怎么写，想法也越来越多了，终于把议论文的文体搞清楚了，原先都是糊里糊涂写的。通过小组讨论交流，写作思路也开阔起来了。有深度的文章可以给他们多念念，下笔前再多一些思路点拨。

课堂的效果很好，学生知道了新的写作手法，也知道了写作时该避免什么，课程生动有趣。教师能让他们更加清楚地了解议论文，感觉很自由，没有写作的束缚。

三、专业指向明确的大学预备役——理科生的大学先修课

大学先修课程是指在高中开设的具有大学水平的课程，旨在让学有余力的高中生较早接触大学的课程内容，接受大学思维方式、学习方法的训练，让学生真正享受到最符合其能力和兴趣水平的教育，帮助其为大学的学习乃至未来的职业生涯做好准备。大学先修课程为深化我国高中教育教学改革，推进我国人才培养模式改革起到积极的促进作用。其开发、推广与实施符合国家教育中长期发展规划、顺应国际时代潮流，与当前高考的改革方案遥相呼应。

克拉玛依市第一中学目前仅在数学、物理、化学三门学科中进行试点推行，课程内容分为微积分、普通物理力学、普通物理电磁学、普通无机化学四个部分。

为了保证大学先修课程的质量，学校课程研究院专选了一批学术能力强、教学水平高的教师，着力打造专业化、学术化的大学先修课程。同时为了真正契合学生的专业发展，课程团队在选课方面也给出了比较细致的建议，学生可以按照建议中的具体要求，按需选择自己需要的课程。

选课建议：

（1）大学先修课程适用于在高中数理化高层级课程中学有余力的，同时对学科具有浓厚兴趣的同学选修，并且要求选课的同学具有较明确的职业趋向，因此

建议同学们选报之前认真分析自身实际学情及学习能力,慎重考虑。

（2）大学先修课程的难度较大,是对高中课程的整体知识结构和内容的延续和深化,要求对高中课程基础知识掌握扎实,能够融会贯通。该课程学习的范围宽广,有明显难度和挑战性,建议常态课程中选择第三层的同学酌情选修,选择第二层的同学由于学习风险较大,建议慎重选报。

（3）大学先修课程的学习原则上只能选报一门,不可兼报,一旦选定后,即成为正常选修课程。同学们要认真对待,不得迟到、早退,要遵守校纪校规,否则不但会扣除行圆分,也不会取得相应学分,同时还会影响到正常高中课程的学习。

（4）大学先修课程选定后,原则上不得随意退出,但可以在学段诊断评价后的小学段期间,提出停修或转修申请,由课程团队教师进行风险评估后给出相应建议。

（5）有意向选报或需要进一步了解课程内容、学习要求等细节的同学,可以与数理化三科任课教师交流,进行学习前的评估。

从上述建议中我们不难看出,学校首先尊重的是学生的个人主观意愿,然后根据各科教师的综合评估,个别化满足学生自己的专业需要。这也是学校一直以来的原则——我们不是一线工厂,我们不要生产出流水线上毫无个性的物品;我们是学校,要让每一个学生都能够得到适合他个人发展的总体规划和关注!

　　幸福，克拉玛依市第一中学体育教师，曾荣获市教学能手、校优秀共产党员等称号。在克拉玛依市教育系统教师培训工作中主讲的教学研讨课获得大家的一致好评。

关于高中体育篮球选课走班教学的思考

克拉玛依市第一中学　幸　福

高中体育课程实施选课走班教学的重要原因，就是要针对基础薄弱以及发展不平衡的学生开展专一性训练。走班教学不仅能锻炼学生的运动能力，同时还有助于学生兴趣爱好的培养，从而为学生的全面发展奠定基础。接下来，让我们一起针对高中体育篮球选课走班教学进行思考和探索吧！

一、通过自主选择，激发学生学习兴趣

在高中体育教学阶段，学生的兴趣爱好已经处于逐步定型的阶段。因此在这一阶段，在开展篮球体育项目活动时，体育教师要面对全体参与体育课程的成员，通过鼓励学生选取自己感兴趣的体育项目的方式，将不同班级中对同一体育项目感兴趣的学生集中在一起，进行体育教学。在此过程中，学生可以根据自己的意愿去选择自己感兴趣的项目活动，同时还能在自主选课中突出其主体地位，为体育课堂的正常开展以及有效实施都奠定了较好的基础条件。与此同时，在体育选课走班的过程中，因为学生的个人基础以及身体情况都是不同的，所以体育教师也可在体育活动中进行单独辅导。这样的教学模式不仅可以使基础较差的学生完善自身的不足，而且有助于巩固其他学生的基础水平。在体育课上通过该教学手段进行教学，不但能帮助不同层次、不同阶段的学生对篮球项目相应内容进行掌握，还能使学生在学习过程中有充足的体验，从而促使学生有效提升体育学习能力。

例如，在篮球这一体育项目的开展过程中，体育教师可以先让学生对自己喜

欢的项目进行挑选,然后通过对选择篮球这一体育项目的学生进行篮球基本测试或其他方式,以学生的基础能力为前提制定出适合学生学习的课程教学模式。教师可以先让有基础经验的学生进行单独练习,并针对基础能力比较差的学生开展篮球基础动作以及基础知识的讲解,让不同进度、不同阶段的学生可以齐头并进。通过该模式的篮球技巧教学,学生在体验到其中乐趣的同时,也提升了篮球专业技巧。

二、设定民主教学模式,加强学生整体体验

在高中体育课堂中之所以开展走班教学模式,其重点就是让学生在体育训练中可以发挥自身的主体地位。因此在体育教学阶段,教师可以采取多样化的体育练习项目,在项目练习过程中通过不断地引导和鼓励,使学生在参加体育项目活动过程中激发兴趣的同时,还能在锻炼中增强对自身的认可、增强自信心。这样的教学手段不仅可以使学生的参与能力有所加强,也有助于学生在强身健体的同时,对体育课堂的学习有新的认知,从而真正发挥体育课堂的有效性。与此同时,因为选课走班教学任务针对的是不同班级的学生共同开展的,所以当不同班级的学生选择同一个体育项目时,还可以增强学生之间的交流沟通以及团结协作的能力,从而使学生在练习过程中增强整体体验。

例如,当对高中篮球这一体育项目进行教学时,教师先可以根据学生团队的实际情况作出具体分析,并在课上环节中通过让学生互相传球、互相对打,对篮球这一体育项目进行练习。在练习过程中因为有些学生会出现紧张、手足无措的现象,所以针对这一问题,在开展篮球活动时,教师需要对这部分学生进行鼓励支持,从而使他们在练习过程中对自己充满信心。另外,在传球过程中也能培养学生之间的默契,使学生在实践练习中增强整体体验。

三、合理利用选课走班模式,提高学生练习效率

选课走班模式不仅是响应新课改的一种教学模式,也是加强学生之间体育活

动项目的重要体现。因此针对该教学目标的实施和进行，首要的就是教师要对该目标有系统性的了解，然后在体育课堂上利用新型教学模式对学生进行引导，让学生融入其中，从而在优化课堂结构的同时，促使创新模式的形成。在此过程中最关键的就是教师根据学生的兴趣习惯，制定出合理的教学模式，从而使学生可以更大程度地发挥自身价值以及彰显在团队中的意义，并在专业课程的开展中最终提高学生的练习效率。

例如，当对体育篮球进行选课走班教学实施时，为加强学生对篮球的认识，可以通过让学生观看与篮球比赛相关的视频，使学生初步对篮球有一个崭新的定义。然后，教师就可以根据视频中的相关动作以及技巧进行详细的讲解，从而使对篮球这一体育项目感兴趣的学生可以更直观地对运篮以及投篮技巧有所了解。接下来，教师再将讲解的内容与实际操作相结合，让学生在操作中结合理论知识，从而更进一步地使学生的篮球练习效率有所提升。

四、结语

根据对高中体育篮球选课走班教学的探讨，我们会更清楚地了解到在对体育项目进行教学时，通过选课走班的模式不但可以有效地提升学生的练习效率，而且能促使学生在练习中得到全方位的进步与发展。

　　陈来兵，克拉玛依市第十三中学副校长，化学教师。克拉玛依市白碱滩区兼职教研员，区化学名师工作室主持人。多次获得自治区"园丁奖"、优秀教师、优秀共产党员、优秀班主任等荣誉。

"最近发展区"理论在分层走班教学中的应用探析

克拉玛依市第十三中学　陈来兵

分层教学是面向全体学生，正视个体差异，将因材施教落到实处的一种最有效的方式。在这一教学理念的指导下，各地掀起了一场场分层教学的实践探索。笔者所在的学校也积极进行了尝试并积累了不少的经验，取得了丰硕的成果，但相比原有的班级授课制教学，也出现了一个较为突出的问题：随着学生学习长度和学习深度的增加，学生间的差异越来越明显，即两极分化的情况越来越严重。针对这一现象，笔者进行了大量的理论研究和实践探索，实践证明：学生两极分化最根本的问题不在于学生学习方法、学习习惯的差异，而在于大多数教师忽略了"实质性"的"分层教学"，即教师针对不同层次的学生没有采用差异化、符合学生现状、贴近学生需要的教学方法和教学策略进行教学。因此，笔者认为，只有做好学生"最近发展区"的分层教学，才可能取得更高效的课堂教学效果，才能更好地发展学生的学科素养和综合能力。

"最近发展区"理论是由苏联著名心理学家维果茨基提出来的。维果茨基认为教育对儿童的发展能起到主导和促进作用，但需要确定儿童发展的两种水平：一种是已经达到的发展水平；另一种是儿童可能达到的发展水平，表现为"儿童还不能独立地完成任务，但在成人的帮助下或在集体活动中，通过模仿，却能够完成这些任务"。这两种水平之间的距离，就是"最近发展区"。

高中生同样也存在化学学习上的"最近发展区"，即"在独立进行化学活动中已经达到的解决化学问题的水平与借助教师的帮助所能够达到的解决化学问题的水平之间的差异"。教学就是要把"最近发展区"水平转化为现有发展水平。

"教学应当走在发展的前面""教学创造着最近发展区",这是维果茨基"最近发展区"理论的两个基本观点。在化学分层教学中,应用好"最近发展区"理论对于提高教育教学质量、发展学生的学科素养有着极其重要的作用。

一、准确掌握现有发展区,制定合理的教学目标

学生的现有水平代表的是学生的已知领域,学生的这一领域是教师进行教学的基础,是教学的起点,起点太高或太低都是低效的。教学起点应该是学生的现有发展水平和"最近发展区"的结合点,在课堂教学中起着承上启下的作用,是教师准确定位学生"最近发展区"的关键。如何确定教学的起点问题? 结合教学实践,笔者建议从以下几个方面进行探索:

(一) 注重平时对学生的了解,并不断积累对学生的认识

要想了解真实的学生,可以从每天的日常开始,比如:课堂通过多次提问或扮演,及时掌握学生的课堂学习情况,灵活调整教学策略;每天课后坚持与 2 至 3 名不同层次的学生进行交流,了解学习情况,为下节课的教学做好准备。

(二) 坚持课前复习与检测,及时了解学生的学习现状

实践表明,有课前检测的课堂,学生的课前准备积极充分、课前秩序良好、当堂课的教学效果良好。因此,教师可以在新课前利用 3 至 5 分钟对旧知识进行复习或检测,并及时进行批改和反馈,发现学生存在的困难和问题,为后期的教学设计提供参考。

(三) 鼓励学生积极开展课前预习,加强个别化辅导

对学生的预习作业要及时认真地检查与批阅,并对有问题的学生进行面对面的沟通与交流,必要时进行课前辅导,以提高学生的学习效率。

(四) 强调信息反馈

对学生掌握知识的情况通过课堂小测验、课堂提问、学生评议等方式加以了解,及时掌握学生的已知领域。

教师的教和学生的学是一个相互促进的过程,学生也必须准确地定位自己的

能力和水平。只有教师和学生的目标保持高度一致，才能使教和学达到最高效率。因此，面对不同层次的班级，教师和学生应该共同制定不同的贴近学生现状的学习目标。如由于 A 班（习惯和成绩都比较优秀的班级）的学生基础相对较好，因此教师可以尝试与学生达成以下学习目标：在练习和讨论中加强对概念和理论的理解，形成方法和技巧，达到优秀的成绩。而 C 班（学习习惯、学习成绩相对较差的班级）的学生由于基础很差，因此可以达成以下目标：遵守课堂纪律，积极参与课堂交流活动，及时上交作业，尽最大努力学会一些知识，不断进步，持续提高。

二、搭建"脚手架"，将"最近发展区"转化为"现实区"

只有准确掌握学情，把握课程标准与高考要求，认真研究，才能真正找到合适、全面的"最近发展区"。而要将"最近发展区"转化为"现实区"，我们就必须根据学生的"最近发展区"搭建相应的"脚手架"，使学生能更快、更高效地学习。

（一）渗透德育和情感教育

良好的德育和情感教育往往比掌握知识和技能有更加深远的影响，它是教学最好的支架。教学是培养学生情感、态度和价值观的重要阵地。在学生获得知识的同时，教师应不失时机地加以点拨和启发，学生便能从单纯的知识学习中升华出有益的情感体验。例如，在讲影响化学反应速率因素的时候，通过实验我们可以发现，反应速率由内因和外因决定，而且内因起决定作用，外因的作用很小。这时，可以引导学生联想到自己的学习，让学生自我思考：学习成绩的影响因素有哪些？哪些是主要的？哪些是次要的？我想，不管处于什么阶段的学生都应该有所触动。在教学中，我们对学生的表现要做适时的评价，多一些积极正面的引导，少一些批评和惩罚，让学生保持良好的心情去学习，效果应该会更好。

（二）创设情境，鼓励学生在问题解决中学习

一个人每天的生活，就是在解决日常不断产生的矛盾冲突中度过的。矛盾越多，问题越多，生活过得越充实；相反，如果一个人每天都没有什么困难，没有什么

问题,那他的生活就会很空虚,很无聊,无所事事。同样的道理,教学如果平铺直叙,仅仅是知识的简单堆砌,学生是没有任何兴趣的。要想取得良好的效果,课堂想要有学生思维和灵感的迸发,就应当为学生提供重新解决问题的机会,鼓励学生在解决问题中学习,成为解决问题的主人。所以,在复习课的教学中,我们更要重视习题的精选和问题的设置,尽量使课堂变得生动曲折。如在 A 班的教学中,教师应更多地创设情境,进行"一题多解""一题多变"和"多题一解"的训练,以提高学生的学习兴趣和归纳总结判断能力。

(三)重视交往在教学中的作用

教学的实质是"一种交往的过程"。在教学中,师生之间、学生之间通过交往而沟通、交流、协调,从而共同完成教学目标。学生在交往中才能更好地学会合作,学会共同生活,发现自我,形成主体意识和丰富健康的个性。因此,在课堂上,教师应尽量增加提问的次数,让学生通过小组协作,互相发现问题、解决问题;培养"小老师",解决课后问题。总之,课堂应该是学生学习、交流的主阵地,学生是主角,教师只是引导者和帮助者。

三、拓展"未来发展区"

"未来发展区"是指学生即使在别人的帮助下目前也不能完成任务的区域,所以这一区域不是教师在当前的教学过程中必须解决的,但必须引起学生的足够重视,以激发学生的学习兴趣,为以后的教学做好铺垫。因为随着学生认知领域的不断扩大,未知领域的一部分又会演变为学生的"最近发展区",成为教学重点关注的领域,因此只有不断地、更快地拓展"未来发展区",学生才能获得更好的发展。如在 C 班的教学中,我们一轮复习的难度远远低于高考目标,但我们要告诉学生,不要着急,更不要盲目乐观,我们只有不断地积累,才有可能达到高考的要求。在经过多次模拟训练后,C 班的学生已经基本掌握了理科综合题目的解题顺序、解题方法和需要注意的事项,但学生做题的速度和质量远远不够,教师就要引导学生养成自我分析、归纳的能力,不断地靠近"未来发展区"——高考目标,增强学生的学习动力。

　　总之，将"最近发展区"理论应用于分层走班的教学实践，不仅更好地发展了学生的综合能力和学科素养，使学生的学习目标越来越明确，学习更加自信、轻松，成绩明显提高，而且也增强了教师课堂教学的针对性和有效性。当然，本次的探索与实践，虽然取得了一些成果，但仍有很多需要完善和发展的地方。笔者将继续开展相关研究，争取将更优化、更成熟的经验应用于化学教学，更好地服务于教师和学生。

　　赵建军，克拉玛依市实验中学教师，秉承"潜心研究教学，静心陪伴成长，爱心成就未来"的育人理念。教研教学成绩斐然，在课堂教学、课题研究、教学论文、学生竞赛辅导、年轻教师培养等方面多次荣获克拉玛依市、自治区、全国的奖项。多次举办教师培训讲座分享，以不断创新、锐意改革的正能量影响教师成长。

改变，让孩子们向美而行

克拉玛依市实验中学　赵建军

受益于克拉玛依市教育转型变革，推进选课走班，我拥有了心之向往的地理学科教室。2017 年 3 月 20 日，我的 1992 级学生蒋毅重回校园，为"00 后"的孩子们做励志报告"不一样的烟火"，分享了他的成长故事，传承教育情怀。

这是一个有温度的课堂：有生活里大事小情中的地理故事，有中国传统文化中的地理知识，有孩子眼里世界文化和而不同的美好，更有对天人合一的追求。

这是属于孩子们的课堂：课间播放的丰富多彩的地理影像，课前"跟着学生游世界"的学生开讲，课中有人人参与的板书版画，自制大洲拼图、空白地球仪等实践活动，小组展示学习成果，用彩色超轻黏土制作中国地形地貌模型图，小组合作完成整本书的知识框架图，用手机 App 辨识校园植物，舌尖上的美食地理，精美的地理手抄报、思维导图科学漫画，我最喜欢的地名艺术字创意大赛等。孩子们在合作、交流分享中携手向美而行！

这一个个生动的课堂教学场景，记录着地理学科核心素养在多元化课堂教学中真实落地的过程，折射出新时代赋予教师的新责任与使命。

一、初心在哪里

初心在哪里，爱就在哪里。因为热爱，我成了教育的终身学习者和课程变革的积极践行者。

"互联网＋教育"的飞速发展，打破了教师传统培训的壁垒和地域时空的差异。以上海"第一教育"为代表的教育新媒体，能及时了解国内外先进的教育理念和教学模式,让我的课堂教学起点更高,走得更远;以"星韵网"为核心的地理学科平台让我和全国优秀教师研学共振;社会情感、新学习工具和脑科学等学习材料有效弥补了我国师范教育的短板,这恰是当下联结师生情感、家庭、社会与学校的实际操作工具之一。

2019年,我运用正面管教菜单完成了校内游学学生的班级约定和我市暑期地理教师培训中的团队建设活动。

为开展思维导图学案教学,我自费学习了思维导图课程,现在可以灵活地通过手绘、手机、电脑进行教案、学案、板书等设计,并给学生和老师们进行了思维导图学习培训。

五大板块的学习交流融合碰撞,播下了课堂教学思辨的种子,明晰了地理课堂前行的方向:和合共生,美美与共。

二、不完美才是美

工作以来,我跟随着克拉玛依市和我国教育改革的步伐一路走来。在探索课堂教学模式中,高光时刻与黯淡时光并存,职业倦怠与自我突破相依。

我校初中地理的教学安排为每周两个课时。我的地理课除了建议学生多看书、多行走外,没有地理作业,所有的地理作业都在课堂中完成。因而,每一次课堂模式的改变,我都要深思熟虑、惜时如金。

(一) 影响最深刻的是 2013 年去北京市十一学校的学习

2013年春季,我赴北京市十一学校进行新课程的学习。抱着"活动即课程""适合不同学生成长发展的课程"的理念,我开启了地理教学的新征程。我最大的收获是通过研读课标、整合课程,思考地理学科教学应如何向学科教育方向发展,逐渐形成了主题式开学课程和体验互动式探究活动课。在此,以开学第一课为例分享我的变化。

2008年春季开学第一课的主题为"温暖荣耀",共有四节课:一是播放历届奥运会主办城市视频;二是展示本学期学习知识结构图;三是播放央视的诗朗诵"温暖2008"，让孩子们走进生活，了解我国南方的冰冻雨雪灾害，感受众志成城、抗击灾害的爱国情怀；四是布置新学期学生三分钟开讲，主题为"2008北京奥运会火炬传递城市介绍"。

2013春季北京市十一学校汪春燕老师的开学课程有四部分：寒假自主学习检测分析、信息技术地理课程指导、太阳高度角活动探究体验、本学期课程学习与评价指导。

2018年我的开学课程有三个课时：课时一是紧跟时代主旋律"我们的故事"，以美国"猎鹰重型"运载火箭的成功发射、我国冬季奥运会宣传片、电影《红海行动》宣传片、"经典咏流传"中《明日歌》这四个情境设计问题，引出区域地理学习的方法；课时二是小组合作用思维导图形式完成本学期知识结构梳理，明晰学习内容；课时三是在微机室制作完成三分钟开讲的电子小报或PPT。以上三课时为新学期的课堂学习提供了师生互动的教学情境问题，形成"自主学习—课堂展示—分析讨论—教师点拨"的学习闭环。

（二）最科学高效的是思维导图的教学应用

思维导图是革命性的思维工具，其一图胜千言的思维可视化特点与"地图是地理的第二语言"的地理教学特色非常契合。

初识思维导图是在2012年，一本《思维导图：图解大脑使用手册》，让喜欢板书版画的我一见钟情。我模仿着书中的导图，带着孩子们手绘地理笔记，后因手绘烦琐、占用课堂时间多、影响课堂活动的展开而搁浅。

再识思维导图是在2015年我市初中进行的课堂教学变革上，初中地理的教学由两年制改为初——学年完成，并且要参加自治区的学业水平测试。相对初一学生的心智发展特点而言，课时紧、任务重，教师教与学生学的难度都加大了。如何高效地把握课堂教学、培养学生的学习能力，就变得至关重要。为此，我把我的课堂定位为"学业、诗意、远方"。"学业"指高效能的学习工具——思维导图导学案教学，"诗意"和"远方"指多元化的课堂互动活动。

吸取了上次孤军作战失败的经验教训，我参加了星韵地理网的思维导图群。我从模仿、手绘思维导图板书到设计思维导图电子学案,逐渐形成了区域地理的教学模式:环节一是三分钟的学生开讲活动;环节二是教师手绘思维导图板书,学生以思维导图学案,自主学习梳理章节知识结构;环节三是结合鲜活的时事或生活素材设计情境问题,开展多元化的互动活动,由教师进行点拨;环节四是课堂学习检测。

实践证明,在地理没有加课的情况下,学生的学习效能提高了。我们以及格率 96.5%、平均分 86.6 的成绩出色地完成了自治区的学业水平考试。最让人欣慰的是,孩子们把思维导图应用到班级板报评比和其他学科的作业里。

(三) 挑战最大的是 4C 体验式教学法

新时代教育发展需要什么,学生成长需要什么,一直是我关注的课题。

伴随着真实性学习、基于核心素养下的深度学习等新学习理念,我重新审视了我的课堂,新问题出现了:思维导图教学固化了课堂的教学流程,让孩子们的学习受到先入为主的影响。在智能化时代,需要培养孩子们学会学习、学会解决问题的能力。于是,我渴望突破这一"高原现象"。

幸运总是眷顾爱学习的人。感谢广东省华南附中特级教师冯丹老师在 2018 年 12 月 11 日线上公益推出的 4C 体验式教学法推广活动。4C 是指合作能力、沟通能力、批判性思考能力和创新能力。4C 体验式教学法由真实场景、互动演练、及时反馈、持续评价四个环节组成,其中及时反馈环节多数是在学生自主学习或小组讨论后,合上书本在黑板上板书或板绘展示的。

通过观摩冯丹老师的录播课堂与翻转课,我结合初中地理的学情特点和自身的教学特点,进行了融合发展。

4C 体验式教学法有其亮点。从学习层面上来看,以教学中的核心概念、核心问题、时事新闻等创设真实的学习情境,以四名学生为一小组,设计不同层次的学习任务,做到人人参与课堂活动,创设具有归属感和价值感的体验式学习活动。通过读图、书写、绘图、建模、分享,完成记忆认知、逻辑结构到实践建模的学习全过程,真实地展示了学生对概念的记忆过程、思考的痕迹以及思维活动的个体差异,体验从提出问题到解决问题的全过程,从而提高学生主动参与课堂活动的热情和积极性，提高学习的兴趣，培养良好的地理思维习惯。

从社会情感方面来看，学生要面对许多人的书写，在错别字、书写不规范及知识性错误中挑战自我，学会面对挑战和失利后坚持；要体验在协作探究中的迷茫、失败、抱怨和成功，知晓学习的目的不是追求唯一的标准答案，而是在思考、讨论、实践中，学会倾听不同人的看法，学会欣赏不同的思维模式和解决问题的方法。

学生是课堂的主人。学生如何评价这样的地理课？回答是：独特、有趣、生动、活动多。

岁月渐长，我对教育的理解也变得不同。过去的我采用师生手绘法、信息技术动画交互法、超轻黏土建模方法突破地理事物空间建构的难点。而今我让学生自学阅读地图、小组讨论后进行建模，目的是想通过朴素、细致的动手活动，让地理图文多些温度和自己的色彩。假以时日，若能够和科技老师合作，就可以通过计算机建模，用 3D 打印技术更精准地完成我国地形地势的立体模型，架起当下学习和未来发展的学习桥梁。

三、润物无声

教育的发展日新月异，改变的是教学模式和教育技术，不变的是对教育初心的热爱和坚守。

我手里珍藏了一张照片，照片上是一位 80 多岁的老人。他曾在新疆教育岗位上工作了 38 个春秋，退休后回到故乡的农村县城。县城里的老人文化娱乐很少，他就自学了葫芦丝，并多买了四把葫芦丝。他每天到县城的公园里吹奏乐曲，遇到有兴趣想学习的老人，他便说学会了就送葫芦丝。慢慢地，县城的公园里多了些热爱音乐的老人和他们演奏的美妙的乐曲。老人朴实无华的行为，让我慢慢明白，对教育初心的热爱和坚守，就是在重复的岁月里，对得起每一寸光阴。他就是我的父亲，我的教育领路人。我希望能延续父亲的光，把它变成隽永的亮。

教育就是联结，联结师生，联结社会和一个个家庭。让我们成为教育事业上的一座座灯塔，照亮自己，温暖他人，带着孩子们向善向美而行！

董淑云，克拉玛依市第六中学语文教师，曾荣获市骨干教师、教学能手、优秀班主任等称号。全国中小学对分课堂董淑云名师工作室主持人，国家课题优秀实验教师。曾在教学论文、教学设计、录像课等教学教研活动中多次获奖。

基于薄弱学情下对分课堂教学实践的思考

克拉玛依市第六中学　董淑云

语文核心素养指的是学生通过语文教育所获得的最具终身发展价值的人格修养与关键语文能力。《普通高中语文课程标准(2017 年版 2020 年修订)》把语文核心素养分解为四个维度：语言建构与运用、思维发展与提升、审美鉴赏与创造、文化传承与理解。在语文教学中培养学生的语文核心素养是当代语文教育的大势所趋,那么如何在语文教学中落实核心素养? 对于学情薄弱的学校来说,如何让学生通过学习以适应社会发展的需要,尤其是怎样教授中国古诗文这种学生难懂又不感兴趣的知识呢? 这不得不让人思考。

一、立足于学生的长远发展,对分课堂应时而生

语文改革从高中学生学习语文的规律出发,提出以语文核心素养为纲,以学生的语文实践为主线,设计语文学习任务群。其设计的初衷是为了学生的长远发展,是为了适应未来社会对人才的要求。因此,高中语文教学必须注重学生语言、思维、审美、文化等多方面、多层次的目标发展的综合效应,而不是学科知识逐点解析、技能逐项训练,不是培养学生的刷题能力,而是提高学生的综合素养。教师应该从学生的长远发展来看,必须转变传统的教学理念,促使学生适应社会的发展。因为我校学情薄弱,故为了培养学生的核心素养,提高学生各方面的能力,彻底改变教师教得无力、学生学得无趣的现象,对分课堂教学应时而生。

二、对分课堂教学在各方面都有根本性变革

传统教学偏重考纲、考点和解题思路,往往使原本一篇文质兼美的作品,变成

只见字词句篇而不见形象意义的碎片,语言能力和人文修养全然被考纲牵着跑。而核心素养关注的是人的发展,采用对分课堂教学能有效地改善传统教学模式的不足。

对分课堂是复旦大学心理学教授张学新提出的新型教学模式,目的是变被动学习为主动学习,全面培养批判性思维、创造性思维、沟通与合作能力等核心素养。对分课堂将课堂大致一分为二,把一半课堂时间分配给教师讲授,另一半分配给学生讨论。它实质上在讲授和讨论之间引入了一个心理学的内化环节,让学生对讲授内容进行吸收之后,有备而来参与讨论。

对分课堂从如何教到如何学,从作业布置、课堂管理到效果评价,与传统教学都有根本性不同。

(一) 教和学

对分课堂是融合了讲授法和讨论法的教学新范式,通过限制教师讲授,来增加学生的自主学习时间。教师需要提供完整的知识框架和对重难点的处理,给学生提供一个充分的基础去内化吸收。在个别化的内化过程中,教师需要去应对个体差异的问题,从范式学习到自我设计,最终不局限于范式,做适合学情的教学。

对分是讲授与讨论的有机整合,不是简单的"讲授+讨论"。它是全新的教学模式,教师有引导,但并不穷尽内容,而是留给学生进一步主动探索的空间,引导学生进行主动性学习。学生通过课堂上教师的讲授获得基本框架,理解重点、难点,大大降低课后的学习难度。在对分课堂中,教学过程中的机械性成分降低,指导性成分提升,教师角色从覆盖内容、灌输知识,变为引导学生学习。学生若在课下不学习,将会难以参与讨论,也会影响整个团队合作。学生有机会同教师交流,教师也可以随时参与讨论。它把教师讲授和学生讨论在时间上适当错开,让学生进行自主学习和个性化内化吸收。让教师做到精准讲解,学生则有充足的时间进行消化吸收和讨论。

对分课堂强调内化过程,整合讲授法和讨论法,既能保证知识体系传递的效率,也能充分发挥学生的主动性,让学生成为学习的主动参与者,焕发热情、提高效率,带来个性化学习、深度学习和创造性学习,让传统课堂发生实质性的变化。

其基本操作是把教学划分为讲授、内化和讨论三个过程,包含教师精讲、学生独立学习、独立完成作业、小组讨论和全班交流五个环节。其核心是通过师生在教学过程中分享权利、共担责任,促进学生的主动学习,培养其核心素养和创新能力,实现全面、健康的个性化教育。实际课堂可以设计成:划分小组(通常四人一组)—知识回顾(明确上次作业的主题与命题要求)—成果展示汇报(小组讨论、小组抽查、自由展示提问、教师小结)—导入新课(围绕下次作业命题进行新知识的讲授)—作业布置(布置下次对分的作业,并给学生适当的启发)等。

讨论中,分组尽量做到实力均衡、男女搭配,要求教师在学生阐述环节不予评论和批判,教师要控制好各环节时间的安排,讨论及整个环节的时间不宜过长。

(二)作业布置

作业命题与主题选择要巧妙。作业开始前教师应详细阐述命题要求,且给学生适当的启发,以便学生更好地理解命题,可以采用读后感和"亮考帮"的形式。所谓"亮考帮",就是"亮闪闪""考考你""帮帮我"。

"亮闪闪"是列出学习过程中自己感受最深、受益最大、最欣赏的内容等;"考考你"是列出自己弄懂了,但是觉得别人可能存在困惑的地方,来挑战别人;"帮帮我"是列出自己不懂的问题,在讨论时求助别人。"亮考帮"强调知识的运用,把学生独立学习的结果分出三块——最大的收获、学懂的、不懂的,鼓励学生以问题的形式将学到的知识表述出来,切中学问的"问"字。学了就应该有收获,会了就应该能考别人,不会就应该知道如何问人。教师布置作业,作业质量很关键。

(三)评价和管理

教师事先把学生作业分为若干档次进行评价,学生完成作业后基本上就能判断自己的作业属于哪个档次,是勉强完成还是认真工整有新意,最后由教师确认。这样,学生对作业及时反馈的需求就会降低,把教师评价转为自我评价。学生更会明白作业不是为了取悦老师,而是帮助自己学习的,应该把自己的疑惑和体会记录好,等待小组讨论交流,最后再和老师交流。对分模式作业的性质发生了根本的变化,成为学生自主学习的工具,评价也有根本的不同。教师抽查要保证抽查环节中发言人的公平性和随机性,还要保证展示作品的清晰可视性。讨论时气氛应自由轻松,适时以赏识、激励的词句、语气,以及微笑点头行为等鼓励启发学生。总之,对分课堂做得好,就能成为真正的高效课堂。

我校学生学情薄弱,教师要花大量的时间在管理上,这在很大程度上消耗了教师的热情。教师都希望能有适合学生的自主学习路径,从根本上变革传统的教学方式,以唤起学生的学习兴趣,激发教师的工作热情,积极落实高中语文新课标的理念,改变学生的学习方式,让学情薄弱的学校焕发生机。为了从根本上改变传统的教学模式,我们先前也做了许多尝试,比如整本书阅读活动、2019 年暑假前期的学历案研发工作、学历案的课堂应用实验、对分课堂实际操作等。最终,我觉得以学历案为桥梁,以对分课堂的教学模式为抓手,对满足学生的发展,尤其是我校的学生发展需要,是一个有效的方法。

三、采用对分课堂教学可以一举多得

开展统编教材的对分课堂教学,课堂实行对半学习,半数时间采用传统讲授,夯实基础,半数时间引导学生通过讨论自主探究。学生通过动手、动脑,有益于各方面能力的提高,也有益于提高对教材中传统经典古诗文篇目的学习兴趣。

教材中的经典古诗文尤其需要采用对分课堂模式,如对于学生感到最困难的文言文学习,可以结合基础知识讲授、学法指导、小组合作探究等多种形式。学生除了梳理实词虚词、积累一词多义等之外,教师还可以让学生自行依据课文注释、借助工具书疏通文义,并根据个体情况积累新的字、词、句,让学生摸索文言文学习的方法,体悟阅读文言文的感受,以提升学生的文言阅读能力。

实际操作中,学生可以进行课前研学。教师事先设计好"研学单",让学生课前充分地研学,使课堂教学的起点提高。学生真正带着问题、带着思考、带着感悟走进课堂,在课堂和老师平等地对话交流。通过对分课堂,师生、生生互动的幅度提升,也可以让学生积累成语、典故,观察其特殊的表达作用,并可适当地运用文言词句表达自己的思想感情,还可以引导学生对某个古诗文专题进行学习、研读、体验、实践,从而生成对相关作家作品的深入研究,产生对社会现实生活的深度思考和认识。

开展课上课下结合的以讲授、独学、讨论和对话为要素的对分课堂教学,课上讲解学习任务内容、方法及要求,课下组织开展古诗文默写背诵大赛、人物形象研究、思维导图、语文小报展、古代整本传统经典文化书籍的阅读等活动,可以改变学生懒散的学习习惯,以学生的动促学生的学,从而使学生获得优良文化的滋养,将优秀古诗文的智慧渗透在学生的生活之中。学生在体验过程中通过潜移默化的方式传承文化传统,提高日常道德修养,起到智育和德育的双重效果。

对分课堂保留教师讲授这一传统精华,保证了知识传递的系统性、准确性和有效性;对分课堂提升了学生的课堂参与度,教师不必为吸引学生注意去"表演",而是回归到学生学习"引导者"的正确定位上。教师虽然讲得少了,但其地位和价值不但没有削弱,反而进一步提升,更能赢得学生的尊重。对分课堂也将带动学校更多教师快速提升并改进教学理念,从而改变语文教师课堂教学的行为。

通过对分课堂模式的实施,还可以促使学生大量阅读。比如对《三国演义》等经典作品的整本书阅读,让学生读古代诗词、文化大家的传记等,学生通过阅读经典作品,提高自身的修养,让美好的情愫滋生,让心灵得到震撼,点点浸润,滴滴沉淀,提升语文素养,走向睿智,走向成熟。

思维发展的培养在这个过程中也可以得到实现。比如教学《廉颇蔺相如列传》时,如果问"蔺相如的成功还有哪些因素在起作用",学生的思维被激活,分析讨论后得到缪贤的慧眼识才、赵王的大胆用人、廉颇的勇于改过、秦王的贪生怕死等结论,这就很好地培养了学生的思维。总之,采用对分课堂教学模式可以一举多得。

当然,采用对分课堂的教学模式也有许多问题。如对分课堂要求教师在学生阐述环节不予评论和批判,这样教师不能及时指出问题;部分学生的表达、阐述能力欠缺,会影响接受知识的质量,也造成时间的浪费;还存在教师的任务虽然设计得到位,但学生完成不了,或学生不配合等问题。但我相信,这些困难都是暂时的,通过我们的不断努力,我们终会进步!

　　申运涛，克拉玛依市独山子第二中学教研室主任，高级教师，市骨干教师，区名师工作室主持人。在中学物理教学一线耕耘二十余载，积累了非常丰富的教学经验，教学成绩优异，指导十余名学生在全国中学生物理竞赛中荣获省级二、三等奖。

以物理实验为例谈学科素养在课堂教学中的落实

克拉玛依市独山子第二中学　申运涛

物理学是以实验为本的科学，实验在物理学的发展中起到了重要的作用。物理实验是物理教学的重要手段，是教师教物理、学生学物理的重要方法。实验能够更好地提升学生的科学素养，培养多方面的能力，也能激发学生的学习兴趣和求知欲，能够创设符合学生认知规律的学习环境，同时，实验情境的创设还是搭建现实世界和学科世界的桥梁。

2019 年 11 月印发的《教育部关于加强和改进中小学实验教学的意见》指出：实验教学是国家课程方案和课程标准规定的重要教学内容，是培养创新人才的重要途径。

一、物理实验是物理教学的重要手段

实验具有直观具体、形象生动的特点，符合学生的认知规律。我们常说"耳听为虚，眼见为实"，学生亲眼看到的和亲耳听到的哪个更令人信服呢？有一则非常有名的"鱼牛"寓言故事，讲的是：一口不深的井里，住着一条鱼和一只青蛙。它们俩是好朋友，都想出去看看。青蛙除了坐井观天，还经常跳到井外，去看看外面的精彩世界。鱼十分羡慕，请求青蛙讲一讲井外的新鲜事。青蛙在外面周游一番回来了，它告诉鱼："外面有许多新奇有趣的东西。比如说牛吧，它的身体很大，头上长着两只弯弯的犄角，吃青草为生，身上有着黑白相间的斑块，肚子下面长着四条粗壮的腿……"小鱼听着听着，在它的脑海里出现了"鱼牛"的形象。不管青蛙描述得多么仔细，最后鱼的脑子里牛的形象和真实的牛的形象总有差距。这是讲授法带给我们的思考。

在物理中经常也会遇到类似的问题。例如用一个斜向上的拉力作用在物体上,让物体在水平面上滑行,求摩擦力的大小。学生经常会把它算错,总把压力当成和重力的大小相等,不管怎么讲,总有一部分学生会出错。对于这个问题,教师可以设计这样的实验:找来一台秤,把一个物体放在秤上,用一个斜向上的力拉着物体,让学生观察秤的读数。学生发现秤的读数确实变小了(造成学生的思维冲突,激发学生的学习兴趣),为什么变小呢? 这背后又有哪些规律呢? 然后教师再讲力的分解,给学生分析原因,学生就会很容易接受。教师的这种做法符合学生的认知规律,从显性到隐性,从定性到定量,从形象到抽象,这样学生的印象深刻,对这个知识的掌握就非常好。

二、实验是教师教物理、学生学物理的重要方法

物理知识学习不仅要学习规律、应用规律,而且还要知道规律得出的过程。实验在认识规律和深入理解规律中起着重要作用,往往一个规律的发现,最初都是一个非常朴素的想法。通过观察与实验,学生可以亲身体会科学家探索、发现物理规律的过程,对理解规律、应用规律都很有帮助,并且其收获会远远超出规律本身。比如讲电动机,按我们通常的讲法是先讲电动机的构造,然后讲电动机的原理,最后讲电动机的应用。而一位优秀教师讲这一节时,她的设计是这样的:她先讲奥斯特实验,通电导线让小磁针动了,然后她又设计了磁体不动,让通电导线动的实验。如何让通电线圈在磁场中持续地转动呢? 教师可以在线圈接触点上贴绝缘胶布,让学生去尝试,最后学生通过实验得到"不能"的结论,就可以把胶布都撕掉(某年的高考题就是这样考的)。接下来让学生研究转换器。两相转换器好不好呢? 学生在实验中发现,有些时候转换器会出现通电也不动,需要先手动运作一下,动起来后就可以持续转动起来了,但对于大型机械设备肯定不能这样操作。那么我们应该如何避免这种现象出现呢? 教师引导学生使用三相转换器就可以很好地解决这个问题。最后,给学生展示电动机的构造,学生一下子就恍

然大悟了。学生通过设计、操作、观察、分析、归纳,自我解决头脑中的"为什么",总结合乎事物发展的规律,使独特的个性和创新能力在动手寻找知识真谛的过程中得到发展。

三、实验能够更好地提升学生的物理学科核心素养

《普通高中物理课程标准(2017年版2020年修订)》中明确提出了物理学科核心素养,包括物理观念、科学思维、科学探究、科学态度与责任。皮亚杰告诉我们,儿童的每一个动作都能引起他自己的感官的知觉,但这些动作的"图式"却是无法被知觉到的。事实上,正是这些动作的图式在儿童智力,特别是婴儿智力的发展中起着比知觉更为重要、更为基础的作用。它们随着儿童动作的复杂化而逐步协调起来,并逐步内化为逻辑数理结构,从而对概念的产生、理性认识的形成,起着决定性的作用。当然,皮亚杰也告诉我们,"从活动到思维或从感知格局到概念的过渡不是一下子就完成的",它表现为一个缓慢的发展过程,但无论如何,动作或活动在概念形成中的重要作用是不容忽视的。

教育者是一个特殊群体,一肩挑着学生的现在,一肩挑着祖国的未来,所以教育者既要有长远眼光,把主要的精力放在学生核心素养的落地上,又要有近期目标,在课堂上注重培养学生的能力,让学生动手参与实验。这不仅可以让学生核心素养落地、实验能力提升,而且可以培养和提高学生的观察能力、逻辑思维能力、动手操作能力和创造能力。通过实验,学生领略物理学的思想,掌握科学的学习方法,培养实事求是的科学态度。例如在探究平行板电容器跟什么因素有关时,教师设计了这样一个实验:请十名学生到教师前面来面对面站立成两列,每列五人手拉手——现在我们面前就有一个人体平行板电容器!最前面的两名学生分别接触电容表的两个表笔,可以看到具体的电容值。随后教师继续提出问题:"请问给他们充电了吗?加电压了吗?"学生随后回答,教师引出结论:电容就是电容器自身的性质,与电压电荷量无关。即使不加电压、不充电,也有电容,这是电容器自身的性质。随后教师再提出问题:"那他们的电容值是否能变化?"请学生

思考如何改变电容值。学生猜想可通过减少人数进行改变,随后让成对的学生松手进行验证。结果,电容的值的确发生了变化。接下来继续思考:还能怎样变呢?实验发现,两列靠近、远离时,数值也发生了变化。那么,还有可能变化的情况吗?中间隔一种其他的绝缘体试试。综上,平行板电容器的电容会发生变化,电容与平行板电容器的构造有直接关系。需要板书的具体内容为:板间距、板的正对面积、电介质。我们可以看到这个实验的设计非常巧妙,让学生亲身体验和动手实践,学生参与度高,对提高学生的物理核心素养很有帮助。

四、物理实验能激发学生的学习兴趣和求知欲

实验能够创设符合学生认知规律的学习环境,同时实验情境的创设还是搭建现实世界和学科世界的桥梁。其实生活中处处有物理。在物理教学过程中,很多教师常常就理论讲理论,学生自然感到单调乏味,学习效果也会大打折扣。我们经常说,现在的学生只会解题而不会解决实际问题。其实有一个重要的因素就是在教学中缺少了实验这个环节,也缺少了给学生在实际问题情境中锻炼的机会。长此以往,学生解决实际问题的能力只会越来越弱。

一个好的物理教师一定是一个特别重视实验教学的教师。学校和教师应根据新课标的要求安排足够多的学生进行实验和演示实验,有些时候教师还要创造性地制造一些实验器材,将不易懂的抽象知识转换成实验,帮助学生理解知识和应用知识。例如,在"磁场对通电导线的作用"一课中,教师用一张纸画了一个喇叭,在这张纸的背后用导线绕制了一个线圈,然后将电流信号通入线圈,当磁铁靠近白纸时,就会有声音发出来。教师提问:"同学们,你们知道这是什么原因吗?学习完今天的知识就能够知道是为什么了。"通过这个自制的实验器材,物理知识更接地气,极大地激发了学生学习物理知识的积极性和主动性,同时给学生留下了非常深刻的印象。

物理教师必须紧跟形势,接受新理念,拓展新思维,提高实验技能,进一步优化实验方式,使物理课因实验而妙趣横生,因实验而活力四射,因实验而更加高效。

　　李大钢，克拉玛依市独山子第二中学教研室副主任、历史教师，曾荣获克拉玛依市优秀班主任、独山子区优秀教师等称号。2019 年主持研究的克拉玛依市小课题"高一历史课堂知识点拓展教学研究"顺利结题。先后在《文艺生活》《课程教学研究》《中华活页文选》等刊物上发表多篇文章。

教育转型背景下独山子第二中学教研模式探索

克拉玛依市独山子第二中学　李大钢

昨天的教育是挑选适合教育的学生,而今天的教育则应是创造适合学生的教育。我们需要告别挑选适合教育的学生的时代,转而走向创造适合学生的教育。这是教育改革发展时代的必然选择。因此我们必须主动适应,稳中求变。我校在2018年提出"耕思"课堂理念,就是一次适应育人方式变革、积极寻求教育转型的探索和尝试。

在教育转型的背景下,用"耕思"课堂理念指导我校教研活动开展,教研活动必须面向未来、系统谋划,通过转变理念、组织建设、规划教研、组织实施等途径,使学校教研实现有效转型成为可能。

一、加强理念学习研究,心动促行动

我校的"耕思"课堂理念紧紧跟随教育核心价值观进行转变,适应我市教育转型的新形势。克拉玛依市教育的核心价值观是"创办适合每一位学生发展的教育;让所有的孩子接受更好的教育,让所有的孩子享受幸福的人生;崇尚一流,追求卓越"。因此,我们要用"耕思"课堂理念去梳理我校的核心价值观。价值观是基于人的一定思维感官之上而作出的认知、理解、判断或抉择,也就是人认定事物、辨定是非的一种思维或取向,从而体现出人、事、物一定的价值或作用。同时,我们的核心价值观也要转变,要变得更加符合我校的"耕思"课堂理念。对一个团队而言,具有统一的价值观至关重要。每一位教师都应深刻领会"耕思"课堂核心价值观,目标一致、方向一致,才能形成一股教育合力,共同推动我校教育事业向更高的教育愿景奋进。因此,我们要不断转变教育育人理念,优化育人环节及方式方法,创办适合每一位学生发展的教育。每一个孩子都是一颗神奇的种子,每一个孩子都是这个世界上独一无二的生命。教育就是为了让每个孩子绽放不一样的精彩。从内心深处激发每一个孩子发展的潜力,促进孩子积极主动地探索、追求,生动活泼地成长、成才,那才真是理想的教育。创办适合每一位学生发展的教育是因材施教的新时代解读,也是以人为本、以生为本理念的具体体现,是在尊重和理解的基础上为学生提供民主、科学的教育教学服务,努力通过办学体制、教育管理机制和人才培养模式的理想设置,让每个学生都能学有所获,体会到成长的快乐。我们要努力发现和发展每个学生的潜能,拓宽学生的眼界,树立正确的成长理念,以适应未来社会多元化发展的需求。我们身为教育者更要不忘教育初心,方得育人始终。

二、在学科组建设上开始尝试学科主任、教研组长的设置

学科主任是学科专业知识、学科专业研究、学科专业发展的引领者,学科教学活动的组织者和领导者,学校教学质量的最终把关者。按照我校"励耕"教师培养方案,我们需开展引领教师制订专业发展规划、组织教师进行专业交流学习、统筹三个学部的教学工作、培养青年教师、落实"耕思"课堂理念等工作。教研组长是学部学科教学工作的具体负责人,负责制订教学教研计划、提升教学质量、协调组织学科教学等工作。

三、科学制订学科组工作计划,落实全面育人研究

学校是育人的地方,教师的主要责任是教书育人、落实立德树人。那么,培养什么样的人、如何培养人就是教师工作的关键问题。因此,制订学科工作计划时一定要遵循学科发展方向,同时,教师的发展方向也要和我们的教育转型相适应。首先,要加强政治理论学习,及时了解国家大政方针,依法依规开展教研活动;其次,要重视课程标准学习,这样才能准确理解并把握教学目标、教学任务,才能使

教研工作更具有针对性和实效性；再次，要注重创新，敢于创造性地开展工作。使学生能够适应未来社会多元化发展的需求，这是所有教师的责任和使命。教师要善于挖掘教材的深度、广度，进行二次开发，合理开发教学资源，才能更好地开展教学教研工作。

四、加强"耕思"课堂理念的实践研究，培养学生的能力和核心素养

高中课程相对于初中课程，更加注重逻辑性和抽象性，偏向于考查学生对知识的理解程度，更加关注学生思维能力的发展。我校"耕思"课堂理念旨在培养学生通过积极的思考来获取知识，发展自己的能力，形成自己的思维品格，会用思维习惯来思考解决学习中遇到的问题。"耕思"课堂理念经过两年的实践探索，已经进入了总结提升、初步形成成果的阶段。因此在教研活动中，要在"耕思"课堂理念的理解、实践经验和成果中融入"耕思"课堂理念的研究内容，比如：基于课程标准下学习目标的编写，基于真实情境下问题的创设，思维型教学活动的设计，基于学习目标的深度学习策略的研究，学习过程中知识的运用和迁移。

五、加强对课堂有效性的研究，推进学习方式的变革，引导学生学会学习

如何追求高效课堂是每一个教师都需要思考的问题。如何才能实现课堂的有效呢？要在五个方面下功夫：一是要在备课上下功夫，不打准备不充分之仗。课堂的高效一定是建立在充分备课的基础之上的。研究证明，备课、上课、改作业的时间比例最好是 3：1：1。二是要在激发学生学习兴趣上下功夫，兴趣是最好的老师。如果我们把学科知识讲得让学生感到没兴趣，那就是我们教师的失职，同时也会在无形中给学生增加学习负担。三是要在课堂活动中下功夫，采用浸润式合作式的学习方式，要让学生在真实情境中亲身实践和动手体验。四是要在因材施教上下功夫，不能做到因材施教就不能说是高效。对于不善学习的学生，要扶着走，教重于学，让其吃得了；对于被动学习的学生，要领着走，教学并行，让其

吃得好;对于主动学习的学生,要放开走,学重于教,让其吃得饱。五是要在个性化作业上下功夫,关注学生的个性差异,开展各学科作业分层设计研究。作业必须具有典型性、基础性和概括性。对资料中的习题要加以分析,去粗取精,对参考资料的内容加以比较、适当补充。作业要分层,以减轻学生负担为根本原则。

六、坚持校本教研,加强学科组学科建设,抓实教研组活动

每周开展一次教研组教研活动,每月开展一次学科组大教研活动,年级学科教研组每周开展活动一次,每次一课时,组员不得缺席。学科组活动为两课时,旨在积极推行"集体备课,资源共享,课后反思"的集体备课制度。同时还要开展备课组的观摩和交流活动,抓实组内听课活动。全体教师应以团结协作精神为己任,贡献个人智慧、寻求共同发展,服从组长分工,主动承担组内工作。我们需努力做到"五定""五议""六有":"五定"即定时间、定地点、定每周进度、定教学内容、定中心发言人;"五议"即议学生的学习状况、议备课中的疑难问题、议教学方法手段、议课后心得体会、议教改动态信息;"六有"即有重点、有措施、有收获、有提高、有记录、有反思。各教研组应将研究课堂教学、研讨教学方法、研究培养学生能力、指导学生学习方法作为教研组活动的核心内容。

七、加强校本资料的研发和编写工作

国家课程校本化是必然趋势,一流的学校一定要有自己的校本资料。现在的资料是越来越丰富,但是我们也发现没有一本是适合我们的学生的。资源的丰富性使选择资源成为资源应用的一项能力,资源的教育性使适应资源成为资源应用的一项能力,资源的整合性使开发资源成为资源应用的一项能力。我们要善于选择和整合资源,不努力奔跑就会落后。各教研组长组织编写了《基于学科核心素养目标下的学历案的编写》。我们的课堂教学改革经历了"教案—导学案—学历案"的发展过程。从这个发展过程可以看到,我们实际上还停留在写教案这个初级阶段,大多数教师还是把大量的时间放在教案的书写上,这也是因为我们仍然

希望以我们的教来代替学生的学，以我们教的多少来衡量学生学的效果。实际上这是一种老式课堂观的体现，现代的课堂观应是教师把大量时间放在学生的学习设计上。我们给学生设计学习的经历，也是以学生为本、以学生为中心的课堂观的体现。

八、引导"互联网＋学科"混合协同和互动共享的教研活动创新研究

随着智能终端、移动互联技术的广泛运用，微博、微信等新媒体的全面普及，人工智能的不断创新，纵深推进的教育信息化为学校的教研工作带来了全新的机遇。学校在谋划教研工作时，需引导教师要有新视野、新思维、新手段，一定要借力新技术，注重混合协同和互动共享，探索"互联网＋学科"教研的新模式。混合就是要积极探索"互联网＋学科"的多种实现路径，通过录播、直播和远程网络等技术来重构教研的时间与空间，实现线上与线下的结合、现实与虚拟的联通。协同就是要协调多方力量，做好任务分工，整合各种资源，做好优化配置，以避免精力耗散和资源浪费，通过集约化利用实现价值最大化。互动就是要加强对话和交互，通过同屏、投屏等技术扩大教研的参与广度和深度，让每个人不仅身在教研之中，思想和思考也在教研之中。共享就是利用众人的力量，通过平台建设实现资源的流动和互转，让每个人都成为学习者，每个人都成为培训讲师，在彼此分享中互惠，在共同研修中进步。注重混合协同和互动共享的学校教研模式，符合时代与社会发展的潮流，同时也便于学校层面的监督和管理，确保了教研的质量和效率。

在教育转型的背景之下，我校教研工作从过去着重研究课堂转向研究教育教学全要素，从注重研究知识传承转向研究全面育人，同时更加重视研究如何培养学生的能力和核心素养；从过去重点研究教师的"教"转向重点研究学生的"学"，倡导以学生的学习为中心，推进学习方式变革，引导学生学会学习。前路漫漫，我们在稳中求变；前路坦荡，我们心系行动；未来可期，二中教育人在努力前行。

张晶晶，克拉玛依市独山子第二中学语文教师，曾荣获市教学能手、独山子区优秀教师等称号。在自治区语文教师学科素养大赛等教学评比活动中取得优异成绩。

教育转型背景下情境体验式课堂的优化策略

克拉玛依市独山子第二中学　张晶晶

新时代普通高中教育发展进入快速发展变革阶段,对高中各学科育人模式的变革提出更高要求。育人模式属于中观层面的概念范畴,具有明显的过渡性和相对的稳定性与开放性。育人模式主要是解决培养什么样的人和如何培养人的问题,是育人价值导向的集中体现和教育经验的高度概括与凝练。转变育人模式仍面临着应试行为失偏、教育资源失衡、教育评价失格、学生发展指导失位等现实困境。要想超越这些现实困境,建构符合新时代要求的普通高中育人模式,需要从贯彻立德树人根本任务、整体建构学校课程体系、治理"留白"式学校、发挥综合素质评价的育人功能、指导学生发展等多方面入手,抓住关键环节撬动育人模式变革。近年来,克拉玛依市以"创办适合每一位学生发展的教育"为引领价值观,紧紧围绕"加速推进教育现代化"这一主线,深入开展课程及教育教学变革实践探索,在不断学习先进教育理念和经验的基础上,全方位推进基础教育领域综合变革,更新办学理念、完善体制机制、创新办学思路、优化办学格局。我市教育转型变革及教学实践全面发力、多点突破、纵深推进的良好局面不断推进,高质量、有特色、多样化、可选择的办学格局基本形成。在这样的大背景下,我市高中语文教师也进行了一系列针对语文课堂的改革和尝试,形成了富有克拉玛依市特色的语文教学新格局。

一、高中语文课堂教学面临的困境

笔者所在的独山子第二中学是一所传统的学校,在克拉玛依市教育转型变革进行得如火如荼的时候,我们因为各种原因没有跟上改革的步伐。因为地域的关系,我们参加克拉玛依市大教研活动要困难得多,所以我们一直都坚守在传统语文课堂的阵地上,在困惑、迷茫、焦虑中寻找着适合我们的教学方式和教学理念。然而因为缺乏专业的理论指导,缺乏承担失败风险的勇气和魄力,我们一面焦急地想要加入教育改革的浪潮,成为一名"弄潮儿",一面又不敢轻易改变,害怕承担失败的风险。但是我们没有停下学习的脚步,也没有放弃创新课堂形式。因为我们明白传统的语文课堂固然是扎实有效的,但由于高考改革后考查重点的转变,传统的高中语文教学已经无法满足教学要求,教学改革必须进行。

高中语文课堂教学一直是新课程改革和高考改革的重要组成部分,在课程改革中语文教学往往是争议最大的学科。社会对语文教学的期待日益增强,时代的发展对学生的语文核心素养提出了新的要求,而我们独山子第二中学目前的语文课堂基本还是教师的一言堂,学生坐在讲台下被动接受教师"灌输"的知识。在高考的指挥棒下,教师甚至为了应付考试而进行大量的"填鸭式"教育和"技能型"训练。这对学生的语文学习与个人成长非常不利,同时也大大降低了高中语文教学的效率,甚至在学生中出现"语文学与不学都一样"的传言。学生觉得语文课堂越来越单调和乏味。这种传统的"以己为尊"的教学导向忽视了学生的情感体验和个性感悟,禁锢了学生的思维,甚至扼杀了学生的创造潜能。

二、情境体验式教学理念以新课标为基点

在《普通高中语文课程标准(2017 年版 2020 年修订)》中,情境体验是出现频率非常高的词。新课标多次提到学生应在语文课程中通过自主的语言实践活动和言语积累经验,在真实的语言运用情境中,培养运用祖国语言文字的能力。而在学习任务群中,又提到高中语文学习要以自主学习、合作学习、体验式探究性学习为主要学习方式,凸显学生学习语文的根本途径。新课标的这些改变对我们的语文课堂提出了新的挑战,那就是我们必须从传统的讲授模式向情境体验模式改变。根据学生认知的特点和规律,我们可以在教学中创设情境,将教学内容引入

其中,引导学生由接受转变为创造性地体验教育情境,达到在体验中理解内容、建构知识、发展能力的目的。而经过实践,在高中语文课堂上运用情境体验式教学,能够打造出富有个性、趣味性、实践性、审美情趣的语文课,能激发学生学习语文的兴趣,让学生对语文有新的认识,对学生知识、能力、情感、态度、价值观等都有着积极影响。在新课标和新高考评价体系的推动下,我们希望通过改变课堂教学的方式来改变目前独山子第二中学语文教学的现状,希望通过情境体验式教学在高中语文教学中的实践研究,探索出适合独山子第二中学学生的语文学习方法。这种情境体验式的方法,既能充分调动学生学习语文的积极性,又能顺应课改的新形势。

针对目前独山子第二中学语文教学中出现的"教师教学没有激情,学生学习没有热情"这一现象,我们进行深层剖析,全面提升课题组教师语文教学的理论水平,更新语文教学理念,革新课堂教学模式,促进学生形成良好的语文习惯,引导学生在生活中学习语文,在情境创设中感悟语文的魅力,还语文教学于生活情境体验的本位,激发学生内在的学习动机,孕育语文学习和写作的激情,让学生学会在共同探究、合作、讨论中构建自己的语文学习方法。我们建立多元评价体系,让学生学会评价,并在评价中增强对语文学习的信心,提高审美创造能力和语言建构表达能力。在认知的基础上,我们让学生通过情境创设实现思维的碰撞,提高思辨思考能力,同时让学生在不同层次的情境体验展示平台中,真正实现自我需要,乐于学习、乐于表达,实现语文课堂质的飞跃,最终实现新课标提出的对学生的"语言建构与运用""思维发展与提升""审美鉴赏与创造""文化传承与理解"等核心素养的提升。

本校一直在探索"耕思"课堂的创设。"耕思"课堂理念主要是基于课程标准的学习目标的确立、真实情境的创设、引发思维冲突的问题设置、合作探究的知识建构、学习过程和迁移运用的学习效果评价。其中在课堂上创设真实情境是"耕思"课堂理念中最重要的内容,将积极的情感体验引入高中语文教学的课堂中可以驱动学习主体投入学习客体,并对学习客体进行研习和体认,最终把握事物的结构、功能及其与自身的关系和对自身的意义。在情境体验式课堂中,我们可以通过提供有助于学习的情境材料,围绕学习目标,关注学生"最近发展区",诱发积极感悟;可以根据不同文体创设出最佳情景,加深学生的感悟与体验。

三、情境体验式语文课堂优化策略

(一) 拓展教学内容,立足学生终身发展

在情境体验式教学的探索实践中,我们立足于创设情境以帮助学生在未来的高等教育情境中有效开展专业学习和研究,即对学术读写能力的培养。学术读写能力不仅是语文学科的核心能力,而且是一项跨学科的、普遍适用的核心能力,是高水平的学习、研究、创新活动不可或缺的重要品质。在教材节选的《自然选择的证明》《宇宙的边疆》《天文学上的旷世之争》等科普类文章的教学中,教师根据教学篇目的不同创意设计教学情境,引领学生在具体的学习情境中获取科学知识,增强学生的读写能力,学习科普类文章的写法,为学生以后在高校中进行学术研究、完成学术论文奠定基础。

(二) 降低文本解读难度,有效设计教学活动

在情境体验式教学的过程中,教师应降低文本解读的难度,想方设法挖掘适宜学生情感体验的文本内涵,调动各种方法,引导学生积极参与情境的创设,尊重学生富有个性的独特体验,从而使学生根据自己的生活体验解读文本,提高学生对文本的解读和鉴赏能力。教师针对教学实际,为学生量身创设出适合其学习的情境,引领学生在自主构建的情境中想象、在品味赏析的情境中美读、在静思默想的情境中体悟、在兴趣盎然的情境中表演。例如教学《湘夫人》时,我们备课组集体研讨出一个情境体验活动,那就是"结合文本内容,为湘君策划一个求婚仪式"。学生对屈原的诗歌总有一种畏难情绪,认为不好理解,但是对求婚仪式这个活动又很感兴趣。于是他们先结合手头资料解读文本,在解读的过程中,湘君的人物形象逐渐清晰起来。学生边读边和教师分享自己的阅读感受,接着又根据文本为湘君策划求婚仪式,包含礼服准备(衣袂、褋)、礼物准备(杜若)、音乐准备(琵琶怨)、场景布置(荷盖、荪壁、紫坛、桂栋、兰橑、辛夷为楣、薜荔为帷、白玉镇席)。有

的学生还为湘君设计了台词,有的学生发挥想象将湘君为湘夫人准备的房子画出来。学生带着自身的体验和感兴趣的问题,原来很难理解的文章竟然也不觉得难了,兴致勃勃地讨论、策划、想象,激发了学习的兴趣,也为语文课堂注入了活力。

(三) 体验情境写作,激发写作激情

在高中语文写作教学中,教师根据学生的社会经验和学习生活经验,创设恰当的情境,激发学生的写作欲望,让学生的写作不再泛泛而谈,而是在情境中写出自己的心声,培养学生的写作能力和审美情趣,使学生在快乐的情感体验中,充分认识到阅读和写作是表现生活、表达情感的重要手段,从而不断增强阅读和写作的兴趣,产生阅读和写作的愿望与激情,打消对语文的畏惧心理。例如在学习《采薇》时,让学生根据诗歌内容以戍边士卒的身份给家中的亲人写一封家书,学生要写出真情实感,必然要在读懂文本的基础上创设自己的写作情境。只有把自己的真情实感带入写作中,才能高质量地完成写作,体验写作的乐趣。

四、探索情境创设的途径和方法

(一) 通过生动的语言引导学生走进课文情境

教师注重导语的设计,根据不同的课型设计不同的课程导入方式,通过语言的魅力感染学生,引导学生进入课堂的情境创设之中。

(二) 利用多媒体设备创设课堂情境

教师通过展示图片、播放录像或音乐,创设丰富、形象生动的情境,然后引导学生对创设的情境进行细致的观察和体验,使学生在那些丰富而有美感的情境中获得美的感受,产生美的愉悦。

(三) 在文本解读时尽可能创设合适的情境

通过生动的表演,能把抽象的文字化为有形的语言、动作、神态。学生融入故事情节之中,幻想自己是故事的主角,可以体验人物的情感,增强对文本的理解。例如在教学《林教头风雪山神庙》时,我们设计了一个"晚间私语"的电台节目,以"让林冲打进热线电话进行情感求助"为情境设计教学活动,让学生作为文本中的主人公，体验主人公的喜乐悲欢。这既增强了课程的趣味性，又能帮助学生理解文本内容和人物情感。

（四）丰富社会实践，增强生活体验

教师带领学生走出课堂，在生活中发现语文学习素材，让学生留心观察每一次活动，并把活动的过程及感受随时记下来，积累丰富的写作素材。例如在"咬文嚼字"项目式学习中，让学生搜集本地用语不规范的现象，并针对此现象提出自己的解决方案，从而在实践活动中学习知识、拓宽眼界。

综上所述，情境创设与体验应伴随着语文课堂教学的始终。教师应不断反思教学的方方面面，以全新的视角、全新的思想、全新的方法来打造更加高效的情境体验式语文课堂。在核心素养背景下，语文教学要为核心素养的培养服务。因此在教学时，教师对情境创设应该更加慎重，不仅要安排好、设计好，还要实施好、落实好。而课堂教学的优化来源于教师对教学困境的不断分析、研究。唯有如此，才能让情境式语文课堂教学更加高效，才能更好地提升学生的核心素养。创设情境体验式课堂让师生之间形成一种生命的、精神的对话关系，通过师生对话、学生与文本的对话、学生与学生的对话，使课堂教学成为富有活力、充满激情的教学活动。唯有将情境体验式教学方法和学习方法根植于学生和教师的心中，才能真正提高学生的语文核心素养。

    夏静，克拉玛依市第十三中学语文教师，从事语文教学十余年，多次获得优秀党员、优秀班主任、优秀教师等荣誉称号。工作兢兢业业，任劳任怨，不断提升教学理念，创新教学方法，教学业绩突出，深受家长的认可和学生的爱戴。

践行新模式，享受新课堂

克拉玛依市第十三中学　夏　静

克拉玛依市第十三中学在 2015 年新一届的初一学生中，实行了新的教学模式。所谓新的教学模式，即在学习北京市十一学校模式的基础上，结合自己的教学实际，走一条和以前传统的教学模式完全不同的道路。在新的模式下，无论是教学理念、课程设置、德育理念，还是学习方式，都发生了重大的转变。

教师的教从传统模式上的满堂灌，转变为蹲下来帮助学生、引导学生、陪伴学生，真正和学生站在同一高度进行思考学习，从随意的以自我为中心转为站在学生的角度进行思考，从以前只重视知识的学习转为对学生自主学习能力以及合作探究思考能力的培养。这些巨大的变化都迫使我们的教师必须有 180°的大转身，从而不断地充实自己、完善自己。

当然，学生也必须改变以前等待教师喂食的学习方式，转而变为主动学习、主动规划、主动答疑。在课堂学习中，学生会在教师的帮助和引导下，与同伴交流、合作、探究，进而主动掌握知识，而不是在教师强压下学习。当然，主动学习的习惯不是一两天就能养成的，需要教师和家长引导与陪伴。

为了更好地践行这一新的教学模式，我们的教师不断地进行学习，希望能够通过学习真正掌握这一新模式的核心理念，从而能够更好地为我们的教学服务、为我们的学生指导、为我们的家长解答。除了派教师到兄弟学校第一中学取经之外，学校还外派大批教师到北京市十一学校进行实地考察、实地学习，亲身融入十一学校的改革洪流中，去参与、去体验、去反思。只有这样，我们才能有更多的有价值的收获。老师们除了要学习，还要把学习中之所获，联系我们切身的教学实际进行调整。因为我们的老师知道，照搬照套是不符合实际的，只有在掌握理念的前提下，结合实际做出调整，这样改革才是有生命力的。我们的校长李锦强经常说："改革，是看不来的，必须要做，而且要深入实地去做，你才能真正掌握其精髓、其灵魂。"我们的老师也确实是在认认真真地学，踏踏实实地做。

我们在践行的过程中也在思考、反思，怎样才能使新的理念真正自然地融入我们的改革之中。新生事物的践行，必定是要饱受磨砺的，但是我们要尽量减少这种冲击力，无论是对学生、家长，还是对老师。一节课下来，我们要反思：课堂是否真正地发挥了学生的主导地位？是否恰如其分地引导了学生？是否合理发挥了小组探究合作的功用？是否调动了学生主动学习的积极性？一个单元下来，全组的老师要反思；一周下来，全级部的老师要反思……所处的角色不同，反思的角度也不同，但是我们有一个共同的落脚点：一切为了学生。你可以发现，我们身边的老师都因不断地反思而悄悄发生着变化。

思考中收获新模式的践行，不仅给老师带来了强有力的冲击和思考，对学生和家长也是如此，有怀疑也有收获，有思考也有改变。这里有很多不同的声音，正因如此，才能鞭策着我们向着更好的方向前进。合作是要让学生培养出团结合作的意识，通过与同学合作、与老师合作来解决自己的问题。

我觉得，在教学中，这次改革给了学生一个足够的空间，从而体现出他们的主体地位。教师在日常教学中，需要充分挖掘学生的潜力，把课堂留给学生，让学生在学习中获得成功的快乐，进一步激发求知的欲望，从而提高教育教学效率。

逯岩，克拉玛依市第十三中学数学教师，曾获得新疆优秀课比赛一等奖、优秀班主任等荣誉。承担数学组学科主任工作，注重学科组的团队建设，关注青年教师的成长规划，通过教研活动提升教师的教学基本功，积极投入课堂教学改革与实践活动。

浅谈新课标下高中数学如何进行有效的教学设计

克拉玛依市第十三中学　逯　岩

随着《普通高中数学课程标准(2017年版2020年修订)》的发布,新课程改革也落地新疆,新课程将走进学校、走进课堂,影响着素质教育的进程。新课标指出,高中数学教学以发展学生数学学科核心素养为导向,创设合适的教学情境,启发学生思考,引导学生把握数学内容的本质。新课标提倡独立思考、自主学习、合作交流等多种学习方式,激发学生学习数学的兴趣,培养良好的学习习惯,促进学生实践能力和创新意识的发展;注重信息技术与数学课程的深度融合,提高教学的有效性,不断引导学生感悟数学的学科价值、应用价值、文化价值和审美价值。

鉴于此,数学课堂教学就要紧紧围绕新课标的基本理念进行有效的教学设计,逐步落实学科核心素养与课程目标。

我将从以下五个方面谈谈新理念下数学教学设计的主要思路。

一、创设生动有趣的问题情境

问题是数学的心脏,问题的提出是思维的起点。数学教学是一种"过程教学"。它既包括知识的发生、形成、发展的过程,也包括人的思维过程。例如,在教授推导点到直线的距离时,学生通过预习很容易接受课本中呈现的构造三角形的方法。那么在学生利用等面积法构造直角三角形,完成公式推导的任务以后,教师提出问题,请学生思考"还可以怎样构造三角形",就可以顺利地激发学生的有效思考,并顺势组织小组讨论、分享交流,培养学生的高端思维。所以,创设合理有效的问题情境能高效地完成目标任务。

数学有三种语言：文字语言、符号语言、图形语言。三种语言的转化是数学学习的必要能力。数学来源于生活，同时与各个学科又有密切的联系，很多数学概念的呈现，就是数学的抽象过程。合理有效的问题，对概念的形成、理解起到至关重要的作用。如导数概念的形成，课本中给出气球的膨胀率问题，那么我提出："感受吹气球的过程，越来越难，越费力，从数学的角度怎么表达和体现？"学生自然就进行了生活实际问题与数学知识的对接，完成了概念的形成过程。很多数学概念、法则的形成承载着培养学生数学抽象能力的使命，所以创设合理的问题情境对学生学科素养的培养起到至关重要的作用。

二、营造民主的学习气氛

现代心理学认为，学生学习包含着互为前提、互相促进的认知结构和情感、气氛状态两个方向。教学中教师要充分发挥情感、气氛因素的积极作用，达到以情促知、以知增情、情知交融的教学境界。无论是课上还是课下，教师一定要尊重学生，保护学生的隐私，注意自己的教育方式，多用积极的态度与正面的观点进行沟通和引导。目前学校开展分层走班的方式进行数学教学，目的就是让每个孩子有适合自己的学习伙伴、学习目标。这就营造了比较宽松适切的学习氛围，更有利于学生身心的发展和学业的达标。

三、提供学生自主学习的空间

高中阶段的学习内容和初中阶段的相比，由静态转为动态，由单一变为综合，由正向思维居多变为逆向思维、多向思维主导，同时学习内容多且难，因此我们不得不将目光从如何教逐渐向如何学上转移。反思我们目前的教学方式和学生的学习方式，可以发现，人们的学习主要依赖于两种方式：一种是接受式学习，一种是探究式学习，两种学习相辅相成，缺一不可。而我们的教育过多地注重了接受式学习。

实际上，学生的自主求知活动应是中学数学课堂教学活动的主体：对抽象性、理论性较强的知识,教师可适度点拨;对实践性、操作性较强的数学知识,应放开让学生参与知识的形成、发生、发展的探索过程,让其动手、动脑、操作、交流、质疑,从中体会原理、领会本质,自觉构建认知结构和操作模式。比如,在讲函数的单调性与导数的关系时,我就大量采用学生自己画的初等函数的图像,写出其单调区间,然后再画出对应的导函数的图像,写出函数值的分布,从而让学生自己观察、体会,最终归纳得出两者之间的关系,感受导数在求函数单调性上的作用,然后和学生一起利用几何画板,画出常见函数的图像,进一步感受此结论的价值。

四、尝试应用新的教学模式

数学教育应坚决摒弃"教师讲、学生听"的机械灌输的教学模式,代之以读、讲、议、练、师生对话、生生对话、课堂讨论、课堂展示等以学生主体参与的教学方式,使问题解决、数学应用、数学交流、数学建模成为课堂的主流。

从高一开始,我就注重每个章节的起始课。因为通常章头图起到了导游图的作用,其道出了本章的起源,同时指明了走向。我会和学生一起读开篇的引言,品析每一幅图片、每一段文字,然后给大家展示整个章节的脉络,梳理本章的学习内容、学习流程,研讨本章的课程标准与学习目标。当该章节学习结束时,我引导学生自主绘制思维导图,整体把握章节核心知识。这样可以有效地帮助学生搭建学习框架,有效地解决知识从哪里来、到哪里去的问题。

函数这一章的教学离不开函数图像的教学。在讲解这一部分内容时,我一方面用几何画板演示作图的方法和原理,另一方面和计算机老师沟通借用笔记本电脑,四人一组,教大家学习用几何画板做简单的函数图像。这样学生就可以充分了解精准的函数图像,对于后期的记忆、理解、应用都十分有帮助。在学习函数零点这一节课时,学生就能自己使用几何画板作图,观察、体会函数零点与方程的关系,以及快速领会二分法的内涵,有效突破教学的难点,完成学习目标。学生对函数图像也有了更精准的认识,在今后解决函数问题时会更自然地使用函数图像。

所以,教学有法但是教无定法,无论是斯金纳的"程序教学法"、布鲁纳的"发现法"，还是"自学辅导法""单元教学法"等，所有这些方法都可以依据情况进行适切的选择。合适的、高效的就是最好的。

五、提倡合作学习，使用多元化的问题解决方案

在学生学习中，小组合作学习、同伴互助是个很好的形式。一道题放在小组中，大家经过讨论，进行有选择的商议，这时，学生的学习体验是快乐的。在习题课教学、试卷讲评教学中，就可以先采取自己订正、小组讨论，然后展示成果的方式来解决难题。利用这种方法，学生的问题不仅能够层层突破，而且通过思维的碰撞，会凸显多种方法，学习效果大幅提升。通过展示，学生的自信心、数学语言的表达能力会得到有效锻炼，从而实现问题解决方案的开放性与多元化，有利于学生思维的拓展、发散思维的培养，提升了学生的创新意识与实践能力。

随着多媒体的使用，信息技术越来越广泛地应用于课堂，在课前、课中、课后答疑等很多方面都可以使用信息技术。在答疑方面，可以采取微课答疑、在线直播答疑；在讲解概念时，可以借助动画、比较成熟的教学 App，比如"洋葱课堂"等。工具越多，我们就更要精心备课，多进行设计，整合资源为我所用，增加课堂的趣味性、互动性、有效性。

总之，我们在日常教学中要不断研读课程标准，将章节目标分解成课时目标，深入学习和体会数学核心素养，将它落实到每节课的教学设计中，渗透到每节课中，让它真正落地。我们还需要及时审视自己的常规教学，注重调控学生的情绪，激发学生的学习热情，引导学生积极参与到课堂的教学活动中，给学生创造一个民主和谐的发展空间，和学生一起获取数学知识，感受数学的魅力。

　　吴恩兵，克拉玛依市第十三中学语文教师，白碱滩区中学语文兼职教研员。多年坚守语文教学一线，教学成绩优异，在课堂转型中大胆实践摸索，形成了"基于学生真实需求"的语文教学理念，取得多项市级、自治区级、国家级教学教研成果。

用"微课思维"提升语文课堂教学品质

克拉玛依市第十三中学　吴恩兵

　　微课是指运用信息技术,按照认知规律,呈现碎片化学习内容、过程及扩展素材的结构化数字资源。但如果仅局限于此,我们就会把微课理解成一种技术性的资源开发工作。所以,任务繁忙的教师要么觉得微课过于专业,自己没有时间,也没有这个技术;要么认为这种基于纯资源理念的东西,只适合特定人员制作好后放在资源库里,供学生自主选用,对课堂教学作用不大。

　　其实,微课制作还有另一层重要的价值,那就是"微课思维"的价值。通过微课制作,在对课程内容的选材、组织、裁剪、构建的过程中,会充分激发我们思考课程内容的判断和课堂教学方式的选择。

　　与课堂教学片段不同,"微课思维"意味着更准确地选题、小角度聚焦,也意味着教师需要有足够凝练深刻的专业思考、高超准确的表达呈现能力。"微课思维"对于知识点清晰地理解固然重要,对于"人文性"的语文同样是一种现实的需要。

　　语文作为"人文性"极强的学科,似乎与"微课"清晰分明的知识点意识有着较大的冲突。在我们谈到语文"微课"时,一个很大的顾虑点就是,语文的主观、人文性的东西如何以"知识点"的形式显性呈现。这种顾虑产生的原因在于,我们对语文"知识"的认识存在误区,对语文的"呈现"方式认识偏颇,对语文的本质的理解不够。

　　如果结合对"微课思维"的解释,我们就能更深入地理解语文教学的本质。先明确"微课思维"不是微课制作本身,而是微课制作需要的一种思维方式。这种思维方式,一定是基于学科本质和学生需求的最佳平衡点而展开的,呈现出集中、凝练、高效的特点,其中最重要的就是"微课思维"强调学科的专业性。

而我们现在的语文教学中一个特别现实的问题就是"耗时长、效率低",以至于出现如下怪论:高一、高二不用花费太多精力学习语文,甚至不用学习语文,高三突击做做题就行了。而且这种怪论似乎得到了不少"野路子"的认可。所以我们语文人再不做出改变,时代也会强行改变我们。

问题的根本原因,就是我们常常弄不清语文是什么,对语文的本质缺乏正确的判断。所以要回到语文本身,语文教学首要解决的问题就是"学什么",这就与理科,甚至其他文科有很大的不同。理科及其他学科的知识体系已经在课程标准和教材中有了明确的规定,这节课或者一学段学的是什么,清晰明确。不同的教师上的内容是一致的,如果不同,也只是难易的不同和教学方式的不同。而语文不是这样。对于同一篇课文,不同的教师,不光教法不同,内容也常常不同,甚至可能完全不同。有人说这就是人文性的体现,其实这也是语文学科本质的体现,因为语文学科就是"一门学习如何运用祖国语言文字的综合性、实践性的课程"。正是这种综合性、实践性,必然造成语文课堂内容的丰富性、多样性。但这并不是说语文不可教。语文不是文学,作为中学的课程,其必然具备"课程"的特点,即"对教育的目标、教学内容、教学活动方式的规划和设计,是教学计划、教学大纲等诸多方面实施过程的总和"。言下之意,语文课程也是可以"实施"的课程,语文是可以教的、需要教的,所以我们必须寻找符合语文本质的"实施"内容和策略。

"微课思维"提醒我们语文"这门课程"是可以教的,因此我们必须对"语文知识"的本质有更清晰的认知,而不是"脚踩西瓜皮"或照本宣科。但是由于课程标准的主体是目标,尤其是阶段目标,课程目标是对学生学习结果的描述,而不是对教学内容(比如"语文知识")作具体的规定,所以语文教师必须具备"微课思维"意识,主动发现具体的教学内容(或"语文知识"点)。比如什么叫"理清思路",乃至什么叫"通读课文",什么是"阅读简单的议论文"。教师应引导学生学会区分观点与材料(道理、事实、数据、图表等),发现观点与材料之间的联系,并通过自己的思考,作出判断。教师不是要讲这些概念,而是要明确这些"语文知识"的本质,才能在课堂教学内容的选择上做符合语文本质的事情。

　　"微课思维"的一个重要特点就是明确本学科应该做的事，而语文尤其需要做语文应该做的事。比如我们在学习一篇论述文时，重点并不是学习论述文中的理论知识或科学知识本身，而是学习论述文概念的表达、逻辑层次的关系、文章结构的特点、论证过程的方法等。

　　当然，语文是"工具性与人文性的统一"，除了显性的工具性特点，它还具备其他一些隐性人文性的特点。新课标已经告诉我们，语文的核心素养是"语言建构与运用""思维发展与提升""审美鉴赏与创造""文化传承与理解"。当学习《阿房宫赋》的时候，"语言建构与运用"作为基础，学生必须通过"文言"一关，而作为文赋的代表作，诸如"盘盘焉，囷囷焉，蜂房水涡，矗不知其几千万落！长桥卧波，未云何龙？复道行空，不霁何虹？高低冥迷，不知西东。歌台暖响，春光融融；舞殿冷袖，风雨凄凄。一日之内，一宫之间，而气候不齐"，文字本身传达出的美和阿房宫建筑的完美相融相合、美美与共，这就是"审美鉴赏与创造"的一部分。至于"秦人不暇自哀，而后人哀之；后人哀之而不鉴之，亦使后人而复哀后人也"，留给后人的思考与教训，则在"思维发展与提升""文化传承与理解"两个方面为我们提供了教学的着力点。

　　总之，借助"微课思维"，结合语文课程标准和语文核心素养，我们会更加主动地去关注语文学科本身的特点，会更加深入地考量教学内容的判断与选择，去更加集中精力做语文应该做、可以做的事。

戴亚伟，克拉玛依市第十三中学语文教师，先后获得校级优秀教师、青年岗位能手、市级优秀班主任等荣誉。在学校教育转型过程中，坚持把学生的全面发展放在首位，勤于钻研，坚持用智慧启迪智慧，用人格引领人格，形成了独具特色的教学风格，教学业绩突出。

转型下的语文课堂，我们往哪去

克拉玛依市第十三中学　戴亚伟

新学期伴随着学校发展和学生成长的需要，克拉玛依市第十三中学也加入了教育转型发展的行列。转型下的语文课堂，总是感觉在略微生疏中带着一丝不安，不安倒并不是因为度过了一个愉快假期后重新走进课堂，而是如何把教育转型后的课堂恰当地、更好地、"不受损失"地表现出来。

受应试教育制度的影响，教师在多数情况下还是以自己的施教为中心来展开教学，带有明显的功利性，最明显的就是"考什么就教什么"。这就忽略了学生的处境，学生的主体地位根本体现不出来。理想中转型后的课堂不再是教师的"舞台"，教师不能再把课堂当作展示自己才华的舞台，不能把课堂教学和学生当成证明自己水平的工具，而是要在根本上恢复学生的学习主体地位，让学生在学校能够自由呼吸、快乐生活、健康成长。课堂是学生展示自己才华与个性的平台，以往的课堂评价主要看重教师对课堂的"管控驾驭能力"。前段时间我在微信朋友圈看了篇文章《一堂好课，上着上着老师就不见了》，深受触动，也引起了我的思考。这篇文章主要表达了以下观点：真正的阅读是对学生有用的阅读，真正的写作是写一些有感受的东西，真正的教学要通过学生来互相支持，而真正的一堂好课，是随着课堂的进行，老师不见了的课堂。仔细琢磨一下，我们转型下追求的课堂不正是这样的吗？回顾转型以来的语文课堂，我最突出的感受有以下几点。

一、自主研修的落实任重而道远

教学转型改革最大的特色是在规划指导下的自主研修，但现在看来，我们的学生并没有养成自主规划的习惯,或者说没有养成良好的自主研修的好习惯。这条路任重而道远,我们不可能一蹴而就,因此要有耐心。个人认为,教师一定要因人而异,针对不同的学生制定不同的策略方法,毕竟每个学生都是一个富有自我思想的个体。不会自主研修的学生,我们可以"陪同",可以"等待",可以介绍方法,可以培养习惯。真正需要思考应对的则是那部分不愿自主研修的学生。不愿自主研修的最主要的原因是没有认识到自主研修的重要性,没有兴趣。那么如何调动他们的积极性,则是我们这些处在教育转型一线的教师需要着重思考的,毕竟是否拥有良好的自主研修能力是我们教育转型能否取得成功的重中之重。我们初一语文组也尝试着做了一些措施。例如充分利用前诊,对那部分没有自主研修习惯的学生,严格执行过程性评价标准,前诊不过关,就需要补测。对部分基础薄弱的学生,则通过多次前诊,包括重组前诊试题,进行分科、分段的检测,加大反馈力度等。对有进步的学生,不仅全班表扬,在过程性评价中体现其进步,而且还将他的前诊试卷上传到学生家长的 QQ 群里,让学生获得成就感——毕竟每个孩子都有自我实现的心理需要。

二、强调自主性,但不能放任自流

教育转型下的语文教学设计更注重生成与建构,淡化预设与讲授。课程改革要求课堂教学体现以学定教、因需施教,增加灵活度。教师的主要任务是组织课堂教学,把主要的时间让给学生进行自主研修。但是"把语文课堂交给学生"的含义,在这里要注意一个误区:把课堂还给学生和解放教师并不是对等的。例如我曾上了一节公开课,这节课的教学重难点在于让学生明白什么是颁奖词,如何写颁奖词,并在课堂中展示交流自己写的颁奖词。从整个课堂表现来看,大部分学生发言很积极,但也有一些学生发言看似热闹,实则缺乏主题与思考。在这个过程中,教师"适时介入"是非常有必要的,一定要把握好"适时"这个标准,在学生最需要的时候出现,这是教师最大的价值。课堂上的"适时介入"则主要体现在课堂内容的点评、学习方向的引导上。因此,要使课堂高效,学生的"自主"一定要与教师的"主导"有机结合。教师在课下也要多反思，强化培养自己的"课堂二次备课能力"。

三、鼓励合作学习，但不能忽视独立思考

自 2008 年起，我就开始尝试"合作、互助、交流、竞争"的教学方法。这么多年过去了，我最大的感受就是要鼓励学生合作学习，但不能忽视学生的独立思考。合作学习作为一种新型的学习方式，被教师广泛采用。那种人人参与、组织互动、竞争合作、时有思维碰撞火花闪现的课堂确实能给人以享受与启迪，但是我们追求的教育最主要的目标之一就是培养"有独立健全人格、有自己思想"的个体。所以进行合作学习是有一定条件的，要以学生个体的自主学习和独立思考为前提。我们不是生产的"流水线"，而是智慧思想的播种者。如果一节课的小组合作中有太多"一言堂"的表现，学生的独立思考就不能很好地体现出来。

四、鼓励孩子制定自己的课堂学习目标

以前我们提倡上课前一定要认真备好课，尤其是制定好一节课的教学目标、教学重难点，在授课过程中如果学生达不到这些教学目标、掌握不了这些教学重难点，我们就会惶恐不安。殊不知这些所谓的教学目标和重难点并不是从学生的角度理解的，而是教师从自己的角度提出的。学习行为的主体应该是学生，应该鼓励学生制定自己的课堂学习目标。学生自己制定的教学目标、重难点应该是最接近实际学情的，也是最容易被学生接受的。这样才能更好地调动学生的学习积极性，学习效率也会事半功倍。教师在这个过程中需要做好诊断、评价、调控。

任何前进发展的道路都是曲折而艰难的，但只要方向正确，我们就不能踟蹰不前。为如何帮助孩子成长而感到焦虑不安并不断思索改进，这也是教师提升自身专业素养的有效途径。

高勤奋，克拉玛依市高级中学物理教师，从教以来，担任过班主任、德育主任、学科主任、学术委员等职务。无论在何岗位，都爱岗敬业，按照育人规律引导学生，按照教学规律授课，深受学生喜爱。曾获得 2017 年市局级优秀共产党员、2018 年克拉玛依市"巾帼建功"先进个人、2019 年校级"师德标兵""十佳教师"等称号。

　　马荣，克拉玛依市高级中学物理教师，曾获得克拉玛依市教坛新秀、教育局青年岗位能手、优秀团干部等荣誉。在自治区、全国青年物理教师课堂教学比赛中荣获优异成绩。工作中，用欣赏的眼光看学生，用宽容的心态面对学生，以"做最好的老师"为目标，踏踏实实上好每一堂课，仔仔细细批改每一本作业，认认真真对待每一次谈心。

关注学生需要，打造魅力课堂

克拉玛依市高级中学　高勤奋　马　荣

物理，顾名思义，就是"见物思理，万物皆有理"之意。物理就是通过观察自然、观察生活、观察事物，用已有的知识、已有的经验并通过实验、推理、求证、归纳这样一些过程，去解释它内在的联系和事物本身的道理。所以物理学对培养人的良好的理解能力、严密的逻辑推理能力、较强的数学能力和实验能力以及钻研协作的品质，都起到了举足轻重的作用。因此，把这些能力的培养设计到每一节课中并落实好，才是我们物理教师对课程认识的最好诠释。我们以此为课程育人的目标，积极大胆地践行着。

我们的成长和进步还来源于我们对课堂教学的独特理解。课堂是师生情感相遇、心灵相约的场所，师生通过对话在这里探寻真理。课堂教学其实就是不断地完成学生与教材的对话（自学过程）、学生与学生的对话（同伴互助）、学生与教师的对话（教师引领）、学生与自己的对话（自我反思）的过程。

我们的成长和进步还来源于我们时刻关注学生的需求，力求每一节课都充满魅力。为了更好地实施这些对话，我们需要在课前充分收集资料以及仔细阅读教材和教师用书，明白教材编写者的意图；需要充分了解学生已有的知识水平和思维能力；还要了解大学的相关知识以做好知识的引申。只有这样，才能实现良好的沟通和顺畅的对话。

需求是指人们缺乏某种东西而产生的一种"想得到""力求获得满足"的心理倾向。那么学生在学习过程中有哪些需求呢？我们从学生的求趣、求知、求实、求美、求成等方面预想到他们会有所需求。

我们要打造的魅力课堂，用物理学的术语来讲，是对师生充满吸引力的"引力场"，是在教师的引导下，推动学生自主学习、主动思考、创新发展的"思维场"，更是师生快乐成长的"生命发展场"。

而我们要使自己的课堂充满魅力，使课堂成为一个充满吸引力的"引力场"，这就要求我们尽可能地去探知学生的各种需求，让设计出的课堂教学内容与学生的需求相适应。只有这样，我们的课堂才会展现出它应有的魅力，才会引起学生快乐的情绪和强劲的学习动力。下面我们就以参加全国比赛的课题"磁现象和磁场"为案例，来和大家分享我们是如何从学生的五个需求出发，打造魅力课堂的。

求趣，就是以兴趣为基础。兴趣是学习的催化剂，是学生求知的动力，引入新课一定要有趣。为了激发学生的学习兴趣，我们决定用学生没见过的新奇实验来引入新课。我们在大量搜集资料后确定了三个实验方案，经过半个月的探索后，前两个方案破产，最终用了"磁力加速"这个小实验。在一根轨道上摆放三组小钢球，给其中一个小球一个初速度，由于碰撞，运动可以传递下去，但由于能量损失，小球最终会在轨道上停下来。但给每一组小球加一块磁铁后，就会看到小球在接触磁铁时瞬间被加速，在听到"嗒、嗒、嗒"三声后，小球把轨道另一端的易拉罐打倒了。看到这一现象，学生惊讶坏了，情不自禁地发出"哇"的赞叹声，这就促成了课堂的"鲜活性、惊奇性、新异性"。

但年轻教师往往会把关注点仅仅放在有趣上，不会继续引申和"小题大做"。团队给我们的建议是要首尾呼应，在中间建议用 PPT 再现实验过程，然后用刚讲过的知识解释其现象，最后用自制的电磁炮引申这一现象的实际应用。这样就把一个问题讲深讲透，真正达到求趣的三个层次：有趣、乐趣、智趣。而为了达到求趣的目的，我们还需要求知、求实、求美、求成。

求知，就是探究知识。布鲁纳说："学习的最好刺激乃是对所学材料的兴趣，要以知识本身来吸引学生的学习。"而我们认为求知有三层含义：知其然——想知道事物本来的样子；知其理——想知道事物的原理及其内在规律；知其由——想知道事物存在内在规律的缘由。因此，对知识的认知是层层递进的。

　　我们这节课在知识的逻辑结构上，团队的意见有分歧，经过一次次的试讲和改进，最终达成了共识——对物理知识的学习一定要符合学生的认知规律。本节课先通过回顾学生初中已学过的磁现象（知其然），然后透过现象看本质，建构磁场的概念（知其理），再将抽象问题形象化，通过实验将磁场可视化（知其由），最后讲磁场的应用，用严密的逻辑思维把整节课的内容有机串联起来。

　　求实，就是让学生体验到知识是真正有价值的。求实包括三方面：实践、实证、实用。知识来源于实践；知识被实验所证实；知识被推广到生产生活中去应用。

　　为了满足学生这一需求，让学生在实验中获取知识，我们设计了大量的学生实验和教师演示实验，还列举了许多磁现象和磁场在生产生活中的应用，让学生切实从生活走向物理，从物理走向社会。

　　求美，美可以让我们悦目、悦心、悦智、悦神，愉悦身心，陶冶心灵。我们已经领略到了思维之美、实验之美，还要让学生感受到教师的语言之美、板书之美、PPT之美、小结之美。

　　我们的试讲过程是全程摄像的，最后上课的语言由老教师们一句一句地细抠，力求语言简洁，词义表达准确。课堂小结打破了传统的模式，用一首小诗来收尾，不仅总结了知识与方法，更体现了一个理科教师的人文情怀。板书的设计要体现出较强的针对性、高度的概括性、清晰的条理性、周密的计划性、适当的灵活性。PPT的制作也力求美观，对字号字体等都有严格要求，力求从各个角度让学生感受到获得新知识的愉悦，发展学生对美的领悟力。

　　求成，意即成功很重要。成功体验越积越多，人的自信心就会越来越充分，人的创造性思维能力也会越来越强大。所以我们这堂课针对不同学生设计了自我展示环节，目的是要让学生体会到成功的快乐和成长的快乐。

　　集体是力量的源泉，众人是智慧的摇篮。魅力课堂应该说是我们物理组集体智慧的结晶。每一次的比赛课都好像是组内的一次重大事件一样，组内的老师们也都好像是自己要参加比赛一样，事无巨细地准备。

这次比赛我们正式试讲了 8 次,组内的老师们不厌其烦、不辞劳苦地听了 8 次,为此占用了不少时间,但是大家在一起探讨时却都是满怀激情、知无不言,从学生的需求出发,帮忙精心设计、打磨。陪伴的过程是老教师打磨、雕琢年轻教师的过程,也是年轻教师自我成长的过程。

11 月份我们迎来了市局的教学能手比赛,比赛时间紧张,组里的老教师就立即协商帮助参赛老师选定课题,初步设计。除了白天,还有三个晚上大家都一直在实验室设计和制作实验仪器。只要还没比赛,我们一上完课就会在办公室里继续讨论和完善,精益求精。

我们物理组的每一位老教师都各具魅力,各有所长:志刚的数字实验、拍频闪照片;文海超强的动手能力(许多实验教具都出自他手);海涛扎实的理论功底与擅长设计的能力;刘波善于归纳总结,且有很多朗朗上口的物理口诀;学礼见多识广,大赛经验丰富。他们在我们的每一次试讲中都会挑出很多问题,每次讨论都会把参赛的我们推到崩溃的边缘,但也只有这样才能够让我们破茧成蝶。

一个优秀团队的成长,离不开每一位教师倾其所长的参与和付出,也离不开每一位教师的自我成长。我们相互扶助、相互支持,彼此在陪伴中共同进步、共同成长。

课堂教学的广度,取决于教师视野的广度;课堂教学的深度,取决于教师教育思想的深度;课堂教学的厚度,取决于教师文化积淀的厚度。

只要我们心中有学生,脑中有结构,手中有方法,魅力课堂就在我们身边。打造魅力课堂应该说是我们物理组过去、现在,乃至将来都积极践行的目标,我们依然会为每一位年轻人的成长负责,会陪伴他们一路前行。

黄军，克拉玛依市高级中学政治教师，教育硕士，高级家庭教育指导师。长期担任高中政治课的高三教学和实验班的教学与管理工作。

关注学生预习，加强学生预习指导

克拉玛依市高级中学 黄 军

注意力是影响课堂效率的重要因素，而有效的预习是提升学生注意力的有效方式。编制合理的、适合学生的预习学案，引导学生高效地预习，能提高学生注意力的稳定性。

在你的课堂上可能也有这样的学生：听课很认真，但课堂练习总是不能在规定的时间内完成，正确率也不高，课后完成作业的时间则比要求的时间多一倍，完成学习任务的效率低，逻辑思维效率低，如此长期下去，就会落后于其他学生一大截，想追上几乎是不可能的。

究其原因，这类学生的注意力差，主要是注意的稳定性、持久性差。注意力是所有能力（记忆力、观察力、想象力、思维力）的基础，也就是我们所说的"专注力"。良好的专注力是学习成功的最佳保障。

影响注意力的因素较多，学习的目的、主动性、内容、方式等都会影响注意力的稳定性和持久性。在这里，我主要从如何关注学生预习，加强学生预习指导研究等方面分析如何帮助学生提升学习的专注力，从而提高课堂学习效率。

如果让学生整节课都要保持注意力高度的稳定性，这是非常难的。若学生每节课能保持 25 分钟左右，课堂效率就很高了。如何让学生把这 25 分钟用好，对于提高学生的学习成绩至关重要。要把注意力高度集中的时段用于解决重点知识、高频考点及学生不会的内容。如何让学生了解这一点，就需要学生养成良好的预习习惯，通过预习让学生清楚地知道重点知识及其掌握的程度。

预习不是只让学生提前看书这么简单，而是需要给学生提供预习的载体，引导学生进行有效的预习。我们组通过编制预习学案的方式来指导学生进行预习。

如何编制有效且适合学生的预习学案是摆在我们面前的首要问题，在进行具体工作之前，先要做到思想统一，让每个成员对这项工作的意义、要求、操作规范有清楚的了解，因此提出以下几个方面的要求。

一是明确预习学案的作用。预习学案不仅能指导学生进行预习，而且还能为教师的备课、授课做准备。

二是确定预习学案的内容。在内容上，既要全面，又要突出重点。我们设置三方面的内容：一是设置情境材料的问答题，通过问题的层层推进指导学生有目的地看书；二是设置判断改错这一题型，让学生明辨易错易混的知识点；三是设置选择题，再次对学生预习的效果进行检验。

三是考虑预习学案的难度。学案的难度要适中。太容易了，则无法了解学生真实掌握的情况；太难了，则会打击学生预习的热情。因此，对重点、高频知识要进行有区分的考查。

按照以上要求，我们编制了必修1《经济生活》的学案，并在2015级学生中使用。根据使用后学生的问卷调查及教师的反馈，在后三本必修学案的编制上，我们及时进行了调整：一是进行了题量的调整，减少了题量；二是对难度进行了调整，对部分较难的问题进行了更换。

2016级学生开始使用修订后的必修1。依据2016级和2015级文科班的使用情况，以及教师在使用中的感受，经过多次沟通探讨，我们决定对学案的内容及题量进行再次调整。首先，我们把"判断改错"这部分内容移到课后练习中。由于这部分内容较难，故将其放在新课授课后完成。其次，在情境设置的问答题部分，也要控制问题的数量，主要保留重点知识。之所以做这样的改变，主要考虑到完成预习学案的时间要尽量控制在30分钟左右。因为不能只考虑自己这一门学科，还要从学生整体的作业量考虑。

在这两年的编制工作中，我们不断反思以下两个问题。

一是能否真正做到以学生为中心。从首次编制到二次修订，我们感触最深的是从教师的教到学生的学在逐步落实。预习学案使用的实际情况，倒逼着我们考虑学生的实际情况，找到学生的学和教师的教的最佳结合点。

二是能否切实做到减负。使用预习学案的初衷是在不增加学生课业负担的基础上，通过提高学生的课堂听课效率，达到精讲精练的目的。

基于以上两点反思，我们决定对文科倾向的提高层的学案进行修订，还要细化分层，分为实验层和平行层，来满足不同层次学生的学习使用需求。这是更大的挑战。它不仅仅是工作量的增加，更是需要根据学生学的情况下功夫，多研究，多实践，并不断完善。但是我们相信，只要秉持一颗随时为了孩子的学而不断改变、完善教学、开放包容的心，就能实现学生真正的学习和成长，而我们也在读懂学生的过程中走上从"教的研究者"到"学的研究者"的成长之路。

杨惠琴，高级教师，克拉玛依市"百人项目"之"名教师"培养对象。自治区课程改革先进个人，区语文名师工作室核心成员，市级语文学科带头人，克拉玛依市戏剧家协会朗诵社成员。现任克拉玛市康城小学语文教师兼语文学科主任。

自然笔记：生命中最美的记忆

克拉玛依市康城小学　杨惠琴

瞧，二年级的杨老师正和一群小朋友手拿着本子，坐在草坪上。仔细一看，孩子们和老师都在用心地写着、画着，一颗颗晶莹的露珠、一朵朵富有生命的小花、一棵棵成长的小树……跳跃于纸上。原来他们正在为这可爱的大自然记录美好。

从一年级开始，老师们就尝试着让孩子们制作自然笔记。顾名思义，做自然笔记，只要有善于观察的眼睛，拿起手中的笔，你就可以为大自然写日记。那么，我们为何要让孩子们做自然笔记呢？怎样才能做好自然笔记呢？

自然，变化万千又周而复始，真真切切地"隐藏"在我们身边。生活在这个广阔的大自然中，我们呼吸着新鲜的空气，我们感恩于大自然赋予我们的美好！那么，做自然笔记，就能更好地让孩子们与大自然亲密接触。当他们看到一朵花在绽放时，他们笑了，因为他们感受着生命的美好；当他们看到一只鸟在歌唱时，他们也想放声歌唱，因为歌声让身心愉悦。孩子们做自然笔记，将自己亲眼看到的、想到的，写下来、画下来，将其真实展现在眼前，用图画去感染他人，用美好的文字滋养我们纯净的心灵。

做自然笔记要注意：（1）观察的时间、地点、记录人；（2）观察的内容；（3）图画、文字（相配合）；（4）色彩（如实记录）；（5）自己当时的真实感受（可以用一段话、一首诗进行表达）。

对于不同年级的学生，做自然笔记的要求也不一样。低学级的学生只要能够把自己看到的画下来、写下来就行，主要以图画为主；中年级学生需能够真实地将看到的、想到的用图画和文字表述出来，并能够适当地运用学到的优美词句去描述；而高年级学生需能够将自己的情感融入自然笔记中，写出自己的想法，根据所看到的景物写出相关的知识。在做自然笔记的时候，教师要适当指导，适时鼓励。对于学生的作品，教师要随时进行点评交流，引导学生从中发现值得学习的地方，抓住美妙的细节，从而完善自己的自然笔记。

记录自然笔记的时候，不是单纯地记录，而是要和课程紧密相关。例如，在学习了《蝴蝶》这篇课文后，杨老师带着孩子们拿着自然笔记走进了林海公园，一起欣赏蝴蝶、了解蝴蝶，捕捉春天的气息；也与孩子们一起走进市级档案馆，参观蝴蝶标本展。"好漂亮的蝴蝶啊！""瞧，你看，这蝴蝶的花纹很奇特。"孩子们那一声声惊叹声，无不是在向我们传递着：制作自然笔记很有意义。他们将档案馆里看到的各种蝴蝶画下来，将自己了解到的蝴蝶知识记录下来，在这样的学习过程中，有关蝴蝶的知识不知不觉地走进了孩子们的内心。

学习了课文《在春天里做一件美丽的事》后，杨老师带着孩子们种下各种蔬菜、水果的种子，在课堂上指导孩子们观察火龙果的发芽过程，为火龙果记录成长日记。除此之外，学生还为自己在校园里亲手种植的小树写自然笔记，坐在小树旁边观察树枝、花朵、果实。温暖的阳光洒在孩子们的身上，多么惬意！孩子们用文字、相机、画笔记录春天的美好，让即将过去的春天停留在一张张作品上，留下最美丽的瞬间。一棵棵富有生命力的小树活灵活现地出现在纸上，一句句富有童真的语言让我们感受到孩子们内心的真诚与善良。有的学生说："亲爱的小树，我是你的妈妈，我爱你，我将等待你长大。"有的学生说："今天你长出了新的枝叶，我是多么开心啊！"瞧，当你身处自然，动植物的美及其生存智慧都在感染着我们，自然笔记成了我们生活中的一部分，成了我们记录自然最美的方式。

记录自然笔记，让我们收获成长。孩子们与小花、小树、小动物一起长大，在记录中学会了细心观察、认真捕捉，习作水平也有了明显的进步。无论去哪，他们都想随身带着自然笔记，观察、记录。时间久了，孩子们就会懂得感恩、敬畏自然。我们相信，自然笔记一定能够成为孩子们生命中最美的记忆。让我们开启眼睛、心灵，去欣赏、去记录身边的自然吧！

王丽涛，北京师范大学克拉玛依市附属学校物理教师，曾荣获自治区德育科研工作先进工作者、克拉玛依市教学能手等称号。教学能力突出，曾获新疆中学物理教师课堂教学课评比一等奖、克拉玛依市科技创意发明大赛金奖。热爱物理教学，在和学生一起格物穷理的过程中，获得启发、收获喜悦。

浅谈物理核心素养在课堂教学中的落实

——以"电能的输送"为例

北京师范大学克拉玛依市附属学校　王丽涛

　　《普通高中物理课程标准(2017年版2020年修订)》在必修3的教学提示中提出:"本模块内容与生产生活、科技进步、社会发展密切相关,要充分利用多种教学资源,引导学生了解电磁感应现象在生产生活中的应用,认识能源开发与利用对人类生活和社会发展的影响,关注科学·技术·社会·环境的关系,培养学生解决实际问题的能力。"《中国高考评价体系》也指出,情境即问题情境,是真实的问题背景,是以问题或任务中心构成的活动场域;情境活动是人们在情境中所进行的解决问题或完成任务的活动。

一、整体设计思路

　　这一节内容在之前有交流电、理想变压器的相关学习作为铺垫,所以是典型的应用章节。本节与生活联系紧密,学生天天在使用,也见得到。

(一) 教学主导方法设计

1. 对比实验探究法

　　基于能量守恒、输送事实,应用理想变压器模型,构建远距离输电的物理模型并进行抽象概括;通过对比近距离、远距离传输电灯泡的亮暗实验现象,进行科学论证、质疑与创新;通过物理量之间的关系进行科学探究与推理。

2. "问题串"引导分组探究法

　　基于高中新课标的要求,接下来通过"问题串"的设置,引导学生小组探究式思考、讨论、猜想、推理。通过物理学视角,寻找客观存在的物体内在规律及相互关系。

3. 信息化技术支撑法

伴随着计算机、电子白板、实物投影仪等硬件设备在课堂中的日益完善,课堂的信息化程度飞速提升。多媒体技术的介入,使文字、图像、视频、符号、声音等多种信息融合,使课堂变得有趣生动起来。这既促进了教师的表达,也刺激了学生的视觉、听觉,有利于增强学生对知识的认知与理解能力。一些应用软件也成为信息化课堂的重要新生力量。

(二) 本节课的信息化应用与体现

1. 备课环节

依托丰富的网络资源,搜索下载图片与视频;使用钉钉软件完成手机与计算机的互传功能,完成 PPT 的制作。

2. 授课环节

使用计算机、电子白板、投影仪、音响共同展示 PPT 内容;借助软件,完成手机、计算机的互联;使用手机控制 PPT 的播放;使用跟拍投屏功能,将演示实验放大,提升课堂的有效性;实时分享学生的优秀练笔,并及时点评。

3. 学生活动环节

依次设置了观察、对比演示实验、学生讨论、学生回答、补充完善、学生应用展示点评、观看视频等学生活动。

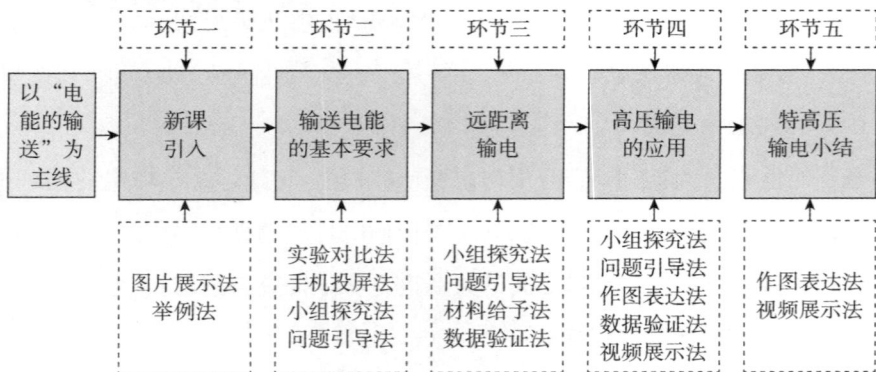

环节一	环节二	环节三	环节四	环节五
新课引入	输送电能的基本要求	远距离输电	高压输电的应用	特高压输电小结
图片展示法 举例法	实验对比法 手机投屏法 小组探究法 问题引导法	小组探究法 问题引导法 材料给予法 数据验证法	小组探究法 问题引导法 作图表达法 数据验证法 视频展示法	作图表达法 视频展示法

以"电能的输送"为主线

图 1　教学流程设计

（三）核心素养目标设计

核心素养目标设计见表1。

表 1 "电能的输送"教学目标

学科能力		物理观念	科学思维	科学探究	科学态度与责任
学习理解	观察记忆	认识观察输送电能所需的器件、输送过程中的环节	利用演绎推理获取电能损失的可能源头		通过对电阻材料电阻率的了解，激发学生对材料学的兴趣；通过观看"特高压"视频，树立自信心，提升自豪感，激发学生努力奋进的学习热情
	概括论证	通过对导线性能的认识，明晰电能损失的源头	利用物理电阻定律演绎推理，明确导线的材料、长度、横截面积均为减小电能损耗的影响因素		
	关联整合	明确电能在理想变压器中无损耗，建立如何减小导线上电能损耗的理解体系	利用生活中的实际，推理明确导线的长度为定值，材料的电阻率为既定值，导线的横截面积不可太粗		
应用实践	分析解释		通过推理，论证减小输电电流是减少电能损失的有效途径	利用对比实验探究，明确远距离输电中的导线电阻是电能损耗的主要原因	
	推论预测		通过对减少导线功率损耗的分析，利用物理模型思维，预测使用理想变压器增大输电电压的可能性	利用对比实验探究，验证在远距离输电过程中使用理性变压器的可行性与有效性	
	综合应用		建立远距离输电的升压、降压模型	利用图片、视频探究验证远距离输电的综合计算	

（续表）

学科能力		物理观念	科学思维	科学探究	科学态度与责任
迁移创新	知觉联想	知道变压器的价值、电能损耗的源头，小结减少电能的一般方法	推理验证远距离输电中使用交流电的原因		
	迁移与质疑	将减少电能损耗的探究过程迁移到电压损耗的探究中			
	建构新模型		建立一般输电模型		

二、教学实施

（一）展示实例，引入新课

教师活动：我们的祖国地大物博，自然资源储备丰富，但是分布不均匀。比如咱们新疆，气候干燥，缺少水资源，但是这里有丰富的石油、风、阳光，还有棉花！

大家现在看到的是距离咱们克拉玛依市100公里的玛依塔斯风力发电站、吐鲁番三十里风区发电站、哈密"太阳城"光伏发电站。新疆依靠九大风区，风能发电总储量达8.9亿千瓦，约占全国的20%，位居全国第二位。这么坚实的电力储备，不仅满足了全新疆的用电需求，也承担起为我国东部输送电能的责任。

这节课，我们就一起运用所学的物理知识，深入了解一下电能输送的过程。

学生活动：观看图片了解家乡能源优势，产生思想共鸣。

设计意图：使用图片与本地的实例，能够激发学生的热情，树立学生的主人翁意识和自豪感，为本节课创建优质的课堂氛围，提升课堂效率。

（二）输送电能的基本要求

1. 观察实验，发现规律

教师活动：使用101教育PPT软件，打开手机投屏模式，让实验呈现在主屏幕上。

教师演示实验1：

（1）介绍实验装置：交流电源、用电器、小灯泡、导线。

（2）提出问题：怎样使小灯泡亮？

（3）得出结论：闭合开关即可。

学生活动：观察实验装置，思考回答教师提出的问题，寻找电能传输成功的要求。

归纳小结：其实这是一个简单的电能传输的过程。在输送电能的过程中需要供电线路可靠地工作、少出现故障；供电电压、频率的稳定，保证了电能的质量。

2. 对比实验，呈现问题

教师演示实验2：请同学们再看，旁边有一组一模一样的电源、小灯泡、导线，将供电电流设置成一样，请看实验现象——闭合开关，小灯泡较暗。

提出问题：请同学们探究一下原因是什么。

学生活动：观察对比实验，思考小灯泡暗的可能原因。小组讨论观察实验装置，在其他变量被"控制"相同的条件下，发现只有导线长短的区别，得出结论。

结论：经过对比发现，当电源电压、传输材料、用电器相同时，却出现了明暗不同的实验结果，观察到不同之处在于导线的长短。所以，在进行远距离输电时，输电线路的电阻不可忽略，且对电能的输送有损耗现象。那么，在建造与运行远距离输电线路时，如何减少损耗、经济有效是核心问题。

由此，现在我们对"远距离输电的过程"展开讨论探究。

设计意图：对比实验法是最直接的探究验证方法。在控制变量的条件下，通过唯一一处的不同和视觉感受，学生通过观察，快速准确地找到原因，为下一步的探究奠定理论基础，也引出了新的问题。

（三）远距离输电

1. 寻找"损耗"

提出问题：针对远距离输电时如何做到经济有效、损耗小，我们展开探究，请各小组依据老师的探究问题串开展讨论与探究。

教师问题1:因R线,产生了什么损耗?

学生活动:小组探究以导线电阻不可忽略为切入点,形成IR线的电压损失与I2R线的功率损失。

结论:电压损耗与电功率损耗。

教师活动:依据同学们的探究,我们将电压、功率损失表示在电路图中。同学们是否能看图,试着写一下各个物理量的关系?

学生活动:小组在学案标注并观察物理量之间的关系,依据能量守恒,讨论罗列关系式。

教师活动:用手机寻找学生的书写结果并进行投屏点评。

学生活动:观看主屏幕,看同学的结果,结合自己的结果进行反思与学习。

设计意图:通过作图示意,物理过程形象化地展示出来了;通过使用硬件软件结合的投屏功能,学生的练笔得到了实时展示。教师进行及时评价,有利于教师与学生的合作共鸣,也有利于学生之间的同伴教育,提高课堂效率。

2. 探究减少电能损耗的办法

教师问题2:依据损耗种类,寻找影响因素。

教师问题3:依据影响因素,探究减少损耗的方法及可行性。

对于新的问题,使用公式推理法。依据公式中体现出的物理量,明确影响因素;依据因素,推理探究减小电阻的方法及可行性。

学生活动:小组从公式入手,进行发现与讨论。小组成员分别表达自己的猜测,进行论证并回答。

教师活动:提供阅读材料。

科学家发现的所需条件最简单的超导体是水银,它不仅成本高,还要在零下一百多摄氏度的环境下才能实现超导,这用来当电线显然是不可能的。铜导线的导电性能、机械强度、焊接性能虽然都比铝导线好,但是在长度与电阻一样的情况下,铝线的截面积虽比铜导线大了1.68倍,但它的质量仅为铜钱的0.54倍。而且铝资源丰富,价格便宜。高压线用的是钢芯铝绞线,其机械强度也可以达到要求。常规导线主要有铝绞线、铝合金绞线、钢芯铝绞线、防腐型钢芯铝绞线、钢芯铝合金绞线等。

设计意图:通过小组成员各自表达自己的猜测,鼓励学生积极思考,锻炼表达与倾听能力。辩证的判断过程,可以锻炼学生从实际全面考虑的思维。通过阅读材料的给予,扩展学生的科学知识,了解生活中物理知识的应用。

教师问题 4:如何减小电流?

教师活动:给予信息——三峡水电站装机容量达到了 2250 万千瓦。

学生活动:阅读教师给予的信息,讨论如何能够减小输电电流。

学生结论:当输出电功率不变时,P＝UI,可先提升输电电压,从而降低输电电流,减少损失。

3. 应用与验证

情境:三峡电站某机组输出的电功率为 5×10^8 W。

(1) 若输出的电压为 2×10^5 V,则输电线上的电流为多少?

(2) 某处与电站间每根输电线的电阻为 10 欧,则输电线上损失的功率为多少? 它占输出功率的几分之几?

(3) 若将电压升高至 5×10^5 V,则输电线上的电流为多少? 输电线上损失的功率又为多少? 它占输出功率的几分之几?

学生活动:独立应用。

教师活动:用手机寻找学生的书写结果并进行投屏点评。

结论:使用高压输电,可以有效减少输电线路上的电能损耗。

设计意图:在学生发现问题、猜测方法的前提下,进行数据验证是具有说服力的,能使学生获得探究的喜悦。使用手机投屏的方式展示学生成果,可以及时有效地进行点评。这对于学生来说,有很强的实时指导效果。通过主屏幕的展示,同学之间参考与对比,也是学生间同伴教育的体现。

4. 继续探究升压的方法

教师问题 5:怎样能够做到升压?

学生活动：讨论交流，联想到之前学习的变压器的功能。

学生结论：先使用升压变压器，再使用降压变压器。

教师活动：同学们说到了使用升压、降压变压器的方法，老师这里恰好有远距离输电的演示模型。

教师演示实验3：

（1）介绍实验装置的各个部分。

（2）通电演示，观察现象。

学生活动：观看、对比、思考、明确。

教师小结：由以上实验结果，大家的设想是可以实现的。在实际的远距离输电中，的确是采用了先升压再降压的方式，以减小电能在输电线路上的损失。

学生活动：观察生活中的远距离输电图，了解远距离输电的程序，认识必要的器件名称。

设计意图：学生先猜想，再用实验验证猜想是可行的。这一过程鼓励了学生积极猜想的主动性，也肯定了科学猜想的正确性。

教师活动：播放视频1《变电站的介绍》。

学生活动：观看视频，提升对物理知识的认同感。

（四）建立远距离输电模型

教师活动：在以上环节，我们了解了远距离输电的过程，明确了减少电能在输电线路上损耗的方法，了解到远距离输电设备的主要部分有发电厂、升压变压器、导线、降压变压器、用户。

合作任务：大家是否能试着画出远距离输电的简化图，方便我们解题呢？

教师问题6：探究高压输电中各个物理量之间的关系。

学生活动：小组合作进行讨论。

教师活动：用手机寻找学生的书写结果并进行投屏点评。

设计意图：认识物理现象，了解物理原理后，引导学生在思维中进行模型化建设就变得轻松了。

（五）了解我国的特高压输电技术

教师活动：现实生产中，我国远距离输电的高电压有 110kV、220kV、330kV。那么是不是输电电压越大越好呢？过高的电压又会带来哪些问题？

学生活动：输电电压不是越大越好。第一，对线路的绝缘性能要求更高；第二，对变压器的要求相应地也要提高。

教师活动：下面，我们看两个视频——《了不起，我的国》《壮美，特高压》，了解我国的特高压输电网。

学生活动：观看视频，感受中国力量与中国制造，树立自信心与自豪感。

设计意图：通过视频，升华本节课的教育目的，树立学生的科学态度和责任。

三、总结与反思

一是积极探索教育技术助力课堂教学。"教育技术与物理教学深度融合能够有效激发学生的学习兴趣，发展学生的物理思维，精准学生的学习指向，弥补学生的学习短板。"在本课例实践中，使用到了手机投屏放大演示实验的现象、手机投屏实时展示学生成果、播放图片与视频资料，均使学生获得"物理源于生活"的意识，促进了学生对物理现象及背后原理的理解，从而提升了课堂效果。

二是基于探究目标设计探究式问题。在科学探究的主旨下，如何拨开表象看到本质？观察、发现、猜测、验证、改进是科学的探究方法。本课例在"如何减少远距离输电的电能损耗"的探究目标下，设置了六个连续的问题串将探究目标的发掘过程串联、整合起来。通过表面现象到原理推理，猜测假设到辨析探寻，引领学生共同经历远距离输电的工程设计过程。

　　宋璐，克拉玛依市南湖中学初中语文学科主任。曾获自治区青年教师现场课大赛一等奖，克拉玛依市语文教坛新秀、教学能手、青年岗位能手、德育课题研究先进工作者、先进实验教师、优秀德育工作者等荣誉。参与克拉玛依市质量监测和中考模拟命题工作。

教育转型下的语文学科组建设实践探索

克拉玛依市南湖中学　宋　璐

克拉玛依市南湖中学是一所在转型潮流中成长起来的学校。教育转型意味着观念、制度、课程、评价等方面都要进行转型，以适应转型后教育发展的需要。

学科组建设乃是学校教学质量的保证。为顺应教育变革，学科组建设也是南湖中学教育转型的重要组成部分。

学科组是为研究教学而成立的组织，以学校实践共同体的方式展开学习和研究。学校课程资源开发、教学活动组织落实、教学质量保障、学科教学经验积累、教师专业提升都是学科组承担的职责。

传统的学科组更多发挥的是组织功能，往往承担着一些常规活动的组织工作，缺少对教师成长的规划性。学校教研工作周而复始，传统的学科组活动处于一种比较稳定的状态，学科组教研活动在一定程度上缺乏创新性和主题性研究。

在教育转型的时代，学科组建设在坚持为教师服务和守住规范的基础上，通过培植思想文化，建设学科组的核心价值观，积聚文化的力量；通过构建课程体系，提升课程育人力量；通过创新教研机制，提升教师教育研究综合质量。

一、落实学校文化，建设学科组核心价值

（一）学科文化建设体现学校育人特色

学科文化建设是学校文化到学科组文化的第一次转型。"革新必革心"，教育观念的更新是教育改革成功的前提。教师是教育研究者，必须具备主动认识问

题、解决问题的意识以及对自己教育行为的反思意识。

南湖中学以"慈孝"文化作为学校育人文化的核心价值。"德乃立身之本",南湖中学语文组将学校文化重心下移,围绕"培养什么人,怎样培养人,为谁培养人",遵循教育规律,坚持改革创新,以凝聚人心、完善人格、开发人力、培育人才、造福人民为工作目标,加强师德修养,力求打造"好学、合作、探究、发展"型的初中语文教师队伍。我们将"博学之、审问之、慎思之、明辨之、笃行之"作为精神文化的基础,努力创建一个充满儒雅气息,洋溢自主合作精神和体现务实作风的探究性组织和实践共同体。

(二)学科团队建设体现终身发展理念

学科组全体教师是学科组的共同创建者。学科团队建设不仅需要充分发挥团队建设的作用,集中全体组员的智慧,制定正确的决策,拿出可行的方案,提高教学质量,还要为组内教师打造各种平台,制订相关规划,搭建资源共享平台,促进教师终身发展。

南湖中学的办学理念是"为学生终身发展奠基"。学科组建设同样体现"为教师终身发展奠基"的理念。南湖中学语文组有一批有经验的教师,也有一批工作十年左右的教师和入职不到三年的青年教师。南湖中学语文团队建设落实教师层级培养。学科带头人成立名师工作室,充分发挥学科带头人的引领作用,多角度培养青年教师。我们不断提高骨干教师的带头作用和辐射作用,提高教师在教育教学方面的能力,积极参加市里和区里的各类竞赛和教研活动,积极参加课题研究,发挥传、帮、带作用。初中语文学科组现有谢雪琴国学名师工作室,立足我校"慈孝"文化,打造国学特色课程,充分发挥国学与写作对学生的思想引领和写作指导。

我们充分发挥骨干教师和优秀青年教师的力量。骨干教师每学期至少开展一次主题教研,跟踪听课六节;优秀青年教师跟踪听课六节。我们还充分发挥组内传帮带的作用,采用集体备课的形式,学科组每周集体教研一次,做到有主题、有发言、有总结,备课组每周至少教研一次,做到有主备人、有议课、有定稿。

我们注意加强青年教师的基本功和教师素养,提升专业能力。以青年教师学习共同体和师徒结对取长补短,同伴互助。在课堂教学方面,为其指定教学"师父",开展一帮一活动。鼓励青年教师积极参加各类比赛,尤其是借助跟踪课打磨职初教师的课堂教学能力,做到课前集体备课、试讲讨论、讲后有针对性反思。

(三) 学科组建设目标体现以人为核心

学科组建设的核心要素就是构建起有利于组员成长和整体专业能力提升的社群文化。学科组建设是以人为核心的团队建设,通过定期的团队合作和团队拓展训练,强化对学科组的整体协作意识,不断增强学科组的团队协作精神。学科组充分发挥教师的独立研究能力和影响力,进行去个人化的分享实践。每位成员始终保持开放交流的姿态,使之既成为教研组中的一位贡献者,又成为学科组织中的一位受益者。

如青年教师王锐加老师参与上海教育戏剧学习班,学习后积极进行实践,利用公开课、讲座分享学习和实践的体会,进而借助申报课题"教育戏剧在初中语文教学中的实践研究",带动全体学科组成员参与,进行了为期一年的研究,人人参与,人人上展示课。李军老师参加全国整本书阅读推进会后,积极进行实践尝试,带动大家积极进行探索,使南湖中学整本书阅读课程实践开展得丰富多彩。

二、基于核心素养,建设学科组课程体系

中国学生核心素养强调培养学生应具备的、能够适应终身发展和社会发展需要的必备品格和关键能力。语文课程的基本理念是全面提高学生的语文素养,正确把握语文教育的特点,积极倡导自主、合作、探究的学习方式,建设开放而有活力的语文课程。

南湖中学初中语文组构建的课程框架为"基础语文课程+阅读课程+国学与写作课程+综合课程(社团)"。

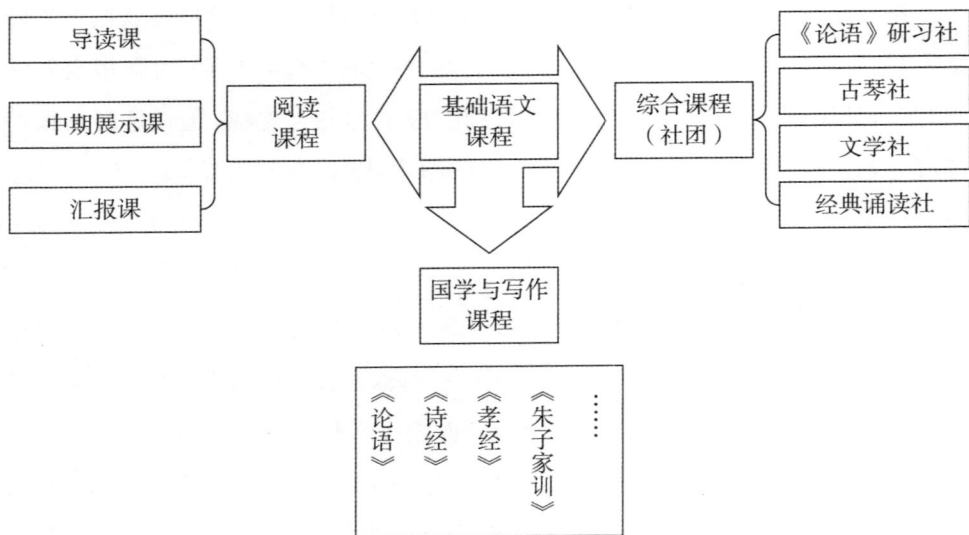

图1 南湖中学初中语文课程框架

基础语文课程围绕统编版初中语文教材开展教育教学活动，充分解读《义务教育语文课程标准（2022年版）》，研读教材。结合统编版初中语文教材，依据课程标准，集团队之力量，以"三个基于"的学历案为依托，编写了七年级至九年级共六本学历案，在课堂上开展初中语文教学，让学生经历"真学习"。

阅读课程围绕"整本书阅读"开展，采用"4＋1"的方式开展阅读课程，即"4节基础语文课＋1节阅读课程"。我们将整本书阅读的学历案设计纳入教学计划，对"整本书阅读"的学历案设计策略从目标、评价任务、学习过程等方面分别进行探究，确定了整本书阅读课程的操作流程——读前准备，做好课程规划；课堂操作，课程分类；课后检测，形式多样。另外初步形成基于学生自主学习的活动设计，包括读前指导、读中指导、读后展示三种课型的课程框架，从而提升学生的整体阅读水平。

国学与写作课程以中华优秀经典《论语》《诗经》《礼记》《学记》《朱子家训》等为基础，精选适合初中及高中学生的篇目，通过诵读、讲解、讨论等形式挖掘文字背后的文化内涵，从而促进写作，提升学生的思维品质。

综合课程（社团）围绕语文学科特点，结合教师特长，开设具有语文味的综合课程（社团），延伸语文的空间。我校目前开展了经典诵读社、《论语》研习社、古琴社、文学社。综合课程给学生在课外学习语文提供了平台，建立起了语文课程内外的框架。

三、立足多元发展，建设学科组核心能力

学科组教研是为了给大家一个思想的引领，一种思维的碰撞。学科组的意义在于增强教师之间的合作，发挥"1＋1＞2"的效果。

教师是终身学习的践行者。在语文课程实施和学校转型的过程中，组内教师积极探索国家课程校本化，以课堂教学实践为主要研究对象，提升队伍研修能力，使得教师在教研和培训中开阔眼界、促进反思，获得提升。

（一）构建教研活动体系

南湖中学初中语文组探索出"1＋N"的教研活动形式。我们立足三年发展规划，系统梳理，个性调整，基于通识性教研活动，积极组织读书交流、学历案设计下的跟踪课、资源研发、主题研讨、教师素养培养测试、课题研究等教研活动。我们充分发挥教师的个人特长，承担主题研讨、经验分享、课题研究；推广备课组优秀做法，最大化发挥教研的效果，充分调动教师的积极性。其中既有统一有序的大教研组集体学习，也有踏实有效的备课组分组活动，在合作中竞争，在竞争中合作。

我们融理论学习、教学实践、教研探索于一体，形成了群体学习式教研、骨干引领式教研、教师协作式教研、任务驱动式教研、去个人化经验移植性教研等多种教研模式，实现教学技能共享、教学信息共享、教学资源共享。我们期盼在奋发进取的教育教学氛围中不断前行。

（二）培养研究型学习力

我们在研究中探索出"学习—实践—反思—再实践—再反思—再学习"的实践型学习路径。

一是理论学习嵌入行动实践，在观念建构中改造经验。南湖中学初中语文组通过名著阅读和专业素养阅读两方面提升教师专业素养，借助以"重读名著""走近大师""口有余香"等为主题的读书比赛活动，倡导大家热爱阅读。我们每学期至少阅读 1 本专业性著作，2—3 本经典名著。

二是教育转型指导实践研究，在实践操作中更新理念。南湖中学初中语文组从课堂教学实际出发，研究初中语文学科多样化学习方式——合作探究式学习、参与式学习、教育戏剧式学习等——在语文课堂中的运用。我们通过实践探索出多种类型的初中语文学习方式，并探究不同学习方式在不同课型学习中的实践运用。

三是课题研究助力行动研究，在研究中提升综合能力。我们通过"申报课题—理论学习—实践研究(实例分析)—阶段反思—促进研究"，将教育教学中的问题转化为课题研究，充分借助理论和实践的相互作用，促进教师综合教研能力的培养。

在新型的学科组建设的实践过程中，我们运用学科核心文化优化学校教研组建设的理念和途径，凝聚教师团队力量，更好地提升了学校立德树人、教师教书育人的质量和品质。

　　冯潇，克拉玛依市南湖中学化学教师，曾荣获年度校级优秀教师、市级青年岗位能手、市级优秀导师等称号。多次在市、自治区微课、教学设计、课堂教学比赛中获奖。

多元实验评价促学生成为更好的自己

克拉玛依市南湖中学 冯 潇

"因材施教,注重学生的个性发展"是教育的一条重要原则。因为学生的可塑性很强,他们有自己独特的想法,渴望交流,拥有独特的闪光点。但是现实中由于学习成绩、性格等方面的影响,他们可能一直无法冲破自己的束缚,在这种不自由的枷锁中很容易泯灭探究和自我征服的积极性,很难发展自己的个性特点。因此在初一开设的化学兴趣实验选修课中,我们本着为学生终身发展负责的理念,希望用多重的评价维度激励学生勇于突破自己,在多个方面都有所发展和进步。

每周的兴趣实验课既是探索科学的契机,也是完成自我成长的挑战。每周以两节课为一个实验周期完成一个兴趣实验,例如跳舞的鸡蛋、自制汽水等。每一个实验都从讨论实验基本问题出发,鼓励小组成员间交流讨论;在实验中要求每位学生轮流担任记录员、实验员、观察员等不同角色,尽可能给学生更多的机会去体验;试验结束后面对失败和困惑,教师给予点拨,要求每组总结出一个最精华的问题进行资料查阅,以此锻炼学生在当代社会中获取信息的能力。最后,小组派出一位学生进行问题的分享和解释。每次实验负责展示的学生必须轮换,使每个学生都能增强语言表达能力。这样多环节的设置和宽松自由的环境能让学生有更多方面和层次的体验,从合作思考、查阅资料、实验操作、语言表达等多个方面对学生进行全方位的评价激励,使学生在实验的每个环节都能得到锻炼和成长,激励他们持续进步。

开设兴趣实验课初期也曾担心学生瞎胡闹,会因为没有化学知识而困难重重,但是孩子们的成长如破土的竹笋势不可挡,给了我们无限的惊喜。课程中有学生在实验探究动手方面的能力突出,每次实验都会自己"添油加醋""添砖加瓦",对一些奇怪的想象刨根问底;也有学生显然对汇报展示更感兴趣,虽然刚开始时有点羞涩,但在我的引导和鼓励下,他逐渐脱稿,用自己认为俏皮幽默的语言去表达。因为我经常告诉他们,在表达的过程中要想象自己是听众,要想象怎样能让自己听懂、喜欢听,然后自己再去组织语言。小组中的每位成员在多次尝试后都逐渐找到了自己更感兴趣和擅长的方面,继而就有了他们更加个性化的实验探究,我也能针对他们的特点更好地因材施教。

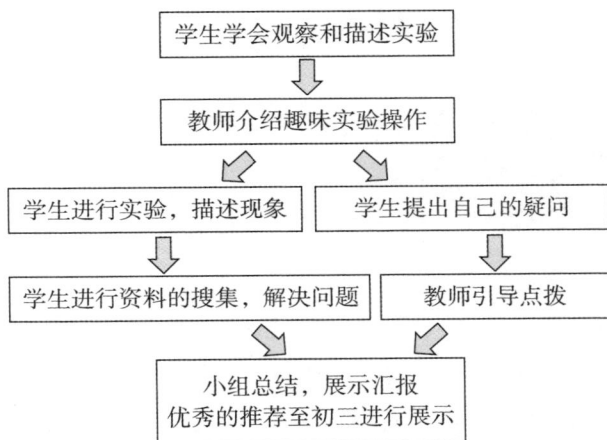

图 1　兴趣实验课教学流程

当然小组合作不见得每个组都能合作愉快,因此在面对个别组不愿意合作或者合作不畅时,教师还得成为一名调解员,帮助他们寻找合作的灵感,感受友谊的价值。可以说在化学课程中,学生提升的不光是实验探索能力,更是一次全方位的成长。小组成员在合作中加深友谊、学会包容、提高效率,不光他们的思考创新能力令人惊喜,同时每位学生都变得更勇于表达,也更善于用自己的特色去表达。

初一开设化学兴趣实验课程是一次勇敢的尝试和探索。一次实验的完成不是简单的操作,而是给予学生更多的机会去体验和突破,在思维、交流等方面进行碰撞,逐渐发现自己的个性与光芒。这样的评价激励会让学生成为更好的自己!

　　张红娥，克拉玛市第十四小学副校长，高级教师。中国语文报刊协会写作教学专业委员会个人会员，克拉玛依市级骨干教师。

面对学校转型，如何发展教师

克拉玛依市第十四小学　张红娥

内因和外因的共同作用，才能导致事物的发展，而内因更是起着决定性的作用。伴随着这场教学改革的深入，专家们往往说这是一次自上而下的改革，要打破原来的管理体制，改变高考指挥棒，改变现有的教学模式，从教师主导转变成学生主导。其实这一切的改变，其核心是教师的转变。教师改变的成败是这场教学改革成败的关键。

随着挂职学习的深入，我对北京市十一学校育人模式探索之旅的认识也更加清晰。从北京市十一学校刚开始的小步转型尝试，到现在辐射引领全国各地很多兄弟学校转型的过程中，我们可以感受到教师已从教育者转变为服务者的全新定位。教师已不再是单纯的任课教师角色，而是要承担任课教师、导师、咨询师和分布式领导等多重角色，每种角色都需要一定的素养支撑。面对未来的学校管理模式，如何改变教师、发展教师，则成了关键。

一、诱发内因

就我国基础教育的现状而言，很多教师没有自己的育人思想，不知道要使学生成长为什么样的人；不知道如何创设一个生活、生态、经典的教室环境来支持学生的生命成长；不懂得如何营造一个符合国家课程观、符合儿童实体化认知、自由安全且富有秩序感的课堂给学生，让孩子成为自我学习发展的主人；不清楚为什么要给学生开发出艺术、科学、综合实践等课程，供学生在更多的知识领域可以选择，从而发现自己的兴趣，树立人生的理想……这些都是因为教师的视野太过狭隘，只注重知识和技能，忽略人的全面发展。其根源在于教师发展存在问题：一是教师的发展缺乏精神引领，几乎所有的教师培训都围绕师德师风建设、教师的学科专业、班级管理，唯独缺乏对教师内在人格的完善与发展的深入解读；二是教师缺乏知识的更新，对学生的心理特点及认知规律知之甚少，对教育本质的理解处于混沌状态，在工作中大多处于一种无意识水平。众所周知，精神成长是教师成长的灵魂，专业成长是教师成长的基石，两者相互促进。专业成长使教师在教学方面积累丰富的经验，成为一个初步合格的教师；精神成长可以提升教师的精神高度，使教师逐步形成自己的教育信念，树立起振兴教育事业的理想。

专业成长是实践，精神成长是指导；专业成长是根基，精神成长是方向。面对学校转型的需求，小学教师要真正成为一名陪伴儿童成长的服务者，就必须有三个方面的发展：一是教师要完成对自我的认知，修复并完善内心，重建内在关系模式，形成完整而又成熟的人格；二是教师的学科专业成长需要通过学校的校本研修来实现；三是教师要完成对儿童的认知与理解，懂得14岁以下儿童的心理特点及认知规律，知道儿童每一种行为的背后都有哪些问题与需求。

作为学校负责教师培训工作的一名中层领导，我深知教师大都处于一种被动应付培训的状态。尤其是现在的网络学习，每年参加培训都是相对固定的几个人在讲，从题目到主题到内容没有大的变化，老师们觉得是在浪费时间。许多教师平时根本不学习，到了最后期限才开始完成学习任务，并且他们在做题时达到及格分就不再做了，还有些教师自己不上网，让其他人代劳。明知这样的学习只是耗时耗力的形式主义，但是继续教育考核与职称挂钩，我又不得不组织老师们学习，其实内心也颇为煎熬。

二、改变外因

教师精神成长的大环境，其核心因素就是学校的决策者。作为学校中坚力量的教师能否在工作中感受到自己存在的价值，能否在工作中感受到职业带来的幸福，能否在教材和学生身上感受到创造的乐趣，能否在校园中有归属感，很大程度上取决于领导对教师精神世界的关注。在北京市十一学校，我深切感受到学校积极搭建教师专业成长的平台，为每位教师提供可选择的专业发展课程：一是通过民间力量成立教育家书院，负责教师发展和专业培训工作，把课程的设计和实施与每一位教师的发展需求对接起来，意在用学术的力量推进教师专业成长；二是学校整体规划，从课程的层面形成基于不同发展阶段、不同发展水平、面对不同问题的专业发展课程体系，帮助教师突破各个成长阶段的瓶颈；三是通过成立工作室、工作坊等平台，通过优秀教师的引领，形成发展共同体带动教师群体的快速成长，帮助广大教师站在集体的肩膀上飞翔。这样的教师培训使老师们有希望、有事做、有人爱，是帮助教师走向成功与幸福的有效举措；这样的培训使老师们明白选课走班就是为了实现个别化教育，教育的目的就是让学生在自己的帮助下成长，在学生成长中体现自己的价值。而这一过程需要老师们多分享、多激励、多肯定、多表扬，同时要充满爱心，担当责任。

所有的过去都是珍贵的资源，所有的未知都有改变的可能。面对学校转型，为了有效促进教师的精神成长，我们需要关注不同教师的需求，设计不同的培训内容，让教师自己报名参加，使培训成为其内在的需求。我们还可以给教师提供不同的锻炼平台，让他们充分展现才华，从而获得成功的喜悦，增强幸福感和成就感。比如经常让老师们利用"教师大讲坛"这样的平台，面对全校教师谈人生、谈心态、谈兴趣、谈读书收获，分享他们内心深处的温暖与感动。

学校转型，或者说要真正实现学校自主发展，没有一成不变的方法和路径，必须因地制宜地创新实践，理应因校而异地自主作为。作为领导，你能否在教师工作失利时伸出援手而不是一味责备？你能否了解教师工作中遇到的困扰？你能否觉察教师抱怨的背后实有对学校的期待？在向教师要成绩的同时，你能否对教师有一定的情感关怀？你能否意识到教师的幸福感对于学校发展的重要意义？领导具备了这种意识，才能真正利用教师队伍这个优秀团体的学习资源，去激发教师为学校发展、实现自我价值，而不断进取、甘愿奉献。

图书在版编目（CIP）数据

教育无止境：克拉玛依市教育转型变革优秀论文集
锦 / 克拉玛依市教育局编. —— 上海：上海教育出版社，
2025.6. —— ISBN 978-7-5720-3319-3

Ⅰ. G639.2-53

中国国家版本馆CIP数据核字第2025W934N0号

责任编辑　汪海清

封面设计　王　捷

教育无止境——克拉玛依市教育转型变革优秀论文集锦

克拉玛依市教育局　编

出版发行　上海教育出版社有限公司

官　　网　www.seph.com.cn

地　　址　上海市闵行区号景路159弄C座

邮　　编　201101

印　　刷　上海商务联西印刷有限公司

开　　本　700×1000　1/16　印张 20

字　　数　320 千字

版　　次　2025年6月第1版

印　　次　2025年6月第1次印刷

书　　号　ISBN 978-7-5720-3319-3/G·2958

定　　价　98.00 元

如发现质量问题，读者可向本社调换　电话：021-64373213